経済価値ベースの
ソルベンシー規制

―――

生保経営大転換を読む

―――

植村信保

日本経済新聞出版

まえがき

　2000年前後に起きた中堅生保の相次ぐ経営破綻について関係者へのインタビューを中心に検証した『経営なき破綻 平成生保危機の真実』（日本経済新聞出版、2008）を、出版してから早くも15年以上が過ぎた。

　終章「破綻から何を学んだのか」で当時の筆者は次のように述べている。

　「経営内容の『見える化』が進めば、生保経営は必然的にサープラスの拡大とそのボラティリティの管理を目標としたものに変わらざるをえない」

　ここで言う「サープラス」とは、まさに経済価値ベースの純資産のことである。当時すでに金融庁は、中期的には経済価値ベースの健全性規制を導入する方向で検討を始めていた。ところが予想外に検討が長引き、ようやく2025年度末に新たな規制が実現する。

　これだけ時間が経ってしまうと、かつての生保危機を当事者として知る人の多くは現役を退いていて、もはや歴史の一コマとなってしまっている。2000年時点には30代前半だった筆者も、すでに50代後半である。しかし、保険分野に限らず、現代社会を理解するうえで、歴史を学ぶことは不可欠であろう。過去の経緯を知らないと、いまどうしてそれがそうなっているのかを理解するのが難しいからである。金融庁が本書で示すような形で新たな規制を導入するのも、ある日突然、そのアイデアが出てきたのではない。かつての生保危機の経験があり、外部環境の影響も受けつつ、その後の試行錯誤を経て、現在に至っている。

　筆者はたまたま30代前半から保険アナリストとして生保破綻を間近に観察するとともに、規制策定にも関わっていた。『経営なき破綻』を執筆した後も金融庁（統合リスク管理専門官）やコンサルティング会社、あるいは研究機関で働く者として、保険会社の経営管理・リスク管理や

健全性規制のあり方について外部から観察を続け、時には提言を行ってきた。こうした経験を生かし、一般に「経済価値ベースのソルベンシー規制」と呼ばれることの多い新たな規制の本質を示すことが本書の目的である。したがって、本書は新たな規制そのものの詳細な解説書ではない。

第1章の「生保危機から新規制まで」では、『経営なき破綻』を参考にして生保危機の時代を振り返るとともに、なぜ新たな規制の実現にこれほどの時間がかかってしまったのかを探っている。第2章の「経済価値ベースのソルベンシー規制とは」では、新たな規制の内容と心配された「留意点」について筆者独自の視点から解説している。第3章の「新規制とどう向き合うか」では、新たな規制の本質は何か、保険会社は何を求められているのかについて、近年の筆者による研究成果を踏まえつつ示している。加えて、第2章と第3章のおわりには、総合企画室長として生保危機に直面した経験を持ち、2010年からは社長として経営を担っている富国生命保険の米山好映社長と、私の「同志」であり、金融庁の2007年および2020年の有識者会議メンバーを務めたキャピタスコンサルティングの森本祐司代表のインタビューをそれぞれ掲載した。

さらに、巻末には付録として『経営なき破綻』の中核となっている破綻事例の検証(「事例検証　どこで道を誤ったのか」)を掲載した。破綻生保の内部で何が起きていたのかを記録として残すことの意義を理解してくださった編集担当の堀口祐介さんには大変感謝している。

保険業界や保険会社経営に関心を持つ読者の皆さまが、いよいよ導入される「経済価値ベースのソルベンシー規制」の本質を理解するうえで、本書がその一助になれば幸いである。

2024年9月

植村　信保

目　次

まえがき　003

第1章　生保危機から新規制まで

1. 生保危機の時代　014

① 中堅生保の相次ぐ経営破綻
② なぜ相次いで破綻したのか
③ 会社の内部では何が起きていたのか
④ 内的要因の分析
⑤ ガバナンス強化の取り組み
⑥ リスク管理の高度化と専門家重視
⑦ その後の各社の取り組み

2. 規制見直しに向けた長い取り組み　030

① 「生保危機」までの健全性規制
② なぜ生保の経営悪化を防げなかったのか
③ SMRはなぜ機能しなかったのか
④ 既契約の予定利率引き下げ
⑤ 2007年の有識者会議報告書
⑥ 検討の長期化
⑦ 保険の国際資本規制の進展
⑧ ORSAの導入
⑨ 2020年の有識者会議報告書

第2章 経済価値ベースのソルベンシー規制とは

1. 新たなソルベンシー規制はどのようなものか　048

① これまでの健全性規制
② 保険計理人による確認業務
③ SMRの確保
④ 現行規制の3つの弱点
⑤ 弱点の克服
⑥ 経済価値ベースの評価とは
⑦ 中堅生保の経営破綻は避けられたか
⑧ 金利リスクの過小評価

2. 保険会社は対応できるのか　061

① 規制の厳格化に耐えられるか
② ESRの計測負荷に対応できるか
③ ESRの検証
④ 内部管理ツールとして浸透

3. 新規制導入の「留意点」について　068

① 有識者会議が示した「留意点」
② 資産運用への影響
③ 生保は便利な「貯金箱」ではない
④ 商品提供への影響
⑤ 終身保障の必要性
⑥ 終身医療保険への疑問
⑦ 規制上のESRは「最大公約数」

⑧　内部モデルの活用は限定的

【インタビュー】富国生命保険相互会社・米山好映代表取締役社長

第3章　新規制とどう向き合うか

1. ESRの活用　088

① ESRは高ければいいのか
② リスクの取り方を制御できない
③ 経済価値ベースの損益に注目
④ 責任の所在が明確になる
⑤ ERMと経済価値ベースの損益
⑥ リスクマネジメントの失敗とは
⑦ 保険業界はERM、銀行業界はRAF

2. 保険会計とのギャップ　101

① IFRSは任意適用
② EUおよび韓国生保の経営指標の変化
③ 保険負債がマイナスに
④ 現行の保険会計の問題点
⑤ 「保険料収入」の問題点
⑥ 「基礎利益」の問題点
⑦ 見せかけの安定性
⑧ 日本の保険会計はこのままでいいのか
⑨ 日本の上場生保グループの対応状況

3. 第2の柱の重要性　122

① ガバナンスの現状を探る
② インタビュー調査の結果概要
③ ケーススタディから言えること
④ 支配株主の存在する株式会社
⑤ ガバナンスの構造的な弱さ
⑥ 第2の柱の重要性
⑦ ORSA はどうなっているのか
⑧ 保険行政の拡充を

4. 第3の柱の重要性　143

① なぜ第3の柱が必要なのか
② 保険市場の規律の担い手は誰か
③ 保険会社経営のわかりにくさ
④ 情報開示の停滞
⑤ 予想される新たな情報開示
⑥ 第3の柱を機能させるには
⑦ メディアの報道
⑧ メディアへの対応

5. トップライン重視の文化から脱却できるか　156

① 「損保問題」の本質
② 生保業界の規模拡大競争
③ 日本企業とガバナンス改革
④ 新規制を契機に企業文化の変革を

【インタビュー】キャピタスコンサルティング株式会社・森本祐司代表取締役

巻末付録　事例検証　どこで道を誤ったのか

1. 個別事例の検証　170

① 破綻生保の内部で何が起きていたのか
② オーラル・ヒストリー

2. 事業規模の急拡大が命取りに──日産生命保険　173

① 破綻に至った直接の要因
② 年金保険ローンの発売
③ 資産急拡大を抑える動きはなかったのか
④ 外部環境が悪化してからの対応
⑤ 当時の経営者
⑥ ALMの欠如
⑦ 社員総代会・親密企業グループ
⑧ 大蔵省

3. トップの不適切な経営──東邦生命保険　187

① 破綻に至った直接の要因
② 資産性商品への傾斜
③ 経営トップの行動
④ トップ周辺の行動
⑤ 経営が悪化してからの対応
⑥ 若手集団による経営改革
⑦ GEキャピタルとの提携
⑧ 経営チェック・リスク管理態勢
⑨ 外部規律が果たした役割

4. 低収益構造が足かせに——第百生命保険　200

① 破綻に至った直接の要因
② 収益構造の改善が進まず
③ 太陽生命との違い
④ 経営が悪化してからの対応
⑤ 政策株式の削減
⑥ マニュライフ提携の前後の対応
⑦ 経営者
⑧ アクチュアリー
⑨ ALM
⑩ 外部規律が果たした役割

5. わずか2年半の投融資が致命傷に——千代田生命保険　213

① 破綻に至った直接の要因
② 貯蓄性商品への傾斜
③ ハイリスク投融資の実行
④ ハイリスク投融資がなぜ実行できたのか
⑤ 不良債権問題の発生
⑥ 不良債権の公表
⑦ 政策株式の売却
⑧ 信用不安と保有契約の流出
⑨ 外部との提携交渉
⑩ 当時の経営者
⑪ アクチュアリー
⑫ ALM、リスク管理態勢
⑬ 外部規律が果たした役割
⑭ 大蔵省

6.「経営の空白」が破綻を招く——協栄生命保険　230

① 破綻に至った直接の要因
② 特色ある経営戦略
③ 一時払い養老保険の発売
④ 売り止めの遅れ
⑤ 外部環境が悪化してからの対応
⑥ 外部との提携交渉
⑦ 創業者の存在
⑧ 経営の空白
⑨ アクチュアリー
⑩ リスク管理態勢
⑪ 外部規律の果たした役割

7.「風評リスクで破綻」は本当か——東京生命保険　244

① 破綻に至った直接の要因
② 業界シェアの低下
③ 貯蓄性商品への傾斜
④ 不適切な資産運用
⑤ 1990年代前半の経営
⑥ 経常赤字とその後の対応
⑦ 資産構成の歪み
⑧ 対応の遅れ
⑨ 経営改革と外部提携交渉
⑩ 当時の経営者
⑪ 内部の経営チェック機能
⑫ 外部規律が果たした役割

8. 内的要因が破綻生保の経営に果たした役割　260

参考文献　262

ソルベンシー規制関連年表　264

装丁・野網雄太

第 1 章

生保危機から
新規制まで

1. 生保危機の時代

①中堅生保の相次ぐ経営破綻

　本節では 2008 年に発刊した拙著『経営なき破綻　平成生保危機の真実』などをもとに、経営破綻に追い込まれた生命保険会社が相次いだ 2000 年前後の生保危機の時代を振り返る。

　日本の生命保険業界は戦後 50 年の間、経営危機に陥る会社は見られなかった。ところが、1997 年 4 月に日産生命保険が当時の監督官庁である大蔵省から業務停止命令を受けたのを皮切りに、2001 年 3 月までのわずか 4 年間に中堅規模の生命保険会社 7 社の経営が相次いで破綻し、保険契約者が多大な不利益を被るという事態が発生した（図表 1-1）。

　その後、危機は大手にもおよび、なかでも財務内容が悪化し、信用格付けが下がっていた朝日生命保険と三井生命保険では顧客離れが加速した（朝日生命は過去に例のない経営改革の実行、三井生命は親密金融機関との関係強化を全面に打ち出し、それぞれ危機を脱却した）。

　もともとは大手同士の経営統合に否定的だった明治生命保険の金子亮太郎社長（当時）が安田生命保険との合併に踏み切ったのも、顧客の信頼を確保するには提携戦略だけでは不十分と判断したためとされる。両社は 2002 年 1 月に合併構想を発表し、2004 年 1 月に合併した。

　この時期に破綻した会社は 7 社だけとはいえ、当時の総資産シェアは計 10％以上に達した。しかも、同じ時期に経営が破綻した銀行、信用金庫、信用組合の破綻処理では公的資金が活用され、預貯金が全額保護されたのに対し、生命保険会社の破綻処理では公的資金が使われることはなく、主として破綻会社の契約者負担で進められ、破綻会社の契約者は将来受け取る保険金額の削減など何らかの形で不利益を被った。生命保険契約者保護機構などのセーフティネットによる資金援助を活用した破

第1章 生保危機から新規制まで　015

図表1-1　中堅生保の破綻処理の概要

	日産生命	東邦生命	第百生命	大正生命	千代田生命	協栄生命	東京生命
破綻時	1997年 4月	1999年 6月	2000年 5月	2000年 8月	2000年 10月	2000年 10月	2001年 3月
根拠法	保険業法				更生特例法		
債務超過額	3,029 億円	6,500 億円	3,177 億円	365 億円	5,950 億円	6,895 億円	731 億円
保護機構等の 資金援助	2,000 億円	366 3億円	1,450 億円	267 億円	なし	なし	なし
責任準備金の 削減	0%	10%	10%	10%	10%	8%	0%
予定利率 　破綻前（平均）	不明	4.79%	4.46%	4.05%	3.70%	4.00%	4.20%
破綻後（上限）	2.75%	1.50%	1.00%	1.00%	1.50%	1.75%	2.60%
早期解約控除	7年間	8年間	10年間	9年間	10年間	8年間	10.5年間

（出所）植村信保『経営なき破綻 平成生保危機の真実』日本経済新聞出版、2008年から作成

綻処理もあったが、その財源は破綻していない生命保険会社による負担
であって、公的資金の活用ではなかった。

②なぜ相次いで破綻したのか

　2000年前後に中堅生保が相次いで破綻した背景には、バブル経済崩壊
後の厳しい経営環境という外的要因があったのは確かである。

　日経平均株価は1989年末の3万8,915円から、2001年9月には1万
円を割り込んだ。1989年度末の総資産に占める国内株式の割合は全社
合計で20%を占めていた。当時の評価は取得価額ベースであり、おそら
く時価ベースでは40%以上を占めていたと見られ、株価下落の影響は甚
大だった。

　96年のソルベンシー・マージン比率（SMR）の導入までは、時価の変
動を直接反映する規制比率や会計基準はなかったものの、当時の会計基
準では、株価が下がり時価が取得価額を下回ると評価損を計上しなけれ

ばならず（低価法による会計処理）、毎期の決算上の負担となった。[1]

　金利水準の低下も大打撃となった。保有契約の多くを占める個人保険・個人年金保険では、保険金額が運用成果によって変わる変額タイプの保険を除き、生命保険会社は長期にわたり契約獲得時点に設定した予定利率を保証している。個人向け保険の予定利率は戦後長い間4％だったが、70年代の審議会答申や当時の簡易保険との競争などを背景に76年、81年、85年の3回にわたり引き上げてきたため、80年代後半に獲得した契約の予定利率は5％以上となっていた。

　市場金利の水準が大きく下がっても、保険会社は契約が続くかぎり高い予定利率を確保しなければならない。90年代に入ってから、いくら毎年のように予定利率を引き下げても、それが適用されるのは新規に獲得した契約だけで、既契約の予定利率は変わらない。決算上は、その期に求められる予定利率分の利息を資産運用の収益で賄えない状態が「逆ざや額」として出てくるだけだが、経済価値（時価）ベースでとらえれば、市場金利の低下によって将来の保険金支払いがより難しくなり、会計上の責任準備金（将来の支払いに備えた準備金）では不十分という深刻な事態を招いた。

　加えて、バブル期に積極的な投融資を行った会社を中心に、銀行と同様の不良債権問題が発生し、経営を圧迫した。

　中堅生保ならではの外的要因もあった。歴史の長い会社はいずれも、営業職員による訪問販売という大手と同じビジネスモデルを採用していたため、販売力や顧客基盤、営業職員組織の規模や生産性で勝る大手に水をあけられるばかりだった。

　ところが80年代後半には、当時の財テクブーム、すなわち有利な金融商品で財産を増やそうという社会的な動きを背景に、消費者や販売者にとって魅力的な貯蓄性商品を開発すれば、事業規模を一気に拡大するこ

---

1 金融商品の時価評価導入は2001年度である。

とができた。なかでも日産生命保険が銀行ローンで保険料を一括払いする商品を投入し、資産規模をわずか4年間で4倍以上に増やしたことが他の中堅生保に大きな衝撃を与え、中堅生保の多くが貯蓄性商品の積極的な販売による規模拡大競争に邁進した（図表1-2）。

　保険料率や契約者配当などが横並びの世界で長年やってきたため、「規模さえ拡大すれば後から利益が付いてくる」（複数の業界関係者によるコメント）という感覚だったようだ。しかし、この時期に規模を急拡

図表1-2　中堅生保の総資産競争

（億円、％、倍）

	〈1985年度〉			〈1989年度〉		
	総資産	シェア		総資産	シェア	対85年度
日本	126,027	23.4%	日本	248,814	21.4%	2.0
第一	83,484	15.5%	第一	173,608	14.9%	2.1
住友	69,882	13.0%	住友	148,617	12.8%	2.1
明治	45,661	8.5%	明治	100,856	8.7%	2.2
朝日	40,904	7.6%	朝日	79,545	6.8%	1.9
三井	30,662	5.7%	三井	63,028	5.4%	2.1
安田	26,374	4.9%	安田	54,209	4.7%	2.1
太陽	23,534	4.4%	千代田	45,189	3.9%	2.6
千代田	17,058	3.2%	太陽	44,005	3.8%	1.9
東邦	14,752	2.7%	東邦	40,759	3.5%	2.8
協栄	12,124	2.3%	協栄	30,009	2.6%	2.5
第百	10,599	2.0%	日本団体	24,950	2.1%	3.1
富国	9,029	1.7%	大同	24,556	2.1%	2.9
大同	8,453	1.6%	第百	23,613	2.0%	2.2
日本団体	7,975	1.5%	富国	21,620	1.9%	2.4
東京	4,049	0.8%	日産	16,270	1.4%	4.4
日産	3,680	0.7%	東京	10,091	0.9%	2.5

（出所）植村信保『経営なき破綻 平成生保危機の真実』日本経済新聞出版、2008年

大させ、業界順位を上げた中堅生保は、2社を除いてすべて経営破綻している。

③会社の内部では何が起きていたのか

このような外的要因が中堅生保の経営悪化に少なからず影響を与えたのは間違いない。ただし、筆者は外的要因だけでは生保破綻を表面的にしか説明できないという感触を得たため、破綻生保の関係者への大規模なインタビューによって収集したオーラル・ヒストリー（口述記録）を活用し、各社の内部で何が起こっていたのかを調査・分析した。ここで言う「関係者」とは、破綻生保の社長経験者など経営のキーパーソンやキーパーソンに近いところにいた人物、あるいは、本社スタッフとして経営実態を知りうる立場にあった人々を指している。

インタビューは2006年1月から07年8月までに6社33名に対して行った。その結果、個々の会社にはそれぞれ経営危機につながるような何らかの内的要因があり、そこに経営環境の変化（外的要因）が重なることで破綻リスクが高まったということが見えてきた。

詳細は巻末付録（事例検証　どこで道を誤ったのか）に譲るが、いくつかの事例について簡単に紹介する。

【日産生命保険相互会社】

日産生命を破綻に追い込んだ最大の経営行動は、個人年金保険と銀行ローンをセットにした「年金保険ローン」が大ヒット商品となり、予定利率の高い貯蓄性商品を集めすぎてしまったことである。

特定商品による急激な規模拡大について、当時の本社スタッフは、「利回り負担を財務部門（資産運用部門）と数理部門が問題視したが、営業部門を抑えられなかった」「総資産が1兆円を超えたところに保険計理人が経営陣に対し、非公式に警告を出している。しかし、経営に全く生かされなかった」「社長に『○○だから大丈夫』という情報ばかり上がっ

ていた」などと語った。

　さらに、販売の主導権を提携先の銀行が握り、コントロールが利かなくなったという面もあった。「年金保険ローン」は顧客だけではなく銀行にとっても魅力的な商品で、ローン提供による利ざやのほか、系列の保険代理店に販売手数料が入り、しかも銀行は保険証券に質権を設定したので、日産生命が破綻しないかぎりローンが回収不能になることはなかった。このため、1990年代に入り、運用環境の悪化を受けた日産生命が銀行に販売抑制を求めても、銀行はなかなか応じなかったという。

【千代田生命保険相互会社】

　千代田生命が経営危機に陥った直接の要因を整理すると、①高利率・高配当の貯蓄性商品（特に団体年金保険）の販売で資産が急拡大したこと、②高利率・高配当を確保するため、不動産関連やノンバンクなどのリスクの大きい投融資に傾斜したこと、③大口企業保険契約の見返りに株式を大量に購入したこと、が挙げられる。

　バブル期の積極的な投融資が裏目に出て、その後多額の不良債権に苦しんだ金融機関は多かったが、千代田生命の場合、大口問題案件の実行時期が特定の2年半に集中していたという特徴がある。関係者の証言をまとめると、多額の不良債権を生み出した大口投融資は、当時の社長側近だったＡ氏が財務（資産運用）担当になってから実行したもので、「社長が人事を間違えた」「（Ａ氏は）財務の経験は全くなく、よく言えば『攻めの財務』を標榜した」などの証言があった。

　Ａ氏がハイリスク投融資を実行できた背景として、次のような証言もある。「もともとは（投融資の実行と審査の）担当が分かれていたが、Ａ氏が審査業務を兼任するようになった。それまでの審査責任者はこの人事に反対したが、Ａ氏によって外されてしまった」「批判を減らすために（運用方針会議の）出席者が徐々に少人数となり、さらにＡ氏に直接持っていく体制となった」「財務部門でＡ氏に意見を言った人は人事で

飛ばされたり、担当を外されたりした。バックに社長がいて、実際に反対した数人が外されると、もう誰も止めに入らなかった」。

【協栄生命保険株式会社】

協栄生命の場合、バブル期にハイリスクな投融資にのめりこんだり、経営者やその取り巻きが暴走したりといったことはなかった。しかし、独自路線を展開していたはずの会社が80年代後半から他社に追随して長期の貯蓄性商品の積極販売に踏み切り、バブル崩壊後に他社が売り止めにしてからも売り続けたことが、その後の経営の重荷になった。

貯蓄性商品の売り止めが遅れたのは、それが中核となっていた顧客基盤（教職員団体など）向けの商品となってしまっていて、営業部門からの強い販売継続要請があったことが挙げられる。「（社内で）予定利率を引き下げる議論をしても、顧客との関係があり、なかなか実施できなかった」「営業担当役員の声が大きく、ブレーキをかけさせなかった」という証言がある。

より深掘りすると、そこには一種の経営の空白があった。当時の経営陣は、創業者でアクチュアリーのB氏に相談しないと何も決められず、亡くなる直前まで意見を求めに行ったという。「B氏本人は92年以降、引退していたつもりだったようで、聞かれても感想を述べていたにすぎなかった。しかし、協栄生命の経営陣はそれを自分の都合のいいように解釈していた」「当時の経営は『B氏はこう思っているのだろう』という『だろう経営』だった。だから、獲得した瞬間に逆ざやとなる契約を大量に取るような信じられないミスをする。B氏本人はまさかこんなことになっているとは知らなかったはずだ」

④内的要因の分析

関係者の証言に基づいた当時の経営内部の実態をいくつか紹介した。こうして見ると、バブル崩壊などの外的要因が経営に与えた影響は決し

て小さくはなかったものの、会社が破綻に至るには、その会社固有の内的要因が重要な意味を持っていたことが理解できる。

そこで、収集したオーラル・ヒストリーから破綻リスクを高める内的要因と判断した経営内部の事象を抽出し、共通項を探ったところ、最終的に19の小グループ、3つのカテゴリーにまとめることができた。

カテゴリー1はビジネスモデルに関するものである。小グループは「歴史的背景の果たした役割」「過去の体験による影響」「社内文化の問題」「創業家などの影響」「採用した経営戦略・ビジネスモデルの問題」「他の構造問題」の6つとなった。

〈カテゴリー1の例〉

「歴史的背景の果たした役割」
・もともと営業が弱い会社だっただけに、営業出身者を重宝せざるを得なかった。
「過去の体験による影響」
・過去の経営悪化時に保険計理人が大蔵省にうまく対応できず、経営の信認を失った。
「社内文化の問題」
・創業者がすべてを決める文化に慣れ親しんでいたため、誰も疑問に思わなかった。
「創業家などの影響」
・常に創業家を意識しながら判断。「貯蓄保険をやめる」「銀行株を売却する」といった思い切った決断ができなかった。
「採用した経営戦略・ビジネスモデルの問題」
・営業が弱い会社が、失地回復を手っ取り早い形で狙ってしまった。
・横並び意識が強く、「ミニ日生」を目指し、配当も大手に伍して出した。
「他の構造問題」
・貯蓄保険には満期があり、（満期更改契約が見込めるため）「顧客カード」があればわざわざ新規顧客のところへ行く必要がなかった。

カテゴリー2は経営者に関するもので、小グループは「トップの適性の問題」「トップの影響力の強さ」「トップ周辺の不適切な行動」「経営内部の牽制機能の欠如」「経営意識の欠如」「マネジメントの弱さ」「状況認識の遅れや甘さ」「経営判断のミス」の8つとなった。

〈カテゴリー2の例〉

「トップの適性の問題」
・人事権を握り、人事はトップが気に入ったかどうかの世界だった。
・「何とかしろ」と言うだけで、主体的に動くことはなかった。
「トップの影響力の強さ」
・社長の力は絶対で、彼に気に入られないと会社にいられなかった。
「トップ周辺の不適切な行動」
・ワンマン社長の暴走というよりも、社長をバックにした取り巻きの行動を誰もコントロールできなかった。
「経営内部の牽制機能の欠如」
・同じメンバーでずっとやってきて、経営陣に厳しさがなく、仲良しクラブだった。
・社長がOKと言えば、決済規定など無意味だった。
「経営意識の欠如」
・マネジメントには、権限を行使しようという強い意識はなかった。
「マネジメントの弱さ」
・常務会で決めても、営業は「相手の了解が取れなければダメ」と動かなかった。
「状況認識の遅れや甘さ」
・日産生命が破綻しても、社内は「あれは日産の話（うちは関係ない）」という雰囲気。
「経営判断のミス」
・社長が人事（役員の担当）を間違えた。
・変額保険や団体生存など、大手がやるものは何でもやった。

カテゴリー3は経営組織に関するものである。小グループは「情報伝

達機能の問題」「組織内の牽制機能の不備」「リスク管理態勢の不備」「営業部門の発言力が強い」「部門間の連携不足」の5つとなった。

〈カテゴリー3の例〉

「情報伝達機能の問題」
・表面的な数値はよかったが、実際には三利源損益をかさ上げする行動が取られていた。
「組織内の牽制機能の不備」
・アクチュアリーは単なる「計算屋さん」扱いされていた。
「リスク管理態勢の不備」
・さまざまな制度が性善説でできていて、多くは制度の抜け穴が悪用された。
「営業部門の発言力が強い」
・（企画サイドでは）政策保有株式を減らそうとしたが、法人営業部門が反対し、結局は動けなかった。
「部門間の連携不足」
・財務部門は負債の状況（＝数理部門が担当）を正確に把握しようとはしなかったし、数理部門もあえて財務内容を知ろうとしなかった。

　抽出した内的要因はカテゴリー1、2、3に均等に分かれたのではなく、経営者に関するものであるカテゴリー2が全体の約60％を占め、カテゴリー1の「採用した経営戦略・ビジネスモデルの問題」を合わせると約70％を占めた。オーラル・ヒストリーは自発的にインタビューに応じていただいた関係者の証言に基づいており、あくまでも筆者の判断で取り上げた経営内部の事象ではあるものの、経営者の役割が非常に大きかったことを示していると言えよう。

　経営者に関する内的要因というと、トップ自身の暴走をイメージしがちである。しかし、同じカテゴリー2でも小グループの内訳は会社によって特徴があった。

〈日産生命〉
・「トップの適性の問題」「状況認識の遅れや甘さ」「経営判断のミス」がカテゴリー2の80%を占めた。

〈東邦生命〉
・「トップの適性の問題」がカテゴリー2の40%と最も多く、その後「経営判断のミス」「トップ周辺の不適切な行動」「トップの影響力の強さ」「状況認識の遅れや甘さ」が続いた。

〈第百生命〉
・「マネジメントの弱さ」がカテゴリー2の40%強と最も多く、「状況認識の遅れや甘さ」と合わせて70%以上を占めた。他方、「トップの適性の問題」「トップ周辺の不適切な行動」「経営内部の牽制機能の欠如」に分類された内的要因はなかった。

〈千代田生命〉
・「トップ周辺の不適切な行動」がカテゴリー2の30%と最も多く、「状況認識の遅れや甘さ」「トップの適性の問題」の上位3グループで70%。カテゴリー1の「採用した経営戦略・ビジネスモデルの問題」も多かった。

〈協栄生命〉
・上位3グループは「トップ周辺の不適切な行動」「経営判断のミス」「マネジメントの弱さ」だが、「経営意識の欠如」「状況認識の遅れや甘さ」も多かった。協栄生命は抽出した内的要因がカテゴリー2に集中したという特徴もある（全体の80%以上）。

〈東京生命〉
・協栄生命とは逆で、カテゴリー2は全体の40%強にとどまった。抽出した内的要因は「状況認識の遅れや甘さ」「経営判断のミス」「マネジメントの弱さ」に集中し、他のグループはなかった。他方でカテゴリー1の「採用した経営戦略・ビジネスモデルの問題」が多かった。

　上記のとおり、例えば千代田生命では、抽出した内的要因に「トップの適性の問題」が多かったとはいえ、同時に「トップ周辺の不適切な行

動」も上位となっており、経営危機がトップの暴走だけで引き起こされたのではないことを示唆している。同じ「トップの適性の問題」であっても、日産生命の場合、トップが何かをしたというよりは、必要な時に何もしなかったことが問題であり、千代田生命の事例とは異なる。また、多くの会社で「状況認識の遅れや甘さ」「経営判断のミス」が上位に挙がっている。

⑤ガバナンス強化の取り組み

　以上のように、破綻した中堅生保には、例外なく会社内部に破綻リスクを高める内的要因が存在していた。内的要因は１つではなく、複数の要因が重なっていることが多かった。これらの内的要因に経営環境の変化（外的要因）が加わった結果、財務面の著しい変化など、将来の経営危機の兆候が生じている。

　この段階で経営が兆候に気づき、適切な対応を取っていれば、その後の経営危機を回避できたのかもしれない。だが、再び何らかの内的要因が作用して、経営が適切な対応を取れない状況が続く、あるいは不適切な対応を取ってしまうことになる。そこにさらなる外的要因が加わる……といった内的要因と外的要因の連鎖によって、最終的に経営破綻に追い込まれている。

　経営者に関する内的要因が多くを占めたということは、すなわち、破綻生保のコーポレートガバナンスが十分でなかったことが破綻リスクを高めたと考えられる。経営者の問題は、とりわけ経営内容が悪化してから一段と明らかになった。経営陣は概してその場しのぎの対応に向かい、会社の内容を一段と悪化させた。資産運用収益を過度に追求し、やみくもにリスク性資産を積み上げたり、決算を乗り切るためバクチ的な資産運用に走り、一発逆転を狙ったりする動きも頻発した。

　2002年4月に大同生命保険が相互会社から株式会社に組織変更して上場するまで、戦後の生命保険会社は相互会社が多く、あとは少数の非上

場の株式会社および外国保険会社の日本支社で、上場会社は存在しなかった。株主のいない相互会社には、ガバナンス上の構造的な弱点がある。契約者には社員自治の担い手という意識はなく、選ばれた総代が会社全体の利益を考えて行動するとも限らない。したがって、経営者にとって都合のいい経営になりやすい。ただし、株式会社形態であっても「適性のないトップ」「経営意識の欠如したトップ」「判断ミスの多いトップ」などを選んでしまう可能性はある。社長には人事権があり、経営者にはリーダーシップが求められる。

　それでは、経営者に起因する内的要因をなくし、破綻リスクを抑えるしくみをつくることができないのだろうか。まず、経営組織の見直しが必要である。ガバナンスが働きやすい組織の構築ができれば、経営者に起因する破綻リスクを小さくできる可能性はある。

　次に、経営内容の実態を目に見えるようにして、正しい判断ができる環境をつくることが重要だ。当時は経営の実態が外部からはもちろん、社内にいてもほとんど見えなかった。当時の経営者が重視していた指標は「契約高」「収入保険料」といった規模指標と、せいぜい三利源（費差、死差、利差）損益くらいで、これらの指標から自社の現状を誤って認識してしまい、適切な経営判断ができなかった会社がいくつかあった。トップやその周辺の不適切な行動を防げず、「（アクチュアリーなどの専門家が問題を指摘しても）営業部門の声が強く、経営が動かなかった」（破綻会社の証言より）要因の一つと考えられる。営業部門出身の経営者で、かつ、専門家を重視しないとなると、自社の正確な経営内容を把握するのは絶望的である。社内に経営実態がきちんと示され、それに基づいた経営目標が与えられるようになれば、状況はかなり変わる。

　経営実態を把握して正しい判断をするために、会計上の責任準備金とは別に、一定の前提のもとで実質的な責任準備金がどの程度の金額なのかを把握する必要がある。こうして保険会計の枠を超え、経営内容の「見える化」を進めると、生保経営は必然的に「経済価値ベースの純資

産」とそのボラティリティの管理を目標にしたものに変わらざるを得ない（『経営なき破綻』では経済価値ベースの純資産を「サープラス」と表現）。こうなれば、経営者の適性も現在より早い段階で評価できるようになるため、トップやその周辺の不適切な行動を防ぐことにもつながる。

⑥リスク管理の高度化と専門家重視

　リスク管理体制もうまく機能していなかった。破綻した中堅生保では例外なく、主な経営リスクのうち、資産・負債の金利リスクと資産運用リスクが顕在化して経営危機に陥っている。

　実のところ、1980年代後半の中堅生保にも「リスク」という感覚が全くなかったわけではない。例えば金利リスクに関しては、ALM（資産・負債の総合管理）こそ実施していなかったものの、財務部門や数理部門が高コスト資金の急拡大を問題視していたケースが多く見られた。問題は、これらの情報が経営に活かされなかったことにある。

　どんなに形を整え、きちんと数値を算出しても、経営に活用されなければリスク管理にはならない。中堅生保の破綻事例は、リスク管理の実効性を高める取り組みの重要さを示唆している。リスク管理を形骸化させないためには、経営陣がリスク管理への意識を高めていくことに加え、経営内部での牽制機能の強化や、行政や市場からの規律が働くようなしくみづくりが求められよう。やはりガバナンス面が重要ということにほかならない。

　破綻生保では、保険数理の専門家であるアクチュアリーの意見が経営に重視されず、営業部門の声に押されがちだった。前述のとおり、営業部門出身の経営者が専門家の助けなしに経営判断ができるとは考えられないのだが、80年代までは右肩上がりの経済成長が続き、経営イコール営業だったため、そのような経営が成り立ったのだろう。専門家を重視する文化の醸成が、生保経営には不可欠である。

　他方、アクチュアリーが相対的に重んじられた会社では、取締役とし

て経営に関わることも多かった。ただし、協栄生命の事例では、経営が空白状態に陥るなかで、アクチュアリーが経営陣に正確な経営情報を開示せず、これがさまざまな判断ミスにつながっている。日本以外でも、例えば2000年に実質破綻した英国エクイタブル生命では、技術的・専門的な数理上のアドバイスを行う責任を持つアポインティッド・アクチュアリーがCEO（最高経営責任者）を兼任していた時期があり、その弊害が破綻の一因となった。

⑦その後の各社の取り組み

本節の最後に、その後の生命保険業界がどのようにして危機を乗り越えたのかについて簡単に触れておきたい。

株価下落や金利水準の低下は中堅生保のみならず、同じく株価変動リスクや金利リスクを抱えていた大手にとっても非常に厳しかった。各社の支払余力が損なわれ、信用格付けも軒並み引き下げられた。

最も厳しい状況に陥ったのが朝日生命保険だった。2001年ごろの朝日生命は、株価下落や金融システム不安、中堅生保の相次ぐ破綻の影響を強く受け、さらに、検討していた東京海上火災保険（当時）との経営統合が最終合意に至らなかったことなどから顧客離れが一気に進み、経営危機に陥った。

個人保険の保有契約高は2000年度末の77兆円から、2年後には65兆円に減少し、同時期の総資産も11兆円から6.6兆円に落ち込んだ。格付投資情報センター（R&I）の信用格付けはBゾーン（保険金支払能力に問題があり、絶えず注意すべき要素がある）、スタンダード＆プアーズ（S&P）はCCCゾーン（保険契約債務を履行する能力は非常に低い）に下がった。

これに対し、朝日生命は大規模な経営改革に取り組んだ。株式保有リスクの圧縮や人件費の削減、企業保険分野からの撤退といったリストラ策ばかりでなく、営業職員数の拡大による新契約の増加を追求する伝統

的な大手生保のビジネスモデルから脱却するため、03年からは「保険金額ベース（＝死亡保障重視）から保険料ベース（＝医療保障など第三分野重視）の運営にシフト」「新契約の獲得よりも保有契約の継続を重視」など、従来にない収益構造の抜本的な転換を打ち出した。こうした脱大手生保の改革がターニングポイントになったと見られ、朝日生命は経営危機から抜け出し、低下した信用力を回復させた。

　他社はそこまで追いつめられることはなかったにせよ、2000年代以降の生命保険会社は人件費や物件費などの事業費削減に取り組んだほか、契約者への配当を抑え、毎期の利益を可能なかぎり危険準備金や価格変動準備金などに内部留保して、支払余力の回復に努めた。さらに、増資や基金再募集（相互会社）、劣後債務の調達を行ったほか、過去に獲得した高予定利率契約への対応として責任準備金を追加的に積み増す動きも見られた。

　同時に、経営リスクを減らす動きも見られた。各社は国内株式の保有を減らすとともに、超長期国債を積極的に購入することで資産と負債のミスマッチを減らし、金利リスクの抑制に動いた。

　一般に生命保険会社は株式市場の主要な機関投資家というイメージがあるかもしれないが、投資部門別株式保有比率を確認すると、1990年代後半まで10％を超えていた生命保険会社の株式保有比率は、2000年代には5％程度に下がっている（現在は3％程度）。その一方で、1990年代後半以降、生命保険会社による国内公社債の保有が増え、その多くが10年超の公社債（大半が超長期国債とみられる）となっている。

　提供する保険商品についても、貯蓄性商品に比べて収益性が高く、利率保証の負担が小さい保障性商品、とりわけ医療保障や生前給付分野に一層重点を置くようになった。現在の大手生保の主力商品を見ると、いずれも期間10年程度のさまざまな保障を組み合わせた商品となっていて、終身保障があったとしても非常に小さくなっている。他方で、貯蓄性商品への根強いニーズを背景に、一時払いの貯蓄性商品を銀行チャネ

ルなどで提供しているが、予定利率の慎重な設定や、円建てよりも金利水準の高い外貨建て商品の投入など、かつてに比べれば経営リスクをより意識した経営姿勢が窺える。

　生保危機の時代に比べると、保険会社のリスク管理体制は大きく進展した。大手銀行の動きも意識しつつ、各社はそれぞれ独自にリスク管理の枠組みを整えた。技術が進み、保険引受リスクや資産運用リスク（価格変動リスクや信用リスクなど）を数値で表し、管理できるようになった。統計的な手法によって計測したこれらのリスク量を統合し、それを支払余力と対比する統合リスク管理も保険業界に広く普及した。1990年代までとは様変わりである。

　このような取り組みもあって、例えば2008年に発生したグローバル金融危機（いわゆるリーマンショック）では、米AIGグループなどでグループの経営危機が日本事業の信用不安につながったケースや、ハイリスク投資に傾斜していた中小生保の大和生命保険の経営破綻は避けられなかったが、多くの生保は保有資産の時価下落に直面したものの、総じて経営危機に陥るようなことはなく、健全性を確保することができた。

2. 規制見直しに向けた長い取り組み

①「生保危機」までの健全性規制

　2000年前後の中堅生保の経営破綻はその会社固有の内的要因と外的要因の連鎖によって生じたことを示したが、抜け落ちている重大な視点がある。それは、保険会社は規制業種であり、当時の保険行政はいったい何をしていたのかという点である。再び『経営なき破綻』などを参考にして検討したい。

　政府が保険会社の健全性を確保する規制を設け、監督を行うというの

は、生命保険会社の経営悪化が進んだ1990年代も現在も同じである。ただし、日本の保険行政のあり方は95年までとそれ以降で大きく異なっている。

　95年までの旧保険業法は、監督当局（大蔵省）に広範な権限を与え、経営のあらゆる段階において具体的に監督する実体的監督主義の方式を採用していた。事業範囲や商品内容、保険料率、契約者への配当、募集制度、資産運用など経営全般に対して競争制限的な規制があり、結果として新規参入は少なく、商品内容も料率も契約者配当もほぼ横並びといった、いわゆる護送船団行政の典型だった。予定利率の変更も契約者配当も、大蔵省が認めなければ実現できなかった。

　当時は株主のいない相互会社が圧倒的なシェアを占めており、「相互会社には自己資本の概念がない」という考えから、バブル経済崩壊までの大蔵省には内部留保による支払余力の確保という発想はなく、当時の生保の潤沢な株式含み益を背景に、契約者への配当還元を重視していたと見られる。協栄生命保険など株式会社形態の生保も存在していたが、当時の関係者の証言によると「相互会社的な経営を指導されていた」ため、相互会社と同様に過小資本状態だった。

　例えば、80年代後半の株高で生保の含み益が拡大すると、大蔵省の「指導」のもとで生保は多額の特別配当を実施している。特別配当とは三利源に基づく毎年度の通常配当とは違い、株式や不動産の売却益を原資とした配当で、業界関係者によると合理的なルールが存在せず、大蔵省と生保業界の話し合いで配当水準が決まっていたという。

　これに対し、95年の保険業法の全面改正を契機に規制緩和が進み、保険会社の競争をある程度認める規制体系となった。それとともに健全性規制の枠組みが大きく変わり、通常予測される範囲の経営リスクについては従来どおり責任準備金を積み立てることで対応する一方、予測を超えるリスクへの備えとしてソルベンシー・マージンを確保することになった（96年から）。

予測を超えるリスクの合計額とソルベンシー・マージンを対比した指標がソルベンシー・マージン比率（SMR）で、99年からは早期是正措置の発動基準となり、SMRが一定水準を下回ると監督当局が段階的に行政命令を出し、健全性確保を図ることになった。この枠組みは現在も同じである。

ソルベンシー・マージン比率の計算方法

$$\text{ソルベンシー・マージン比率} = \frac{\text{ソルベンシー・マージン総額}}{\text{リスクの合計額} \times 1/2}$$

ソルベンシー・マージン総額 ＝ 支払余力（広義の純資産）
リスクの合計額 ＝ 保険リスク、予定利率リスク、資産運用リスク、経営管理リスクなど

②なぜ生保の経営悪化を防げなかったのか

1980年代に実施した予定利率の引き上げと高水準の契約者配当が、生保の体力を蝕んだという指摘は多い。例えば古瀬［1994］によると、「生保の資産運用はバブル期を通じて、高い保証利率と高配当財源の確保のため、外貨建て資産や特定金銭信託等のハイリスク投資へと傾斜してきた。その間、高配当維持と為替差損の補塡を目的とした株式の益出し等によって、株式簿価のかさ上げが進んだ」と、高い配当が結果的に株価下落への抵抗力を弱めたとしている。

また出口［1990］によると、70年代から80年代の生保の資金コスト（予定利率＋利差配当＋長期継続特別配当）は10％程度で高止まりしており、「国際的に見ても、市場金利との関係で見たわが国生保の資金コストのレベルの高さは、異常の一語に尽きる」「このような低料高配を続けていて健全な生保経営が行われるはずはない」と言い切っている。

80年代の予定利率の引き上げや高水準の契約者配当が大蔵省の強い意向によるものだったのか、あるいは生命保険業界の要請を受けたもの

だったのかは、残念ながら明らかではない。とはいえ、大蔵省が認めなければ予定利率の引き上げも高水準の契約者配当も実施できなかったのは確かである。

SMRの導入まで、大蔵省が旧保険業法のもとで生命保険会社の健全性確保という観点から進めていたのは、純保険料式責任準備金の積み立て推進だった。責任準備金の代表的な積み立て方式には「チルメル式」と「純保険料式」がある（図表1-3）。

新契約の獲得時には販売経費など多額のコスト（新契約費）がかかるので、チルメル式は新契約費の分だけ責任準備金の積み立てを遅らせ、その後一定期間をかけて必要な水準を達成する方式である。これに対し、純保険料式は新契約費を考慮せず、初年度から必要な責任準備金を積んでいく方式なので、チルメル式よりも高い水準の責任準備金となる。もっとも、純保険料式でもチルメル式でも、チルメル期間が過ぎれば積立水準は一致する。

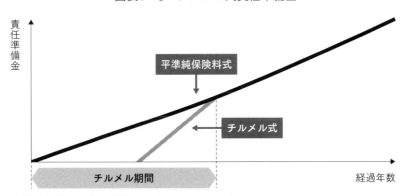

図表1-3　チルメル式責任準備金

（出所）生命保険協会「生命保険会社のディスクロージャー虎の巻」

しかし、既契約のウエートが大きく、すでに純保険料式の責任準備金を達成してしまった会社には、さらなる経営の健全性を高めるインセン

ティブにはならない。すでに75年には半数以上の会社が純保険料式の責任準備金積み立てを達成し、90年代初頭には生保30社のうち、21社が純保険料式で、チルメル式の積み立てを行っていたのは9社だけだった。

より重要なのは、契約獲得時の予定利率が高い場合には、純保険料式でもチルメル式でも、金利が下がると責任準備金の積み立て水準が実質的に低くなってしまうという弱点である。現行の保険会計における責任準備金は、新契約を獲得した時点の予定利率で割り引いて計算し、その後の金利水準が変わっても責任準備金を計算する際の割引率は変わらないためである（ロックイン方式と言う）。

こうしたロックイン方式の責任準備金の弱点を補う制度として、現在は将来収支分析がある。一定のストレスシナリオのもとで将来にわたり責任準備金を確保できるかどうかを、保険数理の専門家である各社の保険計理人が確認し、その写しが監督当局に提出されるというもので、95年の保険業法改正の後に導入された。

だが、旧保険業法下の保険行政はこうした弱点について、ほとんどノーチェックだった可能性が高い。公開された資料（90年代の破綻生保の検査報告書・付属資料）によると、当時の大蔵省検査では資産内容を厳しく確認する一方で、負債に関しては「純保険料式責任準備金に対する過不足」だけで、財務面に関しては銀行と同じような切り口で生命保険会社を見ていたと窺える。千代田生命の関係者からは、「当局（大蔵省）の関心は単年度の決算と資産内容、各部門の業務確認に集中しており、責任準備金の検査は99年の金融庁検査が初めてだった」という証言もあった。

いくら強力な監督権限を持っていても、生命保険会社の事業特性を踏まえた監督をしなければ、経営悪化を食い止めることができないのは当然だろう。純保険料式責任準備金と株式含み益への依存を柱とした健全性確保の枠組みを続ける一方、金利低下時における現行方式の責任準備金の弱点を見過ごしたことが、その後の生保危機を増幅してしまった。

③ SMR はなぜ機能しなかったのか

　他方で、SMR も健全性指標としてうまく機能しなかった。1995 年の保険業法改正で SMR を軸とした健全性規制を新たに導入したものの、早期是正措置の発動基準である 200％を直近時点まで上回っていたにもかかわらず、破綻が相次いでしまったのである。

　理由の一つは、SMR の導入を決めた 90 年代半ばには、すでに多くの中堅生保の経営が相当厳しくなっていたことを踏まえ、大蔵省が緩やかな基準の SMR を採用したことが挙げられる。

　実際に SMR を導入したのは 96 年度決算からであるが、それ以前から大蔵省銀行局保険部長の諮問機関である保険経理フォローアップ研究会で基準の検討を進め、93 年度あたりから、株式含み益の 90％を支払余力に算入する「A 基準」と、45％を算入する「B 基準」の 2 パターンの試算を行ってきた。ただし、94 年度決算で中堅生保 7 社が経常赤字となるなど、生保の経営悪化が深刻になるなかで、実際の SMR は A 基準よりもさらに緩やかなものとなった。

　当時の大蔵省は SMR を厳しい水準にして、多くの保険会社を市場から直ちに退出させるのは難しいと判断し、結果として外部環境の改善に期待した。しかし、その後も外部環境は一向に改善せず、導入直後の 97 年 4 月に日産生命が破綻したのをはじめ、破綻直前に公表されていた SMR が 200％を上回っていたにもかかわらず、破綻した保険会社が複数あった。大蔵省の判断は裏目に出てしまい、健全性指標としての SMR の信頼性を損なうことになった。

　より本質的な理由は、SMR を現行の保険会計に基づいて算出しているため、生命保険会社の経営実態を十分に反映しておらず、とりわけ金利水準の変動をうまく反映できていないことが挙げられる。

　こうした SMR の弱点とその見直しについては、第 2 章で詳細に説明する。

④既契約の予定利率引き下げ

　生命保険会社の連鎖的な破綻は2001年3月の東京生命保険で止まったとはいえ、しばらくは大手生保の経営不安もあり、03年には既契約の予定利率引き下げを可能とする保険業法改正が実現した。

　旧保険業法には、政府が保険金を強制的に削減できる条項と、相互会社は定款で保険金削減を規定できる条項が盛り込まれていた。しかし、1995年の法改正でいずれも廃止され、改正後は保険会社が破綻したときにのみ予定利率の引き下げが認められるようになった。予定利率が下がると、契約者が支払う保険料が上がる、あるいは、将来受け取る保険金が減ることになる。既契約の予定利率の引き下げは、一度結んだ契約を保険会社の都合で変えるものであり、かつ、契約者にとって不利益変更となるため、本来は許される話ではない。

　しかし、生保の経営環境は厳しさを増すばかりで、SMRもうまく機能しないというなかで、既契約の予定利率引き下げを含む契約条件の変更を可能とする手続きの整備が浮上した。2000年10月に千代田生命と協栄生命が立て続けに破綻したのを受けて、当時の相沢英之金融再生委員長が破綻前の利率引き下げを提唱したが、この時は本格的な検討には至らなかった。その後、東京生命が01年3月に破綻した後、政府の諮問組織である金融審議会が、契約者の理解を得たうえで自主的な予定利率変更を認める中間報告を発表したが、反対意見に押され、制度導入を見送った。ところが、大手銀行の経営問題などを背景に議論が再浮上し、3度目の正直として法改正が実現した。

　当時、大手銀行と生命保険会社は相互に資本（劣後債務や相互会社の基金を含む）を持ち合っていて、生保の経営破綻は体力の低下した銀行の経営問題に直結する状況にあった。筆者も日本経済新聞の「経済教室」（2001年11月20日付）に寄稿した「生保契約者の保護充実を」のなかで、「生保は直接的には金融システムとつながっていないが、大手生

保の契約者は数百万人に上り、破綻による経済的、社会的な影響は無視できない。しかも、銀行との間で資本や劣後ローンを相互に持ち合っているケースも多い。生保破綻の影響が大手銀行にも波及し、ただでさえ弱体化している金融システムを揺さぶることになる」と述べている。

　法的に破綻した生保の契約は消滅せず、継続される。しかし、生保の破綻処理では予定利率が引き下げられるだけでなく、責任準備金の削減による影響も受けるうえ、契約条件の変更によって収益性の改善が見込まれても、債務超過額の一部を「営業権」として資産計上し、その償却に充てるため、契約者への還元は後回しとなる。しかも、解約するとペナルティーがかかる。このような既契約者に厳しい破綻処理を見せられると、契約者負担を少しでも軽くするには、破綻処理の変形として法的破綻前の予定利率引き下げという選択肢を用意するというアイデアも理解できる。

　とはいえ、この手続きで契約条件の変更を申し出ることができるのは、「保険業の継続が困難となる蓋然性がある場合」となっていて、これでは利率引き下げの表明は経営の行き詰まりを自ら示すのと同じである。条件変更後の解約をどうやって抑えるかという課題もあり、1社が単独でこの手続きを選ぶのは難しいと考えられる。

　ちなみに筆者は03年7月8日の参議院・財政金融委員会において、参考人として「破綻前の予定利率引下げとはいえ、実質的に破綻処理に近い」「今回の法案は選択肢を広げたことにはなりませんし、無理に使おうとすると日本の生保産業の信用力を揺るがす非常に危険なものになりかねないという懸念もあります。（中略）多数の契約者に負担を求める以上、契約者が納得できる仕組みにしなければ現実には機能しない可能性が高いからです」と述べている。

　なお、これまでのところ既契約の予定利率引き下げスキームを活用した事例はない。

⑤ 2007 年の有識者会議報告書

　金融・保険行政の担い手である金融庁は、危機対応に追われ SMR の抜本的な見直しになかなか着手できなかった。だが、2003 年の国際通貨基金（IMF）による金融セクター評価プログラム（FSAP）で、IMF から「現行の SMR は健全性を適切に評価しておらず、金融庁はその計測を強化するべき」という指摘を受けた。

　金融セクター評価プログラム（FSAP）とは、IMF が加盟国の金融部門の安定性を評価するプログラムで、日本を含む主要国は 5 年に一度審査を受ける。FSAP の指摘は金融庁にとって重要であり、04 年 12 月に公表した「金融改革プログラム―金融サービス立国への挑戦―」のなかに SMR の見直しが盛り込まれ、06 年 11 月に「ソルベンシー・マージン比率の算出基準等に関する検討チーム」が発足した。筆者は検討チームメンバーとして議論に参加した。

　検討チームの報告書「ソルベンシー・マージン比率の算出基準等について」（07 年 4 月公表）のうち、重要と考えられる点は以下のとおりである。

・ソルベンシー規制の今後あるべき姿として、経済価値ベースで保険会社のソルベンシーを評価する方法を目指すべきである。
・他方でその実現には解決すべきさまざまな検討課題があり、その克服のためには一定の時間が必要であるため、経済価値ベースでのソルベンシー規制の導入までの間は、問題点を改善しつつ現在の評価手法を運用していくことが適切である。
・導入までの間、速やかに行うべき具体的なソルベンシー・マージン比率の見直しとして、リスク係数の信頼水準の引上げを検討する必要がある。

金融庁としては、短期的な課題と中期的な課題に分けたうえで、まずは短期的な課題であるリスク計測の精緻化に取り組むことを優先し、現行規制の枠組みそのものを見直すところまでは考えていなかったのかもしれない。しかし、議論を重ねた結果、報告書では「経済価値ベース評価に基づくソルベンシー規制の導入を目指すべき」としたうえで、導入までのいわば緊急対応として短期的な見直しを行い、SMRの信頼性向上を求める内容となっただけではなく、「欧州において経済価値ベースのソルベンシー評価実現のための節目の年になると見込まれる平成22年（2010年）を見据えて不断の作業を進めるため、監督当局および保険会社は最初の一歩として以下の作業に早急に着手し、一里塚としての目標を速やかに達成することが適当である」とあり、国際的な動向を踏まえつつ、できるだけ早いタイミングでの経済価値ベースの規制導入を求めた。

⑥検討の長期化

ところが、現実は報告書の想定どおりには進まなかった。2008年に発生したグローバル金融危機と、金融危機を受けた「国際的な動向」の変化、11年の東日本大震災発生と、同年のIFRS（国際財務報告基準）の強制適用延期、さらには13年4月からの日本銀行による大規模な金融緩和政策、16年1月からのマイナス金利政策に伴う超長期金利の極端な低下などもあって、新たなソルベンシー規制の検討は予想外に長引いた。

まず、金融危機発生の影響で短期的な見直しの実施が遅れた。金融庁は報告書を受け、08年2月に「ソルベンシー・マージン比率の見直しの骨子（案）」を公表し、意見募集を行っていた。だが、08年秋に米AIGグループの経営危機や大和生命の破綻が生じた。骨子案のままでは大和生命の破綻に対応できなかったと見られ、金融庁は改定内容を再検討したうえで、09年8月に骨子案の改定版を公表することにした。しかも、この見直しによって新たなSMRの水準が相当程度下がるので、契約者

やメディアを含む市場等への十分な周知期間や保険会社の準備期間を設けるという観点から、改定内容は 10 年 4 月に最終化されたものの、12 年 3 月期決算からの適用となった（公表は 11 年 3 月期決算から）。とはいえ、周知期間を設定したにもかかわらず、11 年 3 月期決算の報道で「規制強まり体力低下」と報じた新聞があった。

　経済価値ベースの規制検討にはさらに時間がかかった。金融庁は 10 年から「経済価値ベースのソルベンシー規制の導入に係るフィールドテスト」を実施し、中期的な見直しの本格的な検討に入った[2]。しかし、金融庁がいわばベンチマークとしていた「国際的な動向」に変化が生じていた。

　例えば欧州（EU）では、経済価値ベースの評価に基づく健全性指標を軸とした新たな規制である「ソルベンシーⅡ」の検討が進んでいて、10 年の基準採択、12 年からの適用開始を目指していた。ソルベンシーⅡはあくまで EU の規制だが、当時は保険の国際資本規制がなく、先行事例として金融庁や日本の保険業界が注目していた。

　例えば金融庁の金融研究研修センターは 07 年に「欧州の先進的な保険リスク管理システムに関する研究会」を立ち上げ、ソルベンシーⅡや経済価値ベースのリスク管理の課題について報告書をまとめている。

　加えて、EU が日本の保険監督制度（具体的には再保険、グループ・ソルベンシー評価、グループ監督）を同等と評価しなければ、日本の保険グループの欧州子会社の負担が大きくなるという現実的な要請もあった（ソルベンシーⅡ第三国同等性評価）。しかし、その EU ではグローバル金融危機を受けた規制内容の見直しに時間がかかり、適用開始が 16 年にずれ込んだ。

　保険契約に関する国際会計基準策定の動向も、経済価値ベースのソル

---

2 金融庁はフィールドテストを 2010 年に実施した後、東日本大震災を経て、14 年、16 年にも実施し、18 年からは毎年実施している。

ベンシー評価導入への後押しとなっていた。IASB（国際会計基準審議会）の前身である国際会計基準委員会はすでに1997年に保険契約プロジェクトを発足させ、保険契約負債を公正価値で測定する、すなわち経済価値ベースの評価を取り入れる方向で検討が進んでいた。IFRSが強制適用であれば、上場保険会社の連結財務諸表が経済価値ベースの評価に基づくものとなり、日本のソルベンシー規制検討の追い風となったであろう。

　ところが実際は、新たな会計基準の策定をめぐりIASBと関係者の調整が難航し、IASBは2010年に策定方針の大幅な修正を余儀なくされたうえ、日本政府はIFRSの強制適用ではなく、任意適用の拡大を促す道を選んでしまった。その後、IASBは17年にIFRS第17号「保険契約」として基準化にこぎつけたものの、さらに複数回の修正があり、ようやく23年からの適用となった。

⑦保険の国際資本規制の進展

　他方で2008年からのグローバル金融危機を受けて、保険の国際資本規制を策定する動きが加速した。IAIS（保険監督者国際機構）は金融危機の前から保険会社の健全性規制に関する国際的な共通指針を策定すべく、いくつかの文書を公表していたが、定量的な国際資本規制の策定を目指すようになったのは金融危機以降である。

　金融危機を踏まえ、グローバルな金融システム上重要な金融機関には上乗せ資本を求めることになったものの、すでに国際金融規制としてバーゼル規制が存在していた銀行とは違い、保険には上乗せ資本の土台となる国際資本規制がなかった。そこで、IAISは13年になって、新たに定量的な資本規制を策定する方針を公表した。

　まずは暫定版の簡易な資本規制を14年に策定したうえで、国際的に活動する保険グループ（IAIGs）を対象とした資本規制であるICS（国際資本基準）の策定に取り組むことになった。IAISは、24年の最終化を目

指している。

　ICS は原則として、資産と負債を市場整合的に評価したバランスシートをもとに自己資本と統合リスク量を計算する方式であり、経済価値ベースのソルベンシー規制を志向している。金融庁は IAIS の重要メンバーとして ICS 策定に積極的に関わるだけではなく、16 年以降は前述の金融庁フィールドテストの計算方式として、検討中の ICS に準拠した方式を採用するなど、国際資本規制の検討に歩調を合わせる方針を打ち出した。

⑧ ORSA の導入

　金融庁はフィールドテストの実施を通じて経済価値ベースのソルベンシー規制の検討を続ける一方、検討の一環として保険会社のリスク管理の高度化を促す取り組みを開始し、これを制度化した。参考までに、筆者はこの時期（2010 年から 12 年にかけて）、金融庁で統合リスク管理専門官として保険行政に携わっていた。

　すでに 03 年に、金融庁は危機対応として早期警戒制度を導入し、SMR が行政介入の基準値を超え、早期是正措置の対象とならない保険会社についても、モニタリング（報告徴求およびヒアリング）を通じて早め早めの経営改善を促す枠組みを採用していた。ただし、その前年に導入していた預金取扱金融機関の早期警戒制度を概ね踏襲した内容となっていて、実際の運用は検査・監督の現場に委ねられていた。

　そこで 11 年から「ERM ヒアリング」を開始し、保険会社のリスク管理態勢の現状把握に努めるとともに、ヒアリングなどを通じてリスク管理の高度化を促す取り組みを開始した。

　14 年には「保険会社向けの総合的な監督指針」を改正し、監督上の評価項目に統合的リスク管理態勢を新設した。そのなかで「ERM」と「ORSA」について触れ、「リスク管理の更なる高度化に向けて不断の取組みが必要」としたうえで、リスクとソルベンシーの自己評価（Own

Risk and Solvency Assessment、ORSA）の実施を求めた。さらに15年からは保険会社にORSAの内容、すなわち、リスク管理の現状分析と今後の方針をまとめた「ORSAレポート」の作成・提出を義務付けた。

ERM（Enterprise Risk Management）の日本語での表記は「統合（的）リスク管理」「全社的リスク管理」など、必ずしも固まっていないが、日本の保険業界でERMといえば、損失の回避や抑制を主眼とする従来型のリスク管理の枠組みを超えた、「リスクテイク方針に基づき、企業価値拡大を目指す枠組み」というのが共通認識となっている。

ORSAとは、保険会社自らが現在および将来のリスクと資本等を比較して資本等の十分性評価を行うとともに、リスクテイク戦略等の妥当性を総合的に検証するプロセスであり、広義にとらえればERMと同義である。

ERMは保険会社に特化したリスク管理手法ではなく、2000年代前半から主に事業会社を念頭に置いたリスク管理の枠組みとして国際的に知られるようになった手法である（図表1-4）。さらに保険業界では、欧州の大手保険グループや格付会社がERMに着目し、後述するIAISの動き

図表1-4　ERMと従来型のリスク管理のちがい

	ERM	従来型リスク管理
目的	財務の健全性を確保しつつ、戦略目標を達成（企業価値向上）	損失の回避・抑制
対象とするリスク	すべてのリスクが対象（潜在的なものを含む）	特定したリスクが対象
対応する組織	事業全体で管理（全社的な活動）	リスク管理部門などの専門組織が管理
リスクのとらえ方	あらゆるリスクを整合的・統合的にとらえる	リスクの種類ごとにとらえる（個別のリスク管理活動）
リスクへの対応	継続的な活動（経営戦略と密接に関連）	必要があるときに対応

（出所）森本祐司ほか『経済価値ベースの保険ERMの本質【第2版】』金融財政事情研究会、2021年

もあって、ERM という用語の浸透は速かった。

日本でも金融庁が注目する前から上場保険グループを中心に、企業価値の拡大を目的として ERM に取り組む動きが本格化していた。その後、前述の「ERM ヒアリング」など行政の後押しもあって、上場会社以外の株式会社や相互会社を含め、保険業界全体に ERM 導入・構築の取り組みが広がった。

金融庁が ERM に注目し、ORSA を制度化した背景には、従来型のリスク管理がうまく機能しなかったという過去の経験や日本の保険業界における ERM の普及状況のほか、国際的な規制動向も関係している。

IAIS は前述の国際資本規制の策定とは別に、各国の保険監督者が行うべき監督の原則を ICP（保険基本原則）としてまとめ、11 年からは原則 16 として「ソルベンシー目的の ERM」を盛り込み、保険会社の ERM とはどのようなものかを示したうえで、監督者に ORSA の実施を求めるようになっていた。金融庁「監督指針」には、統合的リスク管理態勢の記述のなかで、「ICP において、保険会社及びグループが統合的リスク管理（ERM）及びリスクとソルベンシーの自己評価（ORSA）を実施するように監督すべきことが規定されている」とある。

⑨ 2020 年の有識者会議報告書

2007 年の有識者会議報告から 10 年以上が過ぎてしまったが、国際資本規制である ICS が最終化に近づくなかで、金融庁による経済価値ベースのソルベンシー規制の検討もようやく最終段階に入った。加えて、IMF が 17 年の金融セクター評価プログラム（FSAP）で経済価値ベースのソルベンシー規制の早期導入を求めたということもある。

金融庁は 18 年 9 月に公表した金融行政方針「変革期における金融サービスの向上にむけて」のなかで、「経済価値ベースのソルベンシー規制について、現下の経済環境における様々な意図せざる影響にも配意しつつ、国際資本基準（ICS）に遅れないタイミングでの導入を念頭に、関係

者と広範な議論を行っていく」と述べた。19年5月には有識者会議を立ち上げ、10回にわたる議論を経て、20年6月に報告書を公表した。重要と考えられる点は以下のとおりである。

- 中長期的な健全性の確保を通じて契約者保護を図りつつ、保険会社が持続可能な形で各種の保険ニーズに応えていくための規制・競争環境を整えるためには、経済価値ベースのソルベンシー比率（ESR）に基づくソルベンシー規制に出来るかぎり早期に移行することが必要である。
- 「規制上のESRの水準のみに基づく機械的・画一的な規制」ではなく、「保険会社の内部管理のあり方も踏まえた多面的な健全性政策」を目指すことが一つの選択肢であると考えられる。
- 2022年ごろまでに制度の基本的な内容（特に標準モデルの考え方）を暫定的に決定し、2024年春ごろの基準最終化、2025年4月より施行といったタイムラインを念頭に置いて、着実な検討を進める必要がある。

2つ目の「保険会社の内部管理のあり方も踏まえた多面的な健全性政策」とは、第2章で説明する「3つの柱」の考え方に基づく健全性政策を念頭に置いたものである。すなわち、SMRやESRのような規制比率だけに頼るのではなく、「（狭義の）ソルベンシー規制」「内部管理と監督上の検証」「情報開示」の3つを組み合わせることで、「保険会社の創意工夫や主体的なリスク管理の高度化を促進できる制度」（報告書より引用）を目指すべきとしている。

森本ほか『経済価値ベースの保険ERMの本質【第2版】』によると、「時間的な制約等もあり、第2、第3の柱については第9回のなかでまとめて議論したにとどまってしまったし、有識者会議の報告書のなかで割かれた紙面数も決して多くはない」

「しかし、そのことはこれらの柱が第1の柱に比べて重要度が低いとい

うことでは決してない。むしろ、この2つをどのように進めていくかが今後の経済価値ベースの健全性政策全般の成否を決めるといっても過言ではないだろう」と述べている。なお、新型コロナ感染症の影響で有識者会議での議論を進めるのが難しくなったという事情もあった。

　報告書の提言を踏まえ、金融庁は22年6月に規制の基本的な内容に関する暫定的な結論と基本的な方向性を示した。24年5月には「経済価値ベースのソルベンシー規制等に関する残論点の方向性等について」を公表し、新たな規制を2025年度決算から適用するというスケジュールと、規制内容の全貌がようやく見えてきた。

第 2 章

経済価値ベースの
ソルベンシー規制とは

1. 新たなソルベンシー規制はどのようなものか

①これまでの健全性規制

　本節では、一般に「経済価値ベースのソルベンシー規制」と呼ばれることの多い新たな健全性規制について、筆者独自の視点から解説する。規制が求める経済価値ベースのソルベンシー比率（規制上のESR）の具体的な計測手法など、新たな規制の詳細は金融庁の公表資料などを参照いただきたい。なお、ESRには、これまで各社が内部管理のために活用していたものと、新たに規制として活用するものがある。以下では、原則として「規制上のESR」を単にESRと呼び、内部管理上のESRはその旨を記載する。

　その前に、まずは現在の健全性規制の全体像を紹介しておきたい。現行規制の中核は「標準責任準備金制度（保険計理人による確認を含む）」「ソルベンシー・マージン比率（SMR）に基づく早期是正措置」「オフサイト・モニタリングを通じた早期警戒制度」である。

　保険業法では、「保険会社は、毎決算期において、保険契約に基づく将来における債務の履行に備えるため、責任準備金を積み立てなければならない」と、将来の保険金や給付金の支払いに備えた責任準備金の積み立てを保険会社に求めている（第116条）。さらに「長期の保険契約で内閣府令で定めるものに係る責任準備金の積立方式及び予定死亡率その他の責任準備金の計算の基礎となるべき係数の水準については、内閣総理大臣が必要な定めをすることができる」（第116条2項）とあり、これが標準責任準備金制度である。

　保険会社は純保険料式の責任準備金を、政府が定めた保守的な割引率（標準利率）と死亡率（標準死亡率）をもとに積み立てなければならない（新設会社などでチルメル式の採用も可能）。標準利率は指標となる金利

（10年国債など）に安全率係数を使って算出し、標準死亡率は日本アクチュアリー会が作成し、金融庁長官が検証した標準生命表（死亡保険用、年金開始後用、第三分野がある）を適用する。

政府が標準利率と標準死亡率を定めることで、保険会社に将来の保険金支払いに備えた責任準備金の積立水準を確保してもらうとともに、もし保険会社が保険料率を低く設定してしまうと、標準責任準備金の積み立てが難しくなるため、過度な保険料率競争を防ぐ効果もある。

②保険計理人による確認業務

積立方式の規制だけではなく、保険会社が保険数理の専門家として「保険計理人」を選任し、保険計理人が当該保険会社の責任準備金の適正さを確認するという規制もある。

保険計理人は専門職団体である日本アクチュアリー会の正会員でなければならず、毎決算期において責任準備金が適正に積み立てられていることを確認するとともに、保守的な前提やシナリオに基づいた将来収支分析を行った結果、5年後の時点で不足が発生し、解消できない可能性が高いと判断すれば、「責任準備金を追加的に積み立てるべき」という趣旨の意見書を取締役会に提出する（意見書の写しを金融庁に提出）。

ただし、保険計理人の位置付けはガバナンス上、曖昧なところがある。保険業法ではすべての生命保険会社が取締役会において保険計理人を選任しなければならないと規定しているが、日本アクチュアリー会の正会員で保険数理業務の従事年数の要件を満たしてしていれば、社内の人材でも外部委託でもいい。

社内人材の場合、法令で定められた確認業務などを通じ、保険数理の専門家として広い意味では経営に関与することになる。とはいえ、取締役会は保険計理人に対し、必要な情報提供など職務を十分果たすことができる態勢を構築しなければならないものの、求められている独立性は「収益部門、収益管理部門及び商品開発部門」（監督指針より引用）から

だけであり、内部監査部門に比べると牽制機能として弱い。

　いくつかの会社の「ガバナンス体制」の説明資料（図表）を確認したところ、保険計理人が載っている会社と載っていない会社があり、会社によってはガバナンスの機能として位置付けられていないのかもしれない。他方で外部委託の場合には、あくまで委託業務を行うという位置付けとなり、ガバナンス機能ではない。

③ SMR の確保

　こうした責任準備金の規制に加え、保険会社は通常の予測を超えるリスクに備えた支払余力（ソルベンシー・マージン）を確保しなければならない。金融庁は SMR が一定水準を下回ると早期是正措置を段階的に発動し、保険会社の経営への関与を強めていく（図表2-1）。

　例えば SMR が200％を下回った会社に対し、金融庁は経営改善計画の提出と実行を求める。SMR は「リスクの合計額」の2分の1に対する支払余力の割合なので、SMR が200％を下回るとは、リスクの合計額を下回る支払余力しか確保できていない状態ということになる。金融庁はさらに、SMR が100％を下回った会社には支払余力の充実などを求め、

図表2-1　早期是正措置の発動基準

区分	ソルベンシー・マージン比率	措置の内容
非対象区分	200％以上	なし
第一区分	100％以上200％未満	経営改善計画の提出と実行
第二区分	0％以上100％未満	支払能力の充実計画の提出と実行 株主配当の禁止や抑制 契約者配当の禁止や抑制 新規契約の保険料計算方法の変更 役員賞与の禁止や抑制　など
第三区分	0％未満	期限を付した業務の全部または一部の停止

（注）別途に実質資産負債差額（実質純資産額）による基準もある
（出所）筆者作成

0％を下回った会社には業務停止命令を出し、破綻処理に移る。

　200％以上のSMRを確保している保険会社に対しても、健全性の維持および一層の向上を図るための制度がある（早期警戒制度）。金融庁はオフサイト・モニタリング（定期的および随時の報告徴求および各種のヒアリング）を行い、必要に応じて業務改善命令を出すなどして、問題会社の早期発見・早期改善に努めている。

④現行規制の３つの弱点

　このような健全性確保の枠組みを整備しているにもかかわらず、2025年度に新たなソルベンシー規制を導入するのは、現行の枠組みには３つの大きな弱点があるためと考えている。

　１つ目は、政府が保険会社に求めている支払余力の水準が低いという点である。

　第１章で述べたとおり、SMRの導入を決めた1990年代半ばには、すでに多くの中堅生保の経営が相当厳しくなっていたことを踏まえ、当時の大蔵省は緩やかな基準のSMRを採用した。2010年の「短期的見直し」の際にもSMRの算出方式をある程度厳しく、具体的にはリスク係数の信頼水準を90％から95％、つまり、10年に１度発生すると見込まれる損失額から、20年に１度の損失額をリスクとみなす方式に引き上げたものの、抜本的な対応は持ち越されてきた。

　２つ目は、現行の枠組みが金利水準の変動を十分にとらえることができていないという点である。

　超長期にわたり固定金利を保証することが多い生命保険会社にとって、金利低下は将来の保険金支払いの負担が実質的に重くなることを意味する。保険負債の金利リスクに対し、超長期債を購入するなどして十分なヘッジをしていなければ、健全性の悪化に直結する。ところが、標準責任準備金制度もSMRも現行の保険会計に基づいているため、金利水準の変動をうまく反映できていない。金利が下がると責任準備金の積

立水準が実質的に低くなってしまうにもかかわらず、保険計理人による将来収支分析が実質的に5年後までと短いこともあって、責任準備金の追加的な積み増しを求められるケースは多くない。SMRは金利が下がるとむしろ改善（上昇）してしまう。

3つ目は、規制による経営への規律付けが弱いという点である。

ソルベンシー規制は厳しい数値基準を設ければいいというものではなく、ガバナンス機能を強め、リスク管理の実効性を高めるような規制が求められている。第1章で示したように、経営者に起因する破綻リスクを小さくするには、保険会社のコーポレートガバナンスが十分機能する必要がある。

しかし、例えば2022年度末の数値を見ると、低いほうの会社でも早期是正措置の発動基準の2倍はあり、全社の合算値では5倍近い水準となっていて、経営がSMRを気にかけるような状況ではない。しかも、上場株式会社を除き、経営情報の開示を通じた市場規律の整備が停滞しているため、外部からの規律も改善されていない。早期警戒制度は15年のORSA（リスクとソルベンシーの自己評価）導入により、金融庁がガバナンスやリスク管理の強化を促すことができるしくみになったものの、おそらく本格稼働はこれからであろう。

⑤弱点の克服

2025年度からの新たなソルベンシー規制は、こうした現行規制の弱点を克服する枠組みを目指していると言える。

まず、規制が求める支払余力の水準は格段に高まる。新規制ではSMRに代わる指標としてESRを算出するようになり、これまでは20年に1度発生しうる損失額をリスク量として認識し、それに対する支払余力の確保を求めていたものが、ESRでは200年に1度というものになる（信頼水準99.5%、保有期間1年）。

例えば、先進国市場の上場株式を1億円保有している場合、現行では

その20％（2,000万円）の支払余力の確保を求められているのに対し、新規制では35％（3,500万円）となる。

早期是正措置の発動基準を決める指標もSMRからESRに代わる。2024年5月公表の基準案によると、ESRが100％を下回ったら金融庁が監督介入を開始し、70％を下回ったら監督介入を強め、35％を下回ったら業務停止命令を出す（図表2-2）。

これまでは業務停止命令の発動基準をSMRが0％を下回ったときとしていたが、早期是正措置は事業の継続を前提にした制度であるため、金融庁は基準案で「一般に債務不履行のおそれがあるとされるCCC格の一つ上のB格相当の格付における破産確率に概ね対応する水準と仮定した格付機関の公表データに基づく試算や、EUのソルベンシーⅡの事例も参考に」して、35％を業務停止命令の発動基準とした。

なお、金融庁が新たな規制の参考にしている国際資本基準（ICS）では、監督介入の開始水準をPCR（Prescribed Capital Requirement、規定資本要件）、業務停止命令など最も強い監督行動を発動する水準をMCR（Minimum Capital Requirement、最低資本要件）としている。これを当てはめると、24年5月の基準案では、ESR＝100％がPCR、ESR＝35％がMCRということになる。

加えて、これまでSMRとともに早期是正措置の発動基準となっていた実質純資産（実質資産負債差額とも言う）は廃止となる。この指標は資

図表2－2　早期是正措置の発動基準

区分	現行制度	新たな制度（案）
非対象区分	100％以上	100％以上
第一区分	50％以上100％未満	70％以上100％未満
第二区分	0％以上50％未満	35％以上70％未満
第三区分	0％未満	35％未満

（注）現行制度は新たな制度と比較できるように換算
（出所）金融庁「経済価値ベースのソルベンシー規制等に関する残論点の方向性概要」（2024年5月）より作成

産（主に有価証券）だけを時価評価して純資産を計算したもので、保険会社が保険負債の金利リスクを減らそうと超長期債を保有すればするほど、金利上昇時にはこの純資産が減ってしまうため、保険会社の経営実態を表さないばかりでなく、金利リスク管理の妨げとなっていた。

例えば23年3月期決算では国内金利の上昇により、ソニー生命保険や東京海上日動あんしん生命保険、三井住友海上あいおい生命保険など、ALMによる金利コントロールに前向きで、かつ、国内株式保有が少ない会社の実質純資産が急減した（24年3月期も同じ傾向）。筆者は以前から廃止を主張していたが、ようやく実現することになる。

2つ目の弱点である、金利水準の変動をうまく反映できていないことをはじめ、現行の保険会計に伴う規制上の弱点を克服するためには、新たに経済価値ベースの評価を採用する。新たな規制が「経済価値ベースのソルベンシー規制」として紹介されることが多いのは、現行の保険会計やそれに基づいた規制とは考え方が大きく異なるためである。詳しくは後ほど説明する。

3つ目の弱点に関しては、新たな規制では経営への規律付けを強める仕掛けとして、3つの柱の考え方を採用し、SMRやESRといった規制比率だけに頼るのではなく、「保険会社の内部管理のあり方も踏まえた多面的な健全性政策」（20年の有識者会議報告書より引用）を目指すことになった。

第1の柱として保険会社にESRの確保を求めたうえで、第2の柱として金融庁がORSAなどを通じて保険会社の内部管理を検証し、高度化を促す。さらに第3の柱として、ESRやリスク管理に関連した情報の開示を求め、市場から保険会社の経営に対する規律を働かせる。

他方で、先ほど保険計理人の確認業務について説明したが、今回の新たなソルベンシー規制では今のところ保険計理人による規律付けを強める方向には進んでいない。後述するとおり、ESRの計算に用いる経済価値ベースの保険負債の検証を担うのは保険計理人でなくてもいい（保険

数理機能の責任者の要件として保険計理人であることを制度上必須としない）し、ESR の計算全体の検証を担うのはアクチュアリーである必要もない（特段の資格要件を設けない）。

このままいくと、保険計理人による確認業務のうち、実質的に残るのは「適正な契約者配当」「適正な IBNR の積み立て」だけとなる。経済価値ベースの規制になれば、さらに将来収支分析を行う必要はないし、現行会計に基づいた「将来の事業継続可能性」を確認する意義も薄れる。

以上のような内容の新たなソルベンシー規制は、金融庁が 24 年 5 月に公表したタイムライン案によると、2025 年度決算から適用される。

⑥経済価値ベースの評価とは

新たなソルベンシー規制で最も注目されているのは、やはり経済価値ベースの評価を導入することであろう。

経済価値ベースの評価とは、資産・負債の一体的な時価評価を通じ、金利変動リスクを含め、保険会社の財務状況を的確に把握しようとするものである。現行の保険会計では貸借対照表のうち、資産として保有する有価証券は保有区分により「時価」または「償却原価」で評価する一方、負債の大半を占める責任準備金は契約獲得時点の基礎率、すなわち「取得原価（簿価）」で評価する。

例えば、生命保険会社がその他有価証券区分で日本国債を保有している場合、金利が下がると国債の価格が上がり、資産の価値が増える。その一方で、責任準備金は取得原価のままなので、資産から負債を引いた純資産や、広義の純資産である支払余力はあたかも増加したように見えてしまう。

しかし、資産も負債も時価評価すると、実態は全く異なることがわかる。多くの生命保険会社では資産の残存期間よりも負債のほうが長いので、金利が下がると負債の価値が資産以上に膨らんでしまい、経済価値ベースで見た純資産や支払余力は減少する。金利が下がると将来の保険

金支払いの負担が大変になるのだから、この結果は実態を表している。つまり、現行会計ではとらえることのできない金利低下による健全性の悪化を、経済価値ベースの評価であれば的確に反映することができる。

　リスクについても、経済価値ベースの純資産の変動をリスクととらえる。金利リスクの例で、やや大雑把に言うと、金利低下に伴い負債の価値が拡大し、それをもとに金利リスクを計測するため、リスク量も大きくなることが多い。分子の支払余力が減少し、かつ、分母のリスク量も大きくなるのだから、ESRは低下する。

図表2-3　経済価値ベースのソルベンシー規制

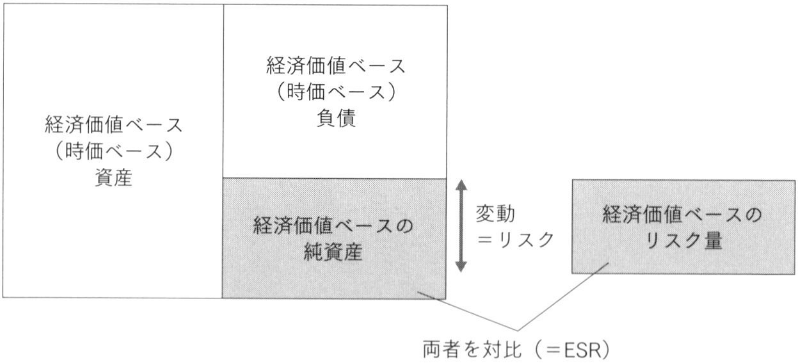

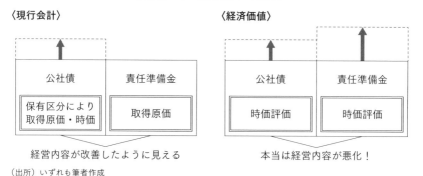

図表2-4　金利低下の影響

（出所）いずれも筆者作成

森本ほか（2017）では、経済価値ベースで管理することの意味を、保険商品の原材料価格の概念を使って説明している。

　保険という商品は「保険事故発生時の保険金支払い」というキャッシュフローであり、その商品の提供は将来時点に行われる。個々の契約で保険事故が発生するかどうかは偶然に支配されているが、契約を多く集めることで大数の法則が働くので、ここでは将来のキャッシュフローが期待どおりに発生すると仮定する。保険会社がこのような商品を提供するには、類似した特性を持つ原材料を仕入れてくる必要があり、それは国債のような無リスク債券である。

　他方で、保険商品は他の多くの商品とは違い、原材料を仕入れなくても販売できてしまうという特徴がある。つまり、原材料の仕入れや価格動向を意識しなくても販売することができる。さらに、保険商品の提供（保険事故発生時の保険金支払い）は販売してからかなり先であり、かつ、仕入れておいた原材料が劣化することがないという特徴もある。

　この結果、保険では、原材料価格よりも低い価格で販売してしまっても気づかない、あるいは、原材料価格よりも高い価格で販売できたと思っていても、その後の仕入れまでに原材料価格が上がってしまい、結果的に原材料価格よりも低い価格で販売したことに気づく、ということが生じうる。

　こうした問題を生じさせないためには、販売時点での原材料価格を把握したうえで、販売時点以降、将来の商品提供時点までは、その時々での「原材料の価格（＝保険負債の価値）」と「保険負債に対応するために保有している資産の価値」を比較することが必要であり、これがまさに経済価値ベースの管理である。販売時点以降の原材料価格の変化を常時チェックするため、市場金利の変化による原材料価格の変化をタイムリーに把握することができる。

⑦中堅生保の経営破綻は避けられたか

　かつて経営破綻を招いた中堅生保では、価格変動の大きい資産を抱えるリスク（市場リスク）や貸付金が回収できなくなるリスク（信用リスク）、高い利率の契約を長期間抱えるリスク（保険負債の金利リスク）を、結果として十分認識していなかった。

　市場リスクを大規模に抱えていても、評価損の計上を迫られるほどの株価下落や円高などがなければ、決算には影響しない（含み損益の減少のみ）し、評価が原価法の有価証券も多かった。

　加えて、情報開示も不十分だった。有価証券の時価情報を公表していれば経営への一定の規律になると考えられるが、例えば日産生命が含み損益を公表するようになったのは1995年度からで、しかも、保有する有価証券の50%弱しか開示していなかった。開示対象としなかった有価証券は「外国証券」「その他の証券」が多く、そのなかには日経平均リンク債などの決算対策商品も含まれていた。

　貸付金は時価評価されず、将来の回収見込みを厳しく見積もらないかぎり、多額の貸倒引当金が発生して決算を圧迫するようなことはない。例えば東邦生命は、破綻直前の1997年度決算で約300億円の貸倒引当金を計上していたが、1年後の決算で会計監査人から約1000億円の追加引き当てや、回復可能性が認められない有価証券の評価損計上などを求められ、事業の継続を断念している。

　保険負債の金利リスクへの認識も非常に甘かった。決算では、金利水準の低下により、その期に求められる予定利率分の利息を、資産運用の利息配当金等収入でカバーできなくなってはじめて、その差額が「逆ざや額」として出てくる（ただし、損益計算書に「逆ざや額」という項目はなく、当局に報告する三利源の利差として示される）。だが、そうなってしまってからはもう手遅れであることが多く、規模拡大競争の結果として大量に抱えた高利率の貯蓄性商品に伴う金利リスクが顕在化す

るなかで、各社は外貨建て資産や特定金銭信託などのハイリスク投資、さらには利息配当金収入をかさ上げするための決算対策商品の購入に走り、かえって傷口を広げることになった。

経済価値ベースのソルベンシー規制が1990年代に存在していたら、どうだっただろうか。当時の経営者は総じて単年度の「逆ざや額」（90年代半ばから顕在化）だけを見ていたので、当面は株式含み益の実現などで乗り越えることができてしまうことから、その深刻さを認識できなかったのかもしれない。

これに対し、経済価値ベースの純資産の変化や金利感応度などを見ることで、経営陣は価格変動の大きい資産や高利率の契約を長期間抱えるリスクをかなり早い段階で意識せざるを得なかったはずである。さらに言えば、株式含み益に依存した経営も意味を成さなかった。経済価値ベースの評価ではもともと含み損益を評価に反映しているので、発生した損失の穴埋めにはならない。

ただし、ESRは万能ではない。経営陣がESRを単なる規制上の制約としてのみとらえ、経営指標としては事業規模や会計上の基礎利益、当期純利益などを重視し、リスク管理体制やガバナンスの実効性に問題があったとしたらどうだろうか。経営陣が何とかしてESRのかさ上げを行ってしまえば、監督当局による問題会社の早期発見につながったかどうかも怪しくなり、結果はそれほど変わらなかったかもしれない。

⑧金利リスクの過小評価

当時も今も、保険会計において保険負債の金利リスクは、金利水準の低下により、その期に求められる予定利率分の利息（予定利息）を、資産運用の利息配当金等収入でカバーできなくなってはじめて、その差額が「逆ざや額」として出てくる。ロックイン方式の責任準備金では、金利水準が低下し、原材料価格が上がってしまっても、すぐには気がつかない。

金利リスクを過小評価していたのは中堅生保に限らない。当時は業界全体として、超長期にわたり固定金利を保証することの難しさを認識していなかったと言ってもいい。

　例えば1980年代に、市場金利が低下傾向にあるなかで予定利率を引き上げていったため、予定利率が市場金利を上回る現象が起きた。契約者への配当を含めた資金コストで見れば、市場金利との逆転は一段と大きくなった。これに対し、生保業界は予定利率を引き下げたり、商品戦略を見直したりするのではなく、高い資金コストを賄うために株式（金銭信託を含む）や外国証券などハイリスク投資に傾斜した。

　負債の金利リスクを資産でヘッジするといったマッチング型のALM手法が日本の生保業界に採用されるようになるのは2000年以降であり、それまでは「負債のリスクの正確な把握が難しい」「20年超の固定金利負債を抱えているにもかかわらず、対応する超長期の確定利付き円金利資産を十分に確保するのが難しい」「収入保険料は平準払い（月払いなど）主体であるため、現物資産だけでは将来の保険料に対する金利リスクがヘッジできない（金利スワップなどの活用が必要）」といった理由から、マッチング型のALMは本格的には導入されなかった。[1]国内公社債の割合が増えたのは1990年代半ば以降であり、金利リスクを意識した残存期間の長期化が本格化するのは2000年代になってからである。

　1980年代から90年代にかけての生保ALMは「アセット型ALM」「バランス型ALM」「年金型ALM」などと言われていたが、いずれも資産・負債の金利リスク管理を目的としたものではなく、資産サイドの期待収益率やその標準偏差を設定したうえで、その期における予定利率を下回る確率を一定以下に抑えるという条件のもと、資産サイドの期待リター

---

1 小川英治監修『生命保険会社の金融リスク管理戦略』（東洋経済新報社、2000年）第2章「実践的な生命保険会社のALM・リスク管理」（執筆者は日本生命）、および森本祐司編著『【全体最適】の保険ALM』（金融財政事業研究会、2011年）の記述を参考にした。

ンを最大化するといった、期間損益の管理を意識したALMだった。このALMでは負債サイドの金利リスクを考慮していない。

そして90年代には期待リターンの確保がままならず、資産運用で多額の損失発生が続き、リスクバッファーとなっていた広義の支払余力が減ってしまった。資産運用リスクを減らすためには期待リターンを下げざるを得ず、各社は保有株式の売却など、資産運用リスクの削減を迫られた。当時のALMは支払余力を減らし、かつ、多額の金利リスクは抱えたままという厳しい結果をもたらしてしまったのである。

2. 保険会社は対応できるのか

①規制の厳格化に耐えられるか

新しいソルベンシー規制のESRは経済価値ベースの評価に基づいて算出するというだけではなく、前述のとおり、規制の求める所要資本（リスク量）が20年に1度の水準から200年に1度の水準へと一気にハードルが上がる。

標準正規分布を想定すれば、これまでは標準偏差の1.96倍までの変動を考慮しておけばよかったものが、今後は2.81倍まで考慮しなければならなくなるので、きわめて単純に言えば、保険会社はこれまでの約1.4倍の支払余力を確保しておかなければならない。

ちなみに、2010年の短期見直しにおける厳格化が20年に1度の水準にとどまったのは、急激な規制強化を避けるという意味のほか、保険負債の評価が現行の取得原価のままで厳格化を進めてしまうと、資産サイドのリスクだけを相対的に過大評価してしまうことになり、それを避けるという意味が大きかったと考えられる。

規制の求める所要資本の水準が高まるのは、保険会社の経営者にとっ

て決してうれしい話ではないだろう。とはいえ今後、金融庁が200年に1度しか発生しないリスクへの備えを保険会社に求めることに対し、保険業界が強い抵抗を示した形跡は見られない。

おそらく、先行したEUのソルベンシーⅡや、検討中の国際資本基準（ICS）が同水準の支払余力を保険会社に求めているうえ、多くの保険会社では、すでに内部管理として同水準またはそれ以上に厳しい水準でリスク管理を行っているため、この程度の規制強化はやむなしと考えているのかもしれない。近年、SMRが高水準で推移しているにもかかわらず、保険会社による劣後債務の調達が続いているのも、ソルベンシー規制の厳格化を踏まえた動きと言えよう。

なお、ESRの分子である適格資本にも算入制限がある。例えば、相互会社の資本調達手段として基金の再募集がある。基金とは株式会社の資本金にあたるとされ、元利金の返済が契約者への保険金支払いや他の一般債権よりも後順位となる。基金償却（返済）の際には同額の「基金償却積立金」を内部留保として積み立てなければならないので、基金を再募集した額だけ支払余力が確保されることになるが、基金そのものは劣後債務と似た性格を持つ。24年5月に金融庁が公表した「基準案」では、償却期限まで10年未満の基金に算入制限を設けている。

② ESRの計測負荷に対応できるか

2024年5月の基準案によると、金融庁が保険会社の健全性を適時・適切に把握し、必要な監督措置を講ずるために、毎期のESRの提出期限はSMRと同じく、基準日から4カ月以内となる見込みである（期末の場合）。もっともSMRの場合には、5月下旬の決算発表時に、分子・分母の内訳とともに公表する実務が定着している。

ただし、SMRに比べてESRの計算は複雑である。保険会社がESRを算出するには、まずは経済価値ベースのバランスシート（貸借対照表）を作成しなければならない。現行会計に基づくバランスシートを出発点

として、保険負債等の評価替え（取得原価から経済価値評価へ）を行い、経済価値ベースのバランスシートを作成する。保険負債には観測できる市場価格がほぼ存在しないので、仮に保険契約を取引する市場が存在した場合につけられるであろう価格を、市場における金融商品の価格と整合的に導出するのが基本的な考え方である。

　24年5月の基準案によると、保険負債は「現在推計」と「現在推計の上乗せマージン（MOCE、モーチェ）」の合計として計測する。現在推計とは、保有契約から生じる将来キャッシュフロー（将来の保険料収入や保険金支払いなど）を現在価値に換算した金額であり、無リスク金利に一定の上乗せを行うなど、市場金利に調整を加えた割引率を使って現在価値に換算する。

　標準責任準備金では契約獲得時点の標準死亡率や標準利率を常に使い続けるのに対し、現在推計では評価時点における将来キャッシュフローの期待値を推計するので、将来期待される保険料収入や保険金支払いなどと、評価時点の市場金利を参照した割引率から算出する。

　ただし、あくまで市場金利を参照した割引率であり、政策的な配慮というべきか、ESRの過度な変動性の抑制や保険会社の資産運用の実態の考慮といった観点から、今回の「標準モデル」では市場金利に調整を加えている。例えば、観測される市場金利が存在しないような超長期の年限では、市場で観測される最大年限の金利から、「終局フォワードレート（UFR）」に収斂するようにイールドカーブの補外を行う。フォワードレートとは現在の短期金利から算出される将来金利の予測値であり、UFRとはフォワードレートの収束水準をマクロ経済的な手法で設定したものである。

　24年5月の基準案では、日本円のUFRは3.8％、観測可能な最大年限は30年となっている。他方、今回の基準案には「標準モデルの仕様（終局金利等）が原因で、規制上の金利リスクでは内部管理におけるALMが逆効果となり、各社におけるリスク管理の高度化を停滞・阻害させる

可能性を踏まえ、一定の要件及び当局による審査の下、金利リスクの計測方法は標準モデルと同一とするが、金利リスク計測時の割引率は内部管理で用いる割引率を適用する手法（内部割引率手法）を適用可能とする」という文言があり、各社のALMへの配慮が見られる。

MOCEのほうは、保有契約から生じる将来キャッシュフローが不確実であることを考慮して、現在推計に上乗せする金額である。仮に保険契約を取引する市場が存在した場合、保険契約の購入者は将来キャッシュフローが確実に得られる場合とは違い、不確実性に対する何らかの見返りを求めると考えられる。とはいえ、参照できるような取引市場が存在しないので、できるだけ合理的な説明が可能で、かつ、実務的にも対応できる算出方法を選択することになる。

基準案では、将来の各年度におけるリスク量を計算し、これらをもとに資本コスト（仮に保険負債を外部に移転するならば、外部の引き受け手が求める資本調達コスト）を算出し、MOCEとする案を採用している。ちなみに24年5月の基準案のESR算出方法は、原則として国際資本基準（ICS）に準拠しているが、MOCEの算出方法は日本独自の方法を採用している。

こうして作成した経済価値ベースのバランスシートにおいて、資産と負債の差額が経済価値ベースの純資産（適格資本）であり、ESRの分子となる。分母のほうは、この純資産の変動を、保有期間1年、信頼水準99.5%（つまり200回に1度の頻度）で計測した金額をESRの所要資本（リスク量）として認識する。生命保険リスク、市場リスク、信用リスクといったリスクのカテゴリーごとにリスク量を計算し、カテゴリー間の相関関係を考慮して、会社の抱えるリスク量を算出する。各カテゴリー内にはさらに細かいサブカテゴリーがあり（市場リスクであれば金利リスク、株式リスクなど）、同様に各カテゴリー内でサブカテゴリー間の統合を行う。

【所要資本のカテゴリー】
- 生命保険リスク
  ▷死亡リスク、長寿リスク、罹患・障害リスク（短期・長期）、解約失効リスク、経費リスク（経費単価・インフレ）
- 損害保険リスク
  ▷保険料リスク、支払備金リスク
- 巨大災害リスク
- 市場リスク
  ▷金利リスク、スプレッドリスク、株式リスク、不動産リスク、為替リスク、資産集中リスク
- 信用リスク
- オペレーショナルリスク

　できるだけかみ砕いて説明したつもりだが、ご理解いただけただろうか。現行のSMRが会計情報から概ね単純に算出できるのに比べると、ESRの算出方法は複雑で、長期にわたる見積もりが必要となり、算出には相当の負荷がかかることがわかるだろう。23年6月の金融庁「検討状況」報告書には、「一部の保険会社から、ESRの計算が複雑で、実務負荷が増加することから、現状の社内態勢では即座にSMRと同様の期限で対応できない可能性があり、（中略）報告期限の経過措置の導入を検討してほしいという意見もあった」という記述が見られるほどである。

③ESRの検証

　ESRの計測負荷とは、単に計算が技術的に難しいということだけではない。ESRでは将来キャッシュフローをはじめ、評価時点における前提の置き方や見積もりによって計測結果が左右されるので、制度としての信頼性・堅牢性を担保するため、恣意的なESRのかさ上げなどを排除しなければならない。このため、保険会社は保険負債やESRの計測につい

て内部の検証機能を確立し、算出した数値の正確性や適切性を図ることも金融庁から求められている。

内部の検証態勢としては、保険会社はESR全体の適切性を確保するための「ESR検証機能」と、保険負債に関する計算前提や計算手法といった保険数理に関する事項の適切性を確保する「保険数理機能」を定め、それぞれに責任者を置き、検証結果をまとめたレポートを取締役会等および金融庁に報告する。

「ESR検証レポート」の記載イメージとしては、所要資本や適格資本の増減分析、重要な判断に関する検証、ITシステムを含む内部統制の整備運用状況の評価、経営陣との議論などが挙がり、「保険負債の検証レポート」では、重要情報（重要な要素、エキスパートジャッジメント）、データ品質、計算手法およびモデル、前提条件、変動要因分析、現在推計と実績の比較、感応度分析、経営陣との議論などが挙がっている。

併せて、外部専門家による経済価値ベースのバランスシートを対象とした合理的保証業務（外部監査人による財務諸表監査のイメージ）も導入する。日本公認会計士協会が保証業務に係る実務指針を策定し、会計監査人が保証業務実施者となることが最も経済合理的となるような制度、すなわち、会計監査で入手した監査証拠が保証業務においても利用可能とする制度を前提に検討が進んでいる。

④内部管理ツールとして浸透

このように見ていくと、数値基準の厳格化には何とか対応できるとしても、規制に耐えうるESRの計測は保険会社にとって相当ハードルが高そうに見えるかもしれない。

とはいえ、金融庁はすでに2010年以降、すべての保険会社を対象に、経済価値ベースのソルベンシー規制導入に向けたフィールドテストを繰り返し実施してきた。とりわけ16年以降は検討中のICSに準拠した計算方式を採用し、18年からは毎年の実施となったため、さすがに保険会社

は相応の実務対応力を確保できていると考えられる。

　そもそも保険会社の内部管理において、経済価値ベースの評価を活用する動きが見られるようになったのは最近の話ではない。例えば東京海上あんしん生命保険（当時）は、1996年の開業当初から「資産・負債の時価評価や金利感応度分析を中心としたALMの体制整備」を同社のディスクロージャー誌のなかで公表している。また、03年の『日経公社債情報』（現在は休刊中）には、04年1月に合併した明治安田生命保険が「サープラス（時価純資産）マネジメント」という管理手法を導入するという記事が載った。

　その後、経済価値ベース評価の活用は他社にも普及し、金融庁がフィールドテストを毎年実施するようになった18年度のディスクロージャー誌を筆者が調べたところ、41社のうち23社で経済価値ベース評価を経営管理で活用していると窺える記述があり、記述がなかった18社のうち5社は経済価値評価と親和性の高い経営指標を公表していた（親会社による公表を含む[2]）。

　さらに、上場保険グループを中心に、エンベディッド・バリュー（EV）や類似の指標を算出・公表する会社も多い。EVは生命保険会社の会社価値を示す指標として開発され、会計上の純資産に「保有契約価値」を加えて算出する。保有契約価値は、すでに獲得した契約が将来にわたり生み出すであろう損益を見積もったもので、将来の損益といっても、これから新たに獲得する契約によるものは含まない。しかも、単に保有契約から生じる将来キャッシュフローを現在価値に割り引いて推計するのではなく、前述の「現在推計の上乗せマージン（MOCE）」と同様の考え方を取り入れている。出発点は会計上の純資産とはいえ、経済価値ベースの評価に近い指標と言える。

---

2 植村信保「生命保険業界における経済価値ベース評価の活用状況に関する考察」生命保険文化センター『生命保険論集』第207号（2019年6月）。

つまり、すでに多くの生命保険会社は内部管理のツールとして経済価値ベースやそれに近い評価に基づく経営指標を使っていて、新たな考え方をいきなり当局に押し付けられるのではない。詳しくは第3章で述べるが、財務会計ベースの指標、例えば基礎利益の増減を見ても、リスクテイクの現状やリスクを取った成果を評価するのは困難であり、加えて実質純資産（実質資産負債差額）のようにALMを進めるうえで大きな制約となってきた指標も存在した。むしろ規制における経済価値ベース評価の採用を、保険会社がずっと待っている状況と言うこともできる。

3. 新規制導入の「留意点」について

①有識者会議が示した「留意点」

　2020年の金融庁・有識者会議報告書では、ESRに基づくソルベンシー規制が契約者保護の観点からも、保険会社のリスク管理高度化の観点からも、さらには消費者・市場関係者等への情報提供の観点からも有意義であるとする一方、制度の導入にあたり「留意すべき点」を3つ示している。

　1つ目は、保険会社の経営行動への影響、すなわち、ESRが経営の選択肢を過度に狭めてしまい、副作用がもたらされる可能性である。

　ESRは資産も負債も時価評価して算出するので、SMR以上に金融市場の変動によって数値が振れやすい。このため、早期是正措置の発動基準としてESRが使われるようになると、保険会社は金融市場の急激な変動に備え、リターンを犠牲にして過度に保守的な資産運用を選択するかもしれない。あるいは、実際に金融市場が大きく変動した際には直ちにリスクオフに走り、市場の変動を増幅させてしまうかもしれない。

　2つ目は、消費者ニーズに沿った商品提供への影響である。

ESR を規制として導入することで保険会社による長期保障商品の提供が難しくなり、消費者の選択肢が狭まってしまうかもしれない。報告書では 2016 年にソルベンシー II を導入したドイツの事例を挙げ、伝統的な利率固定型の商品が中心だったドイツの生命保険市場で、受取額が運用成績にある程度リンクしたハイブリッド型商品の割合が増加傾向にあると紹介している。

3 つ目は、ESR の導入がかえって保険会社の主体的なリスク管理の妨げとなってしまう可能性である。

ESR は現在の SMR に比べれば保険会社の経営特性を反映するとはいえ、内部管理上のツールとは違い、個社の事情を勘案した計算手法ではない（報告書では「最大公約数」と表現）。加えて、規制として活用するにあたり、各種の政策的な配慮がなされる可能性が高い。

SMR を主要指標としてリスク管理を行っている保険会社は幸か不幸かほとんど存在しないと見られるが、ESR は SMR よりも経営特性を反映するがゆえに、保険会社の経営陣が「規制が求める ESR さえ維持すればリスク管理として十分」と判断してしまうおそれがある。それでは ESR の導入が、むしろ主体的なリスク管理高度化の妨げになってしまう。

以下、それぞれの「留意点」について検討してみたい。

②資産運用への影響

保険負債を時価評価しない SMR に比べ、ESR が金融市場の変動により数値が振れやすいのは確かである。特に金利リスクに関してはその傾向が強い。例えば、2016 年 1 月の日本銀行によるマイナス金利政策の実施に伴って超長期金利が大きく下がったとき、当時、内部管理用に ESR を算出し、公表していた T&D ホールディングスにおいて、その ESR が急落したことがあった。第 1 節で説明したように、金利低下によって経済価値ベースの保険負債が膨らんだことで、分子の純資産が減ったうえ、分母のリスク量も増えたためである。

ただし、ESR が大きく動くということは、それだけ大きなリスクを抱えていることの裏返しでもある。リスクを取れば ESR の振れが大きくなるのは当然であり、これまでの SMR にはうまく反映できていなかったにすぎない。数次にわたるフィールドテストの実施や内部管理での活用状況を踏まえると、もはや規制が経営の選択肢を狭めるという話ではなく、各社が経営戦略としてどのようなリスクテイクの方針を採用するかという問題である。

　むしろ、資産運用でリスクを取っているにもかかわらず、指標が安定しているというほうが経営にとって危険である。先ほど 16 年に T&D ホールディングスの ESR が急落したと述べたが、同時期の連結 SMR に大きな変化が見られなかった（前期末比で 65 ポイント低下の 1155％）。

　同社は傘下の大同生命保険の金利リスクが大きく、08 年以降、超長期国債の購入などでリスク削減に取り組んできたものの、24 年 5 月の IR 説明会で初めて公表した資産・負債キャッシュフロー（太陽生命と大同生命の合算）を見ると、30 年超の負債の金利リスクが依然として大きいことがわかる。もし 16 年に同社が内部管理上の ESR を算出・開示していなければ、誤った経営行動を取っていたかもしれない。暗闇のなかを航海するには、より優れた計器が必要だ。

　数年前に比べれば金利水準が上昇したこともあり、上場会社等が公表する内部管理上の ESR を見ても、あるいは、金融庁が公表したフィールドテストの結果を踏まえても、業界全体で見れば一定水準の ESR を確保している状況にあると考えられる。株価上昇や円安の進行で資産価格が上昇したのに加え、金利上昇による純資産の増加、さらには劣後債務の外部調達などが寄与している。資産運用リスクを取ることができる状況と言えるのかもしれないが、それでも ESR の振れに備えた金利リスク抑制の動きはしばらく続くと見ている。

　多くの生命保険会社にとって金利リスクは、金利以外の資産運用リスクとともに依然として会社の抱える重要なリスクであるが、生命保険事

業として優位性を発揮できるリターンの源泉とは考えにくい。

　もちろん、金利リスクを積極的に取ることでリターンを目指す経営もありうるが、経営としての優位性を合理的に説明できなければ、適切なリスクテイクとは言えない。

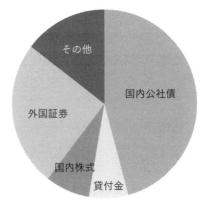

図表2-5　生命保険会社の資産構成（2024年3月末）

（注）全42社合計
（出所）生命保険協会

　他方で今後の株式保有に関しては、各社の判断によるところが大きいのではないか。金利以外の資産運用リスクのなかでは株式リスクが最も大きく、かつ、株式保有は歴史の長い会社に集中しているという現状がある。規制が求める純資産（支払余力）の水準が一段と高まるとはいえ、各社ともすでに同水準か、それ以上の厳しい水準でリスク管理を行っているため、「規制の厳格化によって株式を保有できなくなる」ということは考えにくい。

　ただし、株式投資はESRの振れを大きくする要因であるばかりでなく、生保経営としての優位性を発揮できるリターンの源泉なのかどうかは再考が必要だろう。例えば保険会社の株主からすると、「株式投資は自分でできるので、保険事業に投資してほしい」「いい投資先がないので

あれば、内部留保しないで返してほしい」と考えるのが自然である。

相互会社の社員（契約者）も、多額の株式リスクを抱えつつ、他方で内部留保の増強を図るような経営を望んでいるとは思えない。かつてと違い、セキュリティ強化などによって営業職員による職域営業が可能な職場はかなり減っていることもあり、新契約に占める職域市場の割合は非常に小さいと見られ、保険市場の確保を目的とした株式保有を正当化するのも難しい。

損害保険会社とは違い、生命保険会社による株式保有の大半は政策保有ではなく純投資とされる。そうであるならば、「自分たちは投資家として株式投資に強みを持つ」ということを、具体的なデータをもって内外に説明できなければ、規制の有無にかかわらず、株式リスクを積極的に取ることはできないはずである。

③生保は便利な「貯金箱」ではない

新しい規制によって生命保険会社が資産運用でリスクを取れなくなるという懸念を示すのは、むしろ業界の外部からかもしれない。

生命保険会社は全社合計で400兆円以上の資産を持つ代表的な機関投資家である。歴史的に見ると、戦後の生保の資産運用は国内株式と貸付金が中心で、長期信用銀行や信託銀行とともに、個人の資金を企業部門に供給する役割を期待され、大企業の株式を保有し、貸し出しも積極的に行った。

高度成長期（1950年代〜70年代初）の重化学工業への投融資や低成長期（石油危機〜90年ごろ）に多様な産業への投融資、その後の国債投資を通じた高齢化社会移行に伴う財政負担を下支えなど、生保マネーが社会的な役割を果たしてきたのは確かである。

こうした歴史的経緯から、生保を長期資金の重要な供給主体、あるいは長期的な視点から投資ができる機関投資家という側面のみでとらえる見方はいまだに根強い。このような見方からすると、「規制強化で生保

資産の国債偏重、株式投資の減少が一段と進む」「せっかく長期的な視点から投資ができるのに、規制がリスク回避姿勢を強めてしまう」となってしまう。

そもそも生命保険会社は資産運用業務を通じて資金を供給するために存在するのではなく、本質的な機能である経済的保障機能を果たすために存在している。高度成長期に重工業中心の経済成長に貢献したのも、あくまで結果としてそうだったという話であって、これらの社会的役割を果たすために生保が加入者から保険料を集めてきたのではない。生保による超長期国債の購入も、結果として日本政府のファイナンスを支えている面があるにせよ、保険負債のリスクヘッジのための行動である。生保は日本経済にとって「お金が湧いてくる便利なポケット」ではないことを強調しておきたい。

参考までに、米国生命保険協会（ACLI）ファクトブックによると、2022年末の生保総資産に占める株式の割合は25％に達している。だが、その内訳を見ると、変額保険など契約者が資産運用リスクを負う特別勘定が大半を占めていて、一般勘定資産に限定すれば2％にすぎない。国債など政府関連の債券は約7％で、一般勘定資産の約5割が社債、MBSや商業用不動産といった不動産関連の投融資が約2割を占めている。

米国にもSMRに似たRBCというソルベンシー規制（正確には日本が米国のRBCなどを参考にしてSMRを導入した）が存在するが、かつて複数の大手生保にインタビューしたところ、規制を意識した投資行動というよりは、「自分たちに強みがあるのは信用リスク管理なので社債を中心に運用している」とのことだった。

④商品提供への影響

次に、消費者ニーズに沿った商品提供への影響について検討する。経済価値ベースの規制導入は、消費者の選択肢を狭めてしまうことになるのだろうか。

ESR は算出時における保有契約に基づくものなので、当然ながら今後販売する商品のリスク・リターンは反映しない。とはいえ、変額タイプではない終身保険に代表される伝統的な長期保障商品の提供は、保険会社にとって負担が大きいということがこれまで以上に認識されるだろう。

ここで言う「負担」とは次のとおりである[3]。保険会社は契約者に対し、将来のある時点に保険事故が発生した際にお金（保険金）を支払うという約束をしている。生命保険の場合、大数の法則によって将来の保険金支払いのタイミングや金額の不確実性を小さくできるので、約束した将来の支払い（将来キャッシュフロー）は販売時にほぼ確定している。ただし、あくまで将来の支払いであって、将来キャッシュフローの現在価値を保険負債としてとらえると、この保険負債に見合うような将来キャッシュフローを得られる資産を持たないかぎり（つまり、負債の金利リスクをヘッジしないかぎり）、保険会社は市場金利の変動にさらされ、将来キャッシュフローの履行が不確実になる。

10年程度の定期保険であれば、将来キャッシュフローの現在価値は非常に小さい一方、終身保険では必ず支払いが発生することもあり、加入期間が長期になるほど将来キャッシュフローの現在価値は大きくなり、金利リスクも大きくなる。リスクが大きいということは、その分だけ資本（支払余力）を確保しなければならない、すなわち資本負担が大きいということである。この資本を提供しているのは株式会社であれば株主であり、相互会社であれば社員（契約者）である。

資本負担を軽くするためには、超長期国債の購入などによって保険負債の金利リスクをヘッジするほか、そもそも資本負担の大きい保険商品を提供しないという方法がある。ESR の中長期的な確保を考えた際、生命保険会社の経営として、資本負担の大きい商品を提供しないという判断はあり得る。

---

3 以下の説明は、森本ほか（2017）。

2020年の金融庁・有識者会議報告書では、規制による商品提供への影響を議論するうえでドイツの事例を取り上げている。メンバーだった富国生命の砂本直樹氏の資料によると、ドイツの生命保険会社は、かつては退職年齢に合わせた長期の養老保険（死亡時でも満期時でも保険金を受け取ることのできる貯蓄性保険）を主力にしていたが、01年の年金改革で養老保険の税制優遇措置が撤廃され、代わりに年金保険に同措置が適用されるようになったことを受け、年金保険（利率固定型の長期貯蓄性商品）を主力とするようになった。

その後、12年の最高保証利率の引き下げを契機として、生保各社は伝統的な利率固定型の年金保険と、資産運用の成果によって受け取り額が変動するユニットリンク型の年金保険の特徴を併せ持つ「保証付きハイブリッド年金保険」を開発し、現在は主力商品となっているとのことである。

有識者会議報告書では、「その背後にある要因を評価することは難しいが、低金利をはじめとする経済環境の変化や規制上の変化（ソルベンシーⅡの導入）への対応と、消費者のニーズの双方の間でバランスを取ることを試みた一つの事例と見ることもできると考えられる」と述べている。

他方で砂本氏は、ドイツ生保は伝統的商品からハイブリッド商品への移行に際し、商品ライフサイクルのすべての段階（設計、販売、商品管理）においてコンダクトリスクを厳正に管理することで、苦情をそれほど増やすことなく円滑に移行できたと分析している。コンダクトリスクとは、会社や業界の行動（コンダクト）が社会から不適切とされ、苦情によるブランドの毀損などが生じるリスクである。

⑤終身保障の必要性

日本において伝統的な終身保障のニーズがあるかと問われれば、ないとは言えないだろう。多くの人にとって生涯にわたり高額の死亡保障を

確保するのが合理的とは考えにくいうえ、物価上昇によって将来受け取る保険金が実質的に目減りしてしまう可能性もあるが、それでも伝統的な超長期の保障がほしいと考える人はいるだろう。とりわけ年金に代表される「生きるための保障（長寿リスクへの備え）」は、老後の生活を支えるうえで不可欠なものである。とはいえ、それを民間が自力で提供すべきかどうかは議論が分かれるのではないか。

　経済価値ベースのソルベンシー規制導入以前の話として、日本では公的年金（老齢年金）が終身の保障を提供しており、民間の個人年金保険はあくまで公的年金を補完する存在である。しかも、公表データは見当たらないが、民間の個人年金保険で終身年金を選択する加入者はきわめて少ないと聞く。

　もっとも、保険会社の商品戦略を確認しても、伝統的な終身保障を柱に据えている会社は限られている。例えば、営業職員チャネルを中心に展開する保険会社の主力商品は、1990年代には定期付終身保険だったものが、2000年代以降は医療や生前給付など多様な保障の組み合わせとなるとともに、定期化が進んだ。終身保障が組み込まれていても、ごく一部である。金利水準の大幅な低下と生保危機により、超長期にわたり予定利率を保証することのリスクを実感したことが大きいと見られる。

　それでも生命保険協会によると、個人保険の新契約件数に占める終身保険の割合は約14％、新契約高（保険金額ベース）の約2割に達する（いずれも22年度）。しかし、これは終身保障ニーズの根強さを示すものではなく、新契約件数の2割以上を占める60歳以上の加入がこの数字を引き上げている。シニア層が銀行チャネルなどで一時払いの終身保険に加入していることが影響しており、本来の終身死亡保障を目的とした加入ではない。

　つまり、新たな規制が「終身保障」という消費者の選択肢を狭めるというよりは、すでに日本の保険会社は超長期の保障という意味での終身保障をそれほど多くは提供していないという現状がありそうだ。

⑥終身医療保険への疑問

　他方で、保険会社が提供する終身保障には、終身医療保険もある。こちらは加入者が必ず給付金を受け取れるというものではなく、解約返戻金のない商品も多いため、保険会社の資本負担は終身保険や終身年金よりも小さい。日本の民間医療保険の主力商品になっているが、私自身は「誰にとってメリットのある商品なのかよくわからない」保険だと考えている。

　確かに加入者にとって、一生涯の保障が得られるとはいえ、死亡や年金と違って疾病なので、例えば医療技術が進化すると、今までの保障が不要になったり、逆に不足したりと、保障内容が陳腐化してしまう。すでに終身医療保険に加入している人は、保険会社が上乗せ保障などをオプションで提供しないかぎり、保障内容の陳腐化をそのまま受け入れるか、あるいは、新しい保障を得るために今の保険を解約して、新たに他の保険に入ることを強いられる。加入者は終身保障に見合う保険料を支払ってきたので、解約すると終身保障を見据えた保険料の部分を捨てることになるうえ、新たに入った保険では、純新規の加入者と同じ付加保険料を負担させられる。

　保険会社にとってもリスクは大きい。死亡率に比べると、疾病による入院や手術の発生率は、医療技術の進化のほか、新たな感染症の発生や医療制度の見直しなどの影響を受けるので、管理が難しい。そのようなリスクを超長期に引き受けるのは、金利リスクと同様に保険会社にとって負担は大きい。

　新型コロナ感染症で日本の保険会社は、生命保険業界だけで約1兆円という多額の給付金を支払った。支払った給付金の大半は「みなし入院」によるものだった。

　保険業界は2020年4月から、コロナに感染しても病床不足などで入院できない保険加入者にも入院給付金を支払う特別な措置を取った。と

ところが22年から感染力の強いオミクロン株の流行で感染者が急激に増え、それに伴い入院給付金の支払いも急増した。その後、22年9月に「みなし入院」の取り扱いを変更し、重症リスクの高い人以外には払わないようにしたことで、ようやく給付金の支払いが収まった。

日本で多額の給付金支払いが発生したのは、新たにコロナ保険を提供して失敗したのではなく、各社が終身医療保険の既契約を抱えているなかで、約款ではもともと入院しない人に対して支払うことを考慮したプライシングではなかったはずなのに、後から解釈を広げて「みなし入院」でも支払うことにした結果、多額の支払いを招いたという失敗である。既契約が対象だったので、感染状況によっては給付金が2兆円、3兆円と増え、会社を危険にさらすおそれもあった。

医療保険は一般に保険料に占める安全割増部分が大きく、今回のコロナ感染症のようなことがなければ儲かるのでやめられないというのかもしれない。だが、1兆円という授業料を支払って、長期にわたり医療のリスクを引き受ける難しさを業界は思い知ったはずである。

⑦規制上のESRは「最大公約数」

最後に3つ目の留意点である、ESRの導入がかえって保険会社の主体的なリスク管理の妨げとなってしまう可能性について検討する。

前述のように、すでに多くの生命保険会社が内部管理のツールとして経済価値ベースの評価に基づく経営指標を使っている。その活用度合いはともかく、規制としてESRが導入されるまでは、いくらリスク管理の観点から内部管理上のESRを重要視していても、財務会計に基づく規制上の指標を無視することはできなかったので、ようやく規制とリスク管理の目線が同じ経済価値ベースでそろうことになる。

ただし、規制上のESRは「標準モデル」であって、その計算方法は、あくまでも「最大公約数」である。個社の事情を勘案した計算手法ではなく、各種の政策的な配慮もある。

例えば、第2節でESRの算出方法として、割引率として使う市場金利に調整を加え、30年より先は、マクロ経済的な手法で設定した「終局金利（UFR）」に収斂するようにイールドカーブの補外を行うと説明した。UFRを採用することで金利上昇・低下による保険負債などの変動が抑えられる半面、金融市場と整合的な動きではなくなってしまっている。保険負債の金利リスクを超長期債などの購入により完全にヘッジしているにもかかわらず、規制上のESRの世界ではオーバーヘッジとなってしまい、経済的には消えているはずのリスクが規制上は消えていないということが起こりうる。

　2023年度の決算では、各社が任意で公表しているESRの金利感応度に注目が集まった。金利が下がっても、金利が上がってもESRが低下するという感応度の結果を示す会社が目立ったためである。しかも、金融庁による23年フィールドテスト（23年3月末基準）でも円金利の感応度が同様の結果となった。保険負債の金利リスクを資産で完全にヘッジできていなければ、金利が下がると分子の純資産が減り、分母の金利リスクも増えるので、ESRは下がる。これに対し、金利が上がれば分子の純資産が増え、分母の金利リスクも減るので、ESRは上がりそうなものだが、そのような対称的な動きにはならなかった。

　これには生命保険リスクのうち「解約失効リスク（うち大量解約リスク）」の算出方法の影響が大きいと見られている。つまり、金利が上昇すると大量解約リスクが大きくなってしまい、ESRを下げる要因として無視できないほどの影響を及ぼしている。

　大量解約リスクは商品特性とは関係なく、金利上昇または低下が解約の動機となる個人契約の30％、法人契約（団体年金保険）の50％が一律に解約となった場合の純資産への影響をリスク量としており、生命保険リスクのなかで大きな割合を占めると見られる。

　解約は契約者の意思によるものであり、商品特性や加入目的、あるいは保険会社の財務状況などの違いから、金利が上がれば一律に解約が生

じるとは考えにくい。過去の事例を見ると、2000年前後の生保危機の時代には高水準の解約に直面した会社があったのは確かだが、主として生保経営に対する不安が主因であり、金利上昇によるものではない。このため、過度に保守的な計測方法となっている可能性もあるが、現時点ではこれが標準モデルとなっている。

20年の報告書では、保険会社の経営陣が「規制が求めるESRさえ維持すればリスク管理として十分」「内部モデルよりも規制上のESRが重要」と判断してしまうことを留意点として挙げており、確かにその心配はある。ESRはSMRよりも格段に保険会社の経営特性・リスク特性を反映するとはいえ、上記のような問題もあり、多くの会社では規制上のESRがリスク管理のツールとして必ずしも適切ではないと考えたほうがいいだろう。

24年3月期決算の各社説明資料には、内部管理上のESRを公表するとともに、「規制の検討状況を踏まえ、計算方法の見直しを実施」という会社が目立った。リスク管理の高度化に向けた内部モデルの見直しそのものは必要な取り組みと言えるものの、内部モデルを規制上のESR、すなわち標準モデルと合わせることでリスクのとらえ方が後退したり、経営陣が標準モデルによるESRのみに注目し、かえって主体的なリスク管理高度化の妨げとなったりする事態は確かに起こりうる。

こうした事態を防ぐには、第2の柱と第3の柱が経営への規律付けを強めるように機能する必要がある。

⑧内部モデルの活用は限定的

保険会社の主体的なリスク管理を促すソルベンシー規制の設計としては、内部モデルの活用がある。ESRの標準モデルを規制当局が示し、保険会社に守らせるというのではなく、保険会社が自らのリスク管理で使っているESRを規制上のESRとしてしまうという方法である。

例えばEUのソルベンシーⅡでは、SCR（ESRに該当）として監督当

局が示す標準モデルのほか、各社独自の内部モデル（全社または一部の
モデル）を当局が承認し、規制比率として活用する方式を採用してい
る。

　2024年公表の基準案によると、日本では当面、損害保険の自然災害リ
スクのモデルを除き、内部モデルの活用はなく、規制（第1の柱）とし
て使われるのは当局が示した標準モデルのESRだけとなる。おそらくそ
の背景には金融庁のリソース不足があると考えられるものの、それだけ
ではなく、審査・承認に伴う当局と保険会社の負担が非常に大きく、そ
れを上回る効果を見出せるかどうかという観点も大きいのではないだろ
うか。

　第1の柱として内部モデルを活用するには、金融庁による一定の審査
プロセスを経たうえで利用を承認する枠組みが必要である。保険会社が
内部で使っているからといって、そのモデルがリスクを評価するうえで
適切なものとは限らない。そこで金融庁は審査基準案を示しているのだ
が、一見して審査・承認の実務負担は非常に大きく、かつ、きわめて専
門性が高い。しかも、承認時点では妥当かつ適切であったとしても、リ
スク特性や環境変化によってモデルが陳腐化してしまうこともあり、不
適切となることもあるため、承認後のモニタリングも不可欠である。

【審査基準案の概要（2024年6月時点）】

・**検証基準**
　▷厳格な検証プロセスの整備、検証レポートの定期的な作成、など
・**統計的品質基準**
　▷計算手法や計算前提、重要なリスクの捕捉、データおよびエキス
　　パート・ジャッジメントの正確性・完全性・適切性、など
・**較正水準**
　▷保有期間1年・信頼水準99.5％のVaRに較正されているか、など

- **ユーステストおよびガバナンス基準**
  - ▷マネジメントレベルにおけるリスク管理や意思決定、リスクとソルベンシーの評価において重要な役割を果たしているか、など
- **文書化基準**
  - ▷内部モデルのデザインおよび構造を文書化しているか、など
- **部分内部モデルに係る要件**
  - ▷部分内部モデルを適用する理由が妥当であり、意図的に所要資本を過小評価するものではないこと、など

他方で金融庁は第2の柱を通じて、保険会社が活用している内部モデルがリスク管理のうえで適切なものかどうか、適切に使われているかどうかなどをモニタリングする必要がある。金融庁にとって新たな規制の導入はあくまでスタートであって、むしろ本番はそこからである。

【インタビュー】富国生命保険相互会社・米山好映代表取締役社長

中堅生保の経営破綻が相次ぐなかで、富国生命は唯一単独での生き残りを果たした会社である。米山社長は当時、総合企画室長として生保危機に直面した経験を持ち、2010年からは社長として経営を担っている。経済価値ベースのソルベンシー規制導入には反対姿勢を取ってきた米山社長に、その真意や今後の業界動向などについてお話をうかがった。

——新規制の導入で生命保険会社の破綻リスクは小さくなるか

経済価値ベースの考え方が規制に導入されることによって、破綻リスクは小さくなると思う。第1の柱のESR規制と、第2の柱の内部管理はつながっている。ただし、ESRだけを見れば、外部から破綻可能性を判断できると考えるのはミスリードである。

——経済価値ベースの考え方について

　わが社の場合、私が入社したころから経営者は利益率を重視し、規模や売上高には意味がないと言っていた。商品開発でも「この商品で売り上げを大きく伸ばす」ではなく、「この商品は本当にリスク・リターン効率がいいのか」を絶えず検証しながら決めてきた。もともとそのような文化があるので、経済価値ベースの内部管理をどんどん精緻化して、商品開発にも使うし、資産運用にも使っていく。

　経済価値ベースの考え方は生命保険会社の話というよりは、業種を超えた、ファイナンスの教科書を読めば出てくるような世界標準の考え方だと理解している。こうした世界標準の経営の尺度をもって生命保険であればこうなると解釈するのが経済価値ベースの考え方であろう。リスクだけ見ても意味がない。利益を確保できて初めて契約者保護という目的を達成できる。したがって ESR よりむしろ EIRR（内部収益率）や RORC（リスク・リターン効率）を見て経営することに本当の意味がある。そういう見方をすれば節税保険は最初から却下される。リスク・リターン効率の高い商品に資本配賦して積極的に売る、リスク・リターン効率の低い商品は、時間軸のなかでその商品を扱うことによる副次的な効果とリスク許容、つまりどこまで販売してよいかも見て判断する。保険販売のみならず資産運用においてもそうである。それが経営であり経済価値ベースの活用である。もちろん、生保の破綻可能性を判断するのに ESR が有用ということもあるが、どちらかといえば、世界的にビジネスをやっていくうえで、資本の効率性を判断するための非常に大事な手法ではないかと考えている。

　売上高が大きい会社、シェアが大きい会社が優良だという価値観で育ってきた人にとっては、こうした考え方は邪魔ものだという感じがするだろう。しかし、投下した資本、つまりリスクテイクに対してきちっと利益が出ているのかという最低限のところができていないと、企業の

経営は成り立たない。富国生命であれば、利益がきちっと出ないかぎり、契約者保護をサステイナブルに達成できないと考える。目的は契約者保護であるが、その目的達成には利益は不可欠である。

──同業他社も同じ考え方なのか

　残念ながらそのようには見えない。わが社は業界のなかで異質な企業なのだろう。かつてバブル期に、リスク・リターン効率の悪い貯蓄性商品での保険料競争が繰り広げられたが、近年の節税保険や外貨建て保険の状況を見ると、このような業界体質は今も変わっていないのではないか。

　外貨建て保険そのものが悪いとは思っていないが、投資信託に比べると銀行に支払う手数料が非常に高く、保険料競争という面が非常に強い。経済価値ベースの考えに沿ったリスク・リターン効率などはほとんど無視している。そのようななかで、業界は「ESRをどこまで高めればいいか」だけに視点が向いていて、かえって危ない世界に入っていく感じがする。

──危ない世界とは？

　私は金融庁に対し、「経済価値ベースの考え方は非常にいいが、規制化には反対」と言ってきた。横並び社会で、かつ、本来の趣旨から外れた競争をしていく文化があるなかで、今回の規制が入るのは危ないとずっと言ってきた。

　実際のところ、ESRを高くするために一種のアービトラージ的なことがたくさん出てきているようだ。銀行規制も同じだと思うが、新たな規制が入るとなると投資銀行などが知恵を振り絞っていろいろな提案を持ってくる。それをどこか1社が採用すると、横並びで他社も動いてしまう。これは、かえって健全性を損なうのではないか、本来のリスクマネジメントから外れていくのではないかと思う。

最も心配なのは、IAIS（保険監督者国際機構）もレポートしているように、システミックリスクにつながる懸念である。個社として経済価値ベースの内部管理も使いながらどんなに努力しても、システミックリスクは個社問題では終わらない。アービトラージは怖い。

――上場会社は変わってきているのではないか

海外の投資家が求めていることと、私たちが経済価値ベースでやろうとしていることは本質的に同じである。上場会社では資本効率を踏まえた行動が見られるようになったが、経済価値ベースの内部管理に基づいてというよりは、投資家に言われたからやっているのかもしれない。

この規制に反対した理由の一つはここにもある。上場するかしないかは経営判断によって決められる。しかし、規制となると、上場会社が求められるのと同じことを、有無を言わさずやらされる。経済価値ベースの考え方を規制が強いるのはおかしい。

――なぜ規制で経済価値ベースを強いるのに反対なのか

富国生命ではリーマンショック以降、顧客を未来永劫守っていくには資本を厚くしないとダメだと考え、オンバランスの自己資本を強化してきた。その後 ESR 規制の話が出ても、資本はもう十分に積んでいるし、スタッフから詳細を聞いて、経済価値ベースの規制は内部管理として有用と考えた。

しかし、逆の順番で、規制で「経済価値ベースの内部管理をやりなさい」となると、受け入れる準備ができていなければ、規制対応だけをやっていくことになる。最悪の場合、アービトラージのようなものに走っていく。

加えて、いくら経済価値ベースの内部管理が使えるものであっても、規制でやらせるのと、もともとその土壌があるなかで規制を活用するのとでは違う。企業の発展には内発性が大事で、言われたからやるという

のでは必ず歪みを生み出す。ESR 規制を入れなくても、ORSA をモニタリングしていけば、金融庁が経済価値ベースの内部管理を促すことはできるし、強制力もある。

経営としては常に裁量性を持っておきたい。企業は絶えずダイナミックに動いているので、時間軸が非常に大事である。しかし、規制というものは時間軸など関係なく、ここでやれとなる。例えば人為的に抑えられた超低金利下では ALM のデュレーションマッチングは回避しておきたい。

とはいえ、免許事業をやっている以上、このようなことは当たり前だろうという議論もある。結果として出てくる ESR の数字と、内部管理的な第2の柱が一体となるかどうかが、経済価値ベースの規制のポイントなのではないか。

――今後の生命保険業界はどうなるか

経済価値ベースの内部管理を精緻化すればするほど、企業規模は相対的に大きくなれない。業界は ESR だけにこだわる世界が続くと思うので、規模を重視する日本社会のなかでは世間の評価はよくならないだろう。富国生命にとって別に新しい話ではないが。

他社も私たちと同じような価値観になっていくことを願っている。商品にしても運用にしてもリスク・リターンで経営をしていけば、結果的に ROE は高くなるし、それを投資家が見て PBR も高くなる。日本の場合には根底に規模があるが、資本市場のグローバル化は今後も進み、このままトップライン競争を続けていては、いずれ資本市場からはじき出される。長い目で見れば私たちの業界も、相互会社であってもそのような流れになっていく。

ただし、それには時間がかかる。私が生きているうちにはないだろう。

第 3 章

新規制と
どう向き合うか

1. ESR の活用

① ESR は高ければいいのか

第2章で説明したとおり、新たに導入される ESR は早期是正措置の発動基準となるため、保険会社は規制が求める水準の支払余力を常に確保しておく必要がある。

ESR は、経済価値ベースのバランスシートに基づいて計測した所要資本（リスク量）に対し、同じく経済価値ベースのバランスシートから算出した適格資本（経済価値ベースの純資産）を対比したものなので、100％を上回る ESR を維持するには、リスク量を上回る純資産を確保していなければならない。もし、十分と考える水準の ESR を確保できていなければ、分子の純資産を増やす、あるいは分母のリスク量を減らすことを求められる。

それでは、保険会社の経営として、どの程度の水準の ESR を確保すればいいのだろうか。

ESR は早期是正措置の介入基準であるため、規制対応として 100％ぎりぎりではなく、多少は高い水準の ESR を確保しておくというのは、ESR が振れやすいことを踏まえると妥当な判断であろう。

ただし、後述するとおり、ESR は高ければ高いほどいいというものではない。例えば、ESR が 200％の会社よりも 400％の会社のほうが破綻リスクは小さいかもしれないが、破綻リスクを可能なかぎり減らすのが正しい経営のあり方ではない。ESR が 400％とは、計測したリスク量の4倍の支払余力を確保しているという意味であり、明らかに過剰資本の状態と考えられる。

株式会社の場合、株主は投資に見合ったリターンを期待して投資する。株主から得た資本を十分活用せず、リスクを極力小さくすれば、期

待されるリターンも小さくなるので、過剰な資本を抱える経営は株主期待に応えた状態とは言えない。

例えば第一生命ホールディングスは2024年に入り、規制と内部管理の整合性などを踏まえた資本充足率（内部管理上のESR）の見直しを実施したうえで、改めてESRのターゲット水準を170〜200％とした。170％を下回ったら中期的なターゲット水準への改善見通しを踏まえたリスクテイクや株主還元を検討し、さらに130％を下回ったらリスク削減や株主還元の見直しなどを実施する一方、200％を上回ったら戦略的投資や追加還元を積極的に検討すると示している。T&Dホールディングスも24年度に新資本規制を踏まえたモデル見直しを行ったうえで、改めて内部管理上のESRが恒常的に225％を超過する場合、追加的な株主還元を検討するとしている。

相互会社の場合も本質的には変わらない。24年現在、相互会社形態の生命保険会社は5社（日本生命保険相互会社、住友生命保険相互会社、明治安田生命相互会社、朝日生命保険相互会社、富国生命保険相互会社）と数は少ないものの、大手社が多い。

相互会社のオーナーである社員（契約者）は破綻リスクへの許容度が株式会社の株主よりも低いとしても、破綻リスクを極力減らすために支払余力の拡大を続け、その結果として高い保険料を契約者に負担させる経営を求めているとは考えにくい。

同じ保険市場に株式会社と相互会社があるなかで、相互会社の存在意義は破綻リスクを抑えつつも、株式会社よりも実質的に安い保険料（契約者への配当還元を含めて）で保障を提供することにある。株主の意向を気にしなくてすむ相互会社は内部留保しやすい、つまり資本に余裕を持ちやすいという見方があるのかもしれないが、それは単にガバナンスが利いていない状態である可能性が高い。

実のところ金融庁も相互会社に対し、破綻リスクの極小化を求めてはいない。例えば金融庁は23年6月公表の「保険モニタリングレポート」

で、「相互会社において内部留保が積み上がっていく中で、配当政策に関する分かりやすい丁寧な説明とともに、保険契約者等のステークホルダーとの間で活発な対話が行われることは、相互会社のガバナンス向上の観点からも望ましい」と述べている。

どの程度のESRの水準を確保するかという判断は、経営としてリスクに対してどの程度まで備えたいと考えるか、株主や契約者などステークホルダーの意向を踏まえた各社の経営判断、すなわち、リスクアペタイト（リスクの取り方）の問題である。

②リスクの取り方を制御できない

仮に、経営としてリスク量の2倍程度の支払余力を確保する（結果として規制上のESRも200％前後を確保）と決めたとしても、それだけで経営としてのリスクアペタイトが定まったことにはならない。ESRは経営リスク全体に対してどの程度支払余力を確保しているかを示しているだけで、どのリスクをどの程度取るか（あるいは、取らないか）までは示していない。

例えば、2つの保険会社があって、いずれも経営リスクとして保険引受リスクと市場リスクのみ抱えているとする（図表3-1）。A社では保険引受リスクが100、市場リスクが10、支払余力が220、B社では保険引受リスクも市場リスクも100、支払余力が400だとしよう。両社のESRは、リスクの分散効果を無視すると、いずれも200％である（リスク量の2倍の支払余力を確保している状態）。

しかし、2つの会社のリスクテイク方針は明らかに異なる。A社は市場リスクをできるだけ抑え、主に保険引受リスクだけでリターンを上げようとしているのに対し、B社はA社と同水準の保険引受リスクを抱えているのに加え、A社とは違い、金融市場でのリターンを目指すべくリスクを取っている。こうしたきわめて単純な例からも、ESRの水準に注目するだけではリスクの取り方を制御できていないことがわかる。

図表3-1　リスクとリターンの事例

	A社	B社
ESR	200％	200％
支払余力	220	400
リスク量	110	200
うち保険引受リスク	100	100
うち市場リスク	10	100

（出所）筆者作成

　新たなソルベンシー規制の導入が近づくにつれ、これまでESRを公表していなかった会社が新たにESRを公表する事例が増えている。ただし、ESRだけを公表しても、（現時点では）内部モデルで計算したリスク量に見合った経済価値ベースの支払余力を確保しているというだけで、経済価値ベースに基づいたリスク管理が経営に浸透しているという証拠にはならない。むしろESRの確保だけが経営の関心事項になっていないか心配してしまう。

　さらに言えば、ESRの水準を何らかの方法でかさ上げしようとしたり、規制の手薄な部分を狙ってリスクを取ったりするような経営行動への懸念もある（「規制アービトラージ」などと呼ばれる）。実際、第2章のインタビューで富国生命保険の米山好映社長は、「ESRを高くするために一種のアービトラージ的なことがたくさん出てきているようだ」と、最近の投資銀行などの動きについて述べている。

　2000年前後の生保危機の時代にも、厳しい経営状態に陥った生命保険会社による健全性指標のかさ上げが見られた。例えば、同じく経営難に陥っていた損害保険会社と資本提携を行い、資本持ち合いを実施した会社があった。だが、資本提携を行った半年後にその損害保険会社が経営破綻してしまい、出資分はすべて損失となった。劣後ローンの供与を受けるのとセットで、供与先の投資銀行から、自らの信用リスクにリン

クする債券を購入していた会社もあった。SMR対策として、権利行使価格から大きく乖離したプットオプションを買うことによる「リスク削減」も見られた。

現在はいずれも禁止されているとはいえ、新しい規制ができれば、それをリスク管理に活用するのではなく、何とかして抜け道を見つけようとする動きが出てくるのも世の常である。しかし、保険会社からすれば、こうした経営行動の多くはリスク管理を歪めることになりやすく、中長期的な会社価値の拡大につながらないおそれがある。

新たな規制の導入でESRに注目が集まるのは仕方がないとしても、ESRの水準そのものを過度に重視するリスク管理は健全ではない。

③経済価値ベースの損益に注目

他方で筆者は、ESR導入をきっかけに経済価値ベースの評価に基づく経営管理・リスク管理が浸透すれば、保険会社の経営の根幹が大きく変わる可能性があると考えている。

繰り返しになるが、ESRの分子は、経済価値ベースの資産から負債を差し引いた純資産（支払余力）である。分母のリスク量は各社のリスクアペタイト（リスクの取り方）によって決まる一方、分子の純資産は、増資等による純資産の増加を除けば、経済価値ベースのバランスシートがどう変わるかによって決まる。

重要なのは、経営としてリスクを取った結果が、経済価値ベースの純資産にはそのまま表れるという点である。つまり、経済価値ベースの純資産の変化（経済価値ベースの損益）こそが、経営として注目すべき損益と言える。

会計上の損益とは違い、経済価値ベースの損益はリスクを取った結果がそのまま反映されることについて、簡単な例を挙げて説明しよう。

同じ銘柄の株式を、同じ2024年4月1日に1,000円で100株購入したA社とB社があったとする。翌年3月末に株価が1,300円に値上がりし

たところでＡ社は 100 株すべてを売却し、売却益を得たが、Ｂ社はそのまま保有した。単純化のため税金を無視すると、Ａ社は 2025 年 3 月期に会計上の損益として株式売却益 3 万円（300 円× 100 株）を計上する一方、Ｂ社の株式保有に伴う会計上の損益はゼロである。

この結果を見て、同じリスクを取ったのにもかかわらず、会計上の利益を上げたＡ社のほうが、利益を上げていないＢ社よりもリターンがよかったと言えるだろうか。株式投資として普通に考えれば答えはノーである。両社の違いはリターンを実現したかどうかであって、株式投資のリターンそのものはＡ社もＢ社も同じである。

モノサシが経済価値ベースならば、損益は両社ともに 3 万円のプラスという評価になる。Ａ社もＢ社も株式投資で同じリスクを取り、1 年後に純資産が 3 万円増えたという結果であって、その 3 万円が現預金なのか株式なのかの違いにすぎない。株式を 13 万円で売却するとは、株式と現金 13 万円を交換することであり、その時点の価値が異なるはずはない。

ちなみに、生命保険会社の会社価値を示す指標として上場保険グループを中心に活用されているエンベディッド・バリュー（EV）（第 2 章第 2 節で紹介）は、経済価値ベースの純資産に近い指標である。

例えば、T&D ホールディングスは ROEV、すなわち EV が 1 年間にどれだけ増加したか（資本の増減等は控除）という、経済価値ベースの損益に近い指標を、4 つの財務 KPI（主要な業績評価指標）の一つとして重視している。同社は決算説明資料で、連結ベースではあるが EV の変動要因を示していて、主なリスクに対して当期のリターンがどうだったのかがわかる。

参考までに 23 年度の EV は 6,312 億円増加したが、このうち株価等要因が +5,010 億円、国内金利要因が +1,606 億円、新契約の獲得で +1,617 億円、解約率や事業費率の上昇などで▲ 1,541 億円だった。23 年度は株価が大きく上昇したため、株式保有リスクが同社の経済価値ベースの損

益に大きく寄与したことがわかる。

④責任の所在が明確になる

　経済価値ベースの損益がリスクを取った結果をそのまま反映することをご理解いただけたとして、もう少し深掘りして考えてみたい。リスクを取った結果をそのまま反映するとは、経営にとって何を意味するのだろうか。

　先ほど述べたとおり、保険会社の経営としてどのリスクをどの程度取るか、あるいは、取らないかは市場や規制が決めるものではなく、あくまでも経営としての判断である。そして、経済価値ベースの損益はリスクを取った結果をそのまま反映する。ということは、経営判断の成功や失敗が明らかになりやすいということを意味する。新規制の「第3の柱」によって情報開示が進めば、外部からもリスクを取った結果が明らかになりやすい。

　さらに深掘りすれば、経済価値ベースの損益動向を通じて、責任の所在が明らかになりやすいとも言える。

　先ほどの株式投資の例で、A社で2024年4月1日に株式を購入すると判断したC部長が9月末で異動となり、翌年3月末に売却を決めたのは後任のD部長だったとしよう。リスクを取った結果がリターンであるにもかかわらず、これまでは売却益を出した後任のD部長が結果として高く評価されがちだったのではないだろうか。

　報道によると、農林中央金庫の理事長が24年6月の総代会において、外国債券の運用の失敗で24年度の最終赤字が1.5兆円規模に拡大する可能性があることを陳謝し、役員報酬の減額を決めたとのことである。農林中金は、総資産の6割を占める「市場運用資産」のうち、約7割を外国債券と海外クレジット投資に振り向けた結果、期待に反し、海外金利の上昇等で時価が下落してしまった。しかし、すでに22年度末には時価下落、つまり運用の失敗がわかっていたにもかかわらず、大きなニュー

スになったのは、農林中金が多額の含み損を処理（売却損を計上）することとなってからだった。

　報道を見たかぎりでは、保有する外国証券の時価が簿価を下回る「含み損」のままであれば、失敗したとはわかりつつも結果として誰も責められない一方、売却して損失を出し、赤字決算に増資という判断をしたとたん、その判断をした経営者が責任を取らされる。しかし、本来はリスクを取ると判断した人（または組織）に結果への責任があるのではないだろうか。

　先ほどの株式投資の例では、売却益を計上したD部長ではなく、期待どおりのリターンを上げるような投資判断をしたC部長がほめられるべきであり、農林中金の場合は、実現損を出した責任を取るのではなく、多額の外国債券への投資を行う（あるいはリスクを取り続ける）という判断をした人や組織が失敗の責任を取るべきであろう。農林中金のケースは不明だが、日本の会社ではリスクを取った時点で責任の所在を明確にしないことが多いので、結果として、たまたまそこに居合わせた「責任者」が貧乏くじを引くことになる。

　責任の所在があいまいな組織では、例えばグローバル金融危機の際に株価が急落しても、「異常な事態が発生した」などと、経営があたかも不可避な天変地異のようにとらえてしまうとか、「他社も同じような状況にある」といった言い訳が通用したのかもしれない。だが、株式リスクや外国債券のリスクを取る（あるいはそのリスクを取り続ける）と決めたのは誰かの判断である。経済価値ベースの損益にはその判断の結果がはっきりと表れるので、株主などのステークホルダーに対し、もはや言い逃れはできなくなる。

⑤ ERMと経済価値ベースの損益

　新たな規制ではESR導入のほか、第2の柱として金融庁がリスクとソルベンシーの自己評価（ORSA）などを通じて保険会社の内部管理を検

証し、高度化を促す。ORSAとは、金融庁が保険会社自身による資本等の十分性評価を確認するだけではなく、リスクテイク戦略等の妥当性を総合的に検証するプロセスであり、言い換えれば、保険会社のERMがきちんと機能しているかどうかを確認するものである。

　第1章第2節で説明したとおり、ERMは、損失の回避や抑制を主眼とした従来型のリスク管理の枠組みを超えた、「リスクアペタイトに基づき、企業価値拡大を目指す枠組み」である。すなわち、経営として取ると決めたリスクを取ったうえで、その成果を分析・評価し、必要に応じてリスクの取り方を見直すなどして、企業価値の向上につなげていく経営管理手法である。経済価値ベースの損益はリスクを取った結果をそのまま反映するので、まさにERMを推進するうえで注目すべき指標である。

　裏返せば、これまでERMを導入し、推進してきたという保険会社は、本当にERMが経営に浸透しているのであれば、リスクとリターンが必ずしも紐付かない会計上の損益ではなく、経済価値ベースの損益を重視してきたはずである。今後は新たな規制の「第3の柱」を通じ、各社のERMの枠組みがどの程度経営に浸透しているのかが外部からも明らかになると期待したい。

　あるいは、「第1の柱」で経済価値ベースの損益の重要性に経営として改めて気づくことで、金融庁に促されて取り入れたERMの枠組みをようやく自分のものとできるかもしれない。

　日本の保険業界においてERMの導入が進んだのは、もちろん自らの必要性に基づいてERMを推進した会社もあったとはいえ、やや手前味噌にもなるが、2010年代の金融庁がERMを重視し、継続的に推進を後押ししたことも大きいと考えられる。

　ただし、監督当局が注目することで、経営がERMに積極的、能動的に取り組むのではなく、単なる金融庁対応となり、形式的な取り組みとなってしまうという心配は当時からあった。ESRを使っていても健全性

を確認するだけで、経営の関心事項はトップラインを伸ばすことと、会計ベースの損益を安定的に計上すること、というのが典型的な駄目パターンである。

ERMで目指す経営は、「リスク」と「資本」だけを見るのではなく、「リスク」「リターン」「資本」の3つのバランスをどのように取るかを決める経営である（図表3-2）。ESR重視のリスク管理では、「リスク」と「資本」の関係しか見ていない。経済価値ベースの損益を重視すると、単年度で判断するのは好ましくないとしても、中期的にリスクを取るべき分野なのか、そうではないのかを検証することができる。もし、今後も中期的に株主（あるいは契約者）が期待するリターンを獲得することが見込めず、会社価値を損ない続ける可能性が高い分野や事業部門があれば、それを継続するのは難しくなるだろう。

これまでありがちだった「声の大きい人の意見が通りやすい」「全体を見るべき取締役であっても、自分の所属する部門の利害を優先してしまう」といった意思決定は、今よりも難しくなるはずである。

図表3-2　ERMで目指す経営

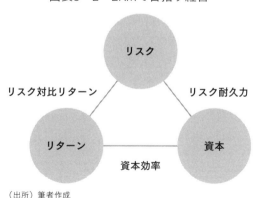

（出所）筆者作成

⑥リスクマネジメントの失敗とは

　ERMでは、リスクアペタイトが「ERMの要」と言われることが多い。「リスク」「リターン」「資本」の3つのバランスは自動的に決まるものではないので、リスクの取り方に関する経営の意思を明確にしなければならないし、各事業部門はそれがなければ本来、動きようがない。

　ところが現実には、各事業部門が「いかに販売量を増やすか」「いかに運用収益を上げるか」という観点から事業計画を立て、それを取りまとめたものが中期経営計画となり、リスク管理部門が後から各事業部門のリスクを集約し、支払余力とのバランスを確認する、といった保険会社が多かったのではないだろうか。

　ERMを推進している保険会社で、リスクアペタイトを設定していない会社はないと見られる（設定していないとERMではないと当局に言われてしまう）。しかし、それが単なる「お題目」にとどまっていると、明文化されていない別の判断基準によって部門ごとのリスクの取り方が整合的でなくなったり、経営による意思決定がその時その時の外部環境や社内事情等に左右され、経営の軸がぶれやすくなったりしてしまう。その結果、期待どおりのリターンが得られなくても、多額の損失を計上することでもないかぎり、企業価値を高められないまま、誰も責任を取らないで流れていってしまう。

　リスクを取った結果、期待どおりのリターンが得られなかった場合には、リスクを取ると判断した人や組織が責任を取らなければならない。ただし、それはリスク管理の失敗ではない。企業価値の拡大を目指すERM経営におけるリスク管理の失敗とは、そもそも損失を出してしまうことではなく、会社が適切にリスクを取らないことである。

　リスクを取らなければリターンは得られない。自らがコントロールできない、つまり、資本でカバーできない水準までリスクを取ってしまうのは適切なリスクテイクではないが、リターンが期待できないところで

リスクを取ってしまうのも適切ではないし、自らの得意分野ではないところ、優位性を発揮できないところでリスクを取ってしまうのもリスクマネジメントの失敗である。反対に、自らの得意分野があり、リスクを取れる資本もあるのに、リスクを取らないのも適切ではない。

経済価値ベースの考え方を取り入れた新たなソルベンシー規制も、こうした考え方に基づいていると理解すべきである。

⑦保険業界はERM、銀行業界はRAF

ところで、銀行業界で「ERM」という用語はあまり使われていない。だが、経営管理の枠組みとして大手銀行を中心に構築が進んできた「リスクアペタイト・フレームワーク（RAF）」は、保険業界におけるERMとほぼ同じものと言っていい。例えば、みずほフィナンシャルグループはRAFを、リスクアペタイトを実現するための経営管理の枠組みと位置付け、RAFにより、戦略とリスク管理を一体的に運営し、適切なリスクテイクとリスクコントロールを通じた最適なリスク・リターンの実現を目指すと説明している。

銀行業界で普及しているRAFは、グローバル金融危機後の国際的な金融規制強化の一環として規制当局が金融機関に求めるようになったという経緯がある。

金融安定理事会（FSB）が2013年に示した「実効的なリスクアペタイト・フレームワークの諸原則」によると、RAFとは「リスクアペタイトを組織内に確立して、コミュニケーションを取り、モニタリングするための方針、プロセス、コントロール、システムを含む全体的なアプローチ」であり、ERM同様に包括的な枠組みである。キーワードの違いなどはあるにせよ、リスクを資本の範囲内にコントロールするだけではなく、取ると決めたリスクをテイクすることでリターンを目指すという点など、保険業界のERMとかなり類似した概念と言える。

こうした用語や枠組みの違いは、両者のリスク管理が過去どのように

進化してきたかが影響している。銀行業界では市場リスク、信用リスク、流動性リスクといった個別リスクの管理が整備されていった後、これら以外のリスクを含め、リスクを総体的にとらえて管理する枠組みが広がった。

これには04年に完成したバーゼルIIが強く影響していると考えられる。しかし、08年からのグローバル金融危機でバーゼルIIや統合的リスク管理の限界が取りざたされ、金融当局は規制の強化（バーゼルIIIの導入など）に突き進んだが、他方でリスクガバナンスも強化する必要があるという認識が広がり、現在のRAFに至っている。

これに対し、日本の保険業界では、銀行を追いかける形で個別リスクの計測や、それらを統合して管理する手法が取り入れられてきたが、その一方で、早い会社では2000年代半ばから企業価値の持続的成長を目指すERMへの取り組みが始まっている。これには欧州大手保険グループや格付会社によるERM重視の姿勢が影響したものと見られる。さらに、10年代に入ると金融庁の後押しもあって、ERM導入の裾野が広がっていった。

加えて、銀行業界に比べると、保険業界では現行会計による「リスク」「資本」「リターン」の把握が難しく、経済価値ベースの経営管理が進化していったことや、内外ソルベンシー規制の進展が銀行よりも遅かったことなども関係しているのかもしれない。銀行でも経済価値ベースの評価に基づく管理として「コア預金」という考え方があり、流動性預金のうち長期間滞留する預金を計測し、金利リスク管理などに活用している。とはいえ、保険事業に比べれば会計ベースの損益と経済価値ベースの損益の乖離は小さい。

いずれにしても、銀行業界と保険業界で用語の意味が違うことを知っておかないと、目指すところが同じであったとしても、両者で議論がかみ合わないことになってしまうので、要注意である。

2. 保険会計とのギャップ

① IFRS は任意適用

　世界に目を転じると、経済価値ベースのソルベンシー規制はすでに多くの国や地域で採用されている。日本がその動向を注視してきた EU では2016年にソルベンシーⅡの適用を開始し、第1の柱として経済価値評価に基づくソルベンシー要件を採用した。

　それ以前の EU におけるソルベンシー規制は、所要資本として生命保険会社の責任準備金等の一定割合の金額、あるいは損害保険会社の収入保険料の一定割合か支払保険金の一定割合のいずれか大きいほうの金額という、きわめてシンプルでリスク感応度の低いものだった。

　これに対し、ソルベンシーⅡ は「3つの柱」から成り、第1の柱は経済価値ベースの評価に基づく定量的要件、第2の柱は定性的要件および監督活動（ORSA を含む）、第3の柱は監督当局への報告と情報開示である。同じ「3つの柱」のアプローチだが、日本の規制では監督当局への報告は第2の柱として整理されている。

　中村亮一『ソルベンシー規制の国際動向【改訂版】』（保険毎日新聞社、2023年）によると、東アジアでは中国が16年から EU ソルベンシーⅡに類似の新しい資本規則「C-ROSS」の適用を開始し、22年からは規制のさらなる高度化を図るべく「C-ROSS Phase II」に段階的に移行している。韓国は米国の RBC に類似した資本規制、つまり日本の SMR に似たリスクベースの資本規制を改め、23年から ICS（国際資本基準）に類似した経済価値ベースの「K-ICS」を適用した（ただし10年間の移行措置あり）。台湾も現在の米国 RBC 類似の規制から、やはり ICS ベースの新たなソルベンシー規制「TW-ICS」を2026年から適用すべく、準備を進めている。

こうして見ると、日本のソルベンシー規制も東アジア各国と足並みをそろえた形で進むように見えるが、1つ大きな違いがある。それは保険会計として IFRS（国際財務報告基準）を積極的に使うか、使わないかである。

韓国は IFRS のアドプション（自国基準として強制適用）を決め、新たなソルベンシー規制導入と同じタイミングで、23年から IFRS 第17号「保険契約」の適用を開始した。台湾も26年から、新たなソルベンシー規制と同じタイミングで IFRS 第17号を適用する予定である。中国はアドプションではなくコンバージェンス（自国基準を保持しながら、IFRSとの差異を縮小）を進め、それには IFRS 第17号とのコンバージェンスも含まれている。

より正確に言えば、IFRS 第17号は保険契約を対象とする基準であり、保険会社を対象とする基準ではないが、保険会社への影響が大きいことから「保険会計」として位置付けられている（保険会社が保有する金融資産には IFRS 第9号「金融商品」を適用）。

これらに対し、日本は会計基準のコンバージェンスを進めてきたものの、IFRS 第17号とのコンバージェンスは今のところ予定されていない。第1章でも触れたとおり、11年に当時の金融担当大臣が「当面は IFRS の強制適用はない」とアドプションの無期延期を表明する一方で、政府が任意適用企業の拡大を促すという独自の路線を歩んでいる。

IFRS を任意適用しても、保険業法に基づく単体ベースの報告・開示は現行会計ベースしか認められていないこともあり、結果として日本の生命保険会社で IFRS を適用した例は少ない。ソニーグループや楽天、SBIホールディングスは、生命保険事業を含むグループ全体として IFRS を任意適用しており、生命保険事業を中核とする会社が IFRS を適用しているのは24年現在、ライフネット生命保険だけで、大半の生命保険会社はこれまでの保険会計のみを適用している。

IFRS 第17号（一般モデル）では、新契約を獲得すると、その期に保

険契約負債としてCSM（契約上のサービスマージン、従来の会計的発想であれば未稼得利益に相当）を計上し、その後、サービス提供に応じて継続的に取り崩し、毎期の利益として認識する。しかも、経済価値ベースのバランスシートでは、CSMに相当する金額が負債ではなく純資産に一括して表れるので、IFRSは経済価値ベースに基づく会計基準とは言えない面がある。とはいえ、CSMを除けば保険契約負債の考え方は経済価値ベース評価と同じであり、少なくとも現行会計よりも経済価値ベースのソルベンシー規制との親和性が強い。CSMにIFRSベースの純資産を加えたものが、経済価値ベースの純資産に近い。

　つまり、韓国でも台湾でも、ソルベンシー規制も会計基準も経済価値ベース（または経済価値ベースと親和的なもの）となった（または近いうちになる）のに対し、2025年度末からの日本はソルベンシー規制だけが経済価値ベースとなり、会計基準は従来のままという、保険会社の経営者にとって対応に苦慮する状況が生じることになる。

② EUおよび韓国生保の経営指標の変化

　EUと韓国では、2023年からソルベンシー規制と会計基準が経済価値ベース（または経済価値ベースと親和的なもの）でそろった。そこで、欧州と韓国に本拠を置く上場大手保険グループ（フランスのアクサ、ドイツのアリアンツ、イタリアのジェネラーリ、イギリスのアビバ、韓国のサムスン生命保険とハンファ生命保険）の投資家向け決算説明資料から、生命保険事業で重視していると思われる損益指標が23年の前後でどのように変化したのかを確認した。投資家向け決算説明資料（プレゼンテーション資料）には、他の開示資料に比べて経営として重視している指標が明確に示される傾向がある。

　EUでは、すでに16年にソルベンシー規制が経済価値ベースの「ソルベンシーII」となり、その後しばらくは「ソルベンシー規制だけが経済価値ベースとなり、会計基準は従来のまま」という状況が続いていた。

EU では 05 年から域内上場企業に IFRS の適用を義務付けていたが、保険契約の会計基準開発には時間がかかるため、各国の会計慣行を許容した暫定版の基準である IFRS 第 4 号を適用しており、23 年になって IFRS 第 17 号が適用となった（ただし監督会計は別途存在する）。

　欧州各社の決算説明資料を確認すると、22 年までは主に「Underlying earnings」「Operating profit」といった、当期純利益から有価証券売買損益やヘッジ損益などを控除した従来の会計ベースの損益指標と、EV の新契約価値（当期に獲得した契約が将来生み出す利益の現在価値）を示す「New business value」を公表していたが、23 年にはこれらに「CSM growth」が加わった。

　「CSM growth」は CSM が当期にどれだけ増減したかを示したもので、いわば保険引受に関する経済価値ベースの損益と言える。図表 3-3 のように、ライフネット生命も「CSM の異動表」として公表している。

　会計基準が IFRS 第 17 号に代わってからも「Underlying earnings」「Operating profit」などの公表は続いており、生保事業の業績は「New business value」と「CSM growth」で示し、グループ全体の損益を事業別に示す際には「Underlying earnings」「Operating profit」などを使うといった傾向が見て取れる。

　韓国では 23 年に経済価値ベースのソルベンシー規制（K-ICS）と IFRS 第 17 号が同時適用となり、かつ、韓国を代表する大手生命保険会社であるサムスン生命とハンファ生命は K-ICS の移行措置を使っていない（即時適用）。両社は 23 年以降も会計ベースの当期純利益と保険関係損益を公表しているが、会計基準が変わったので定義は異なっている。加えて 23 年からは「CSM growth」と、当期に獲得した契約による CSM である「New business CSM」（「New business value」に近い）を公表するようになった。

　欧州および韓国の例を見ると、生保事業の主要指標として IFRS 第 17 号の適用後も会計ベースの損益と経済価値ベースの損益の両方を公表し

ていた。ただし、軸足は経済価値ベースに移っているようにも見える。

ソルベンシー規制の健全性指標（EUはSCR、韓国はK-ICS）はあくまでも健全性を示す指標という位置付けで、分子となる純資産の変化をもって「経済価値ベースの損益」とするグループはなかったものの、「CSM growth」を重要情報として示すことが業界標準となった。IFRS第17号の適用によって、CSMの変化とIFRS純資産の変化を見れば、概念的には経済価値ベースの純資産の変化、すなわち経済価値ベースの損益を見ることができるようになった。

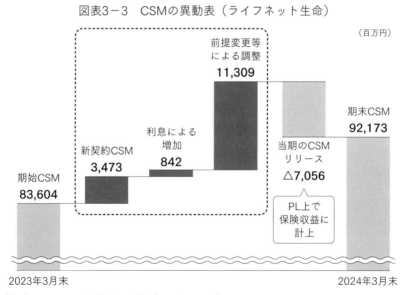

図表3-3　CSMの異動表（ライフネット生命）

（出所）ライフネット生命保険のIR資料（2024年5月14日）

③保険負債がマイナスに

他方、日本の上場生命保険会社で初めてIFRSを適用したライフネット生命のバランスシート（2023年度末）を確認すると、個人保険の保険

契約負債がマイナスとなっていた。

　一般的に、生命保険会社のバランスシートでは、負債の大半を責任準備金などの保険負債が占めている。事業会社の負債は銀行借り入れなど債権者から受け入れた資金なのに対し、保険会社の負債は加入者（保険金受取人）に将来支払うであろう保険金や給付金、解約返戻金などを計上したものである。しかし、IFRSを適用したライフネット生命の負債合計215億円のうち、保険契約負債は7億円だけで、繰延税金負債が大半を占めていた。経済価値ベースで保険負債を測定すると、このようなことが起こりうる。

　同社の23年度の決算短信「当期の財政状態の概況」には、「保険契約は一般的には負債として計上されるものの、当社グループは以下の表『保険契約負債の内訳』のとおり、個人保険の保険契約負債はマイナスとなることから保険契約資産として計上しています」という記述があった。その「保険契約負債の内訳」を見ると、個人保険の保険契約負債は▲324億円（マイナスなので「保険契約資産」として資産の部に計上）であり、保険契約負債の7億円は団体保険に関するものだけだった。

　ライフネット生命は、08年に営業を開始した新しい会社である。保有契約は平準払いの保障性商品だけで、満期保険金や解約返戻金がない。これまでの会計基準では、契約獲得時の保守的な予定死亡率や予定利率に基づいて算出した責任準備金などを、保険負債として計上する。同社が保険業法の要請に基づき従来の会計基準で作成したバランスシートを見ると、同じ23年度末の負債は631億円で、このうち責任準備金が586億円を占めている。

　これに対し、IFRSでは保守性を排除し、会社が最善と考えた前提に基づいて将来キャッシュフローの現在価値を計算し、これに「リスク調整（第2章第2節で説明したMOCEと同じ概念）」と「CSM」を加えたものを保険負債として計上する。

　将来キャッシュフローの現在価値とは、将来の支出（保険金支払額な

ど）の現価から将来の保険料収入の現価を差し引いた金額である。平準
払いの「定期保険」「終身医療保険」「就業不能保険」「がん保険」を主力
とするライフネット生命の場合、会社が最善と考えた前提に基づいて将
来キャッシュフローを計算したところ、1507億円のマイナスとなり、お
そらく今後の支出が保険料収入を下回る状態が何年も続くのだろう。

　これにリスク調整（261億円）とCSM（922億円）を加味しても、将
来の支出が将来の保険料収入を下回る計算結果となり、保険負債がマイ
ナスになった。つまり、この前提によれば、同社はいわば加入者への借
金を負っていないことになる。団体保険は個人保険（一般モデル）とは
異なる測定方法（保険料配分アプローチ）を適用しているため、保険契
約負債を計上している。

　ただし、保険負債がマイナスだから儲かるということではなく、あく
まで測定方法による結果であって、収益性を見るにはCSMの動きに注
目すべきである。図表のとおり、ライフネット生命のCSMは1年間で
836億円から922億円に増え、これが今後の保険サービス損益の源泉と
なる。

　なお、同社のIFRSベースの純資産は909億円、23年度の保険サービ
ス損益は82億円の黒字、当期利益も57億円の黒字であるが、株主配当
などの還元は引き続き見送っている。同社は利益配分に関する基本方針
として、「日本基準（従来の会計基準）において累積損失を計上してい
ることに加え、中長期の収益性の向上を目指して成長基盤の強化を優先
する」と述べている。

④現行の保険会計の問題点

　欧州や韓国の事例からは、ソルベンシー規制でも会計情報でも経済価
値ベースの損益を見ることができるようになったとはいえ、採用する基
準が変わっても、会計ベースの損益を重要情報として示し続けており、
「経営としては、やはり会計損益が重要」と認識していることも窺える。

そうだとすると、IFRSが任意適用となっている日本においては、問題が大きい現在の保険会計を多くの会社が使い続けることになり、その弊害は大きいと言わざるを得ない。

日本の保険会計の問題としては、次の3点が指摘されることが多い。

1つは第2章で述べたように、現在の保険会計は金利水準の変動をうまく反映しないという問題である。

生命保険会社の資金構造は、いわば「超長期調達・長期運用」となっていて、ミスマッチに伴う金利リスクにさらされている。ところが現行会計では、負債の大半を占める責任準備金を契約獲得時の予定利率で固定的に評価（ロックイン方式）しているのに対し、資産の多くを占める有価証券の評価は保有区分によって異なり、償却原価のもの（満期保有債券区分、責任準備金対応債券区分）と時価評価のもの（売買目的有価証券区分、その他有価証券区分）がある。

このように資産と負債、および資産同士でも評価方法がばらばらなので、おかしなことが起きてしまう。例えば金利低下時には、本来は予定利率を将来にわたり保証する負担が重くなり、経営が厳しくなる会社が多いにもかかわらず、現行会計では時価評価する有価証券（公社債）の時価が大きくなり、他の資産・負債の評価は変わらないので、結果として純資産は増える。つまり、あたかも経営内容が改善したかのように見えてしまい、会計情報の利用者にはミスリードとなる。

こうした事態を避けるため、保険会社だけに認められている償却原価の「責任準備金対応債券区分」を使えば、保険負債の金利リスクをヘッジするために超長期債を保有していても、純資産には反映しないですむ。この区分は、保険会社に金融商品の時価評価を導入するにあたり、「保険会社の財務の特性を踏まえた会計処理」として2000年に金融審議会が日本公認会計士協会に要請し、実現したもので、資産・負債の金利変動リスクを回避する効果を持つ債券に限定している。

筆者は当時、金融審議会ワーキンググループのメンバーとして検討に

関わっているのだが、この区分を使えば資産の変動を抑え、上記のミスリードを避けることができる半面、資産も負債も償却原価による評価となり、バランスシートが金利変動に対するシグナルを全く発信しなくなってしまったのも確かである。

2つ目は、収益と費用のずれに伴う問題である。

生命保険事業では契約獲得時に営業職員への報酬や代理店手数料の支払い、広告宣伝費など、多くの費用がかかる。現行会計ではこれらの新契約獲得コストを、発生主義に従って当期の費用として計上する。これに対し、獲得した契約から受け取った保険料の大半は責任準備金として積み立てられ（「責任準備金繰入額」として費用計上）、収益源となる予定死亡率と実際の死亡率の差などは、契約期間にわたり何年もかけて生じる。つまり、費用は早く計上し、収益は遅く計上するという会計の保守性が、契約期間の長い生命保険契約では極端に表れる結果となっている。

このため、通常は新契約の獲得が会社価値の拡大に貢献している、つまり IFRS 第 17 号で言えば「New business CSM」が生じているにもかかわらず、現行会計では契約を獲得すればするほど獲得費用の負担がかさみ、会計上の損益を圧迫することになる。T&D ホールディングスはこのことを 2024 年 5 月の投資家向け説明資料で説明しており、傘下の大同生命保険の場合、23 年度に獲得した新契約が初年度には 500 億円弱の赤字となり、その後は 40 年以上黒字が続くとしている（初年度の赤字を 8 年間で回収すると説明）。

歴史の浅い会社をはじめ、保有契約に対する新契約の割合が大きい会社ではこの影響が当期損益に顕著に表れる。例えば、1981 年に営業を開始したソニー生命保険は、89 年度には個人保険の保有契約高が 1 兆円を超え、91 年度には 2 兆円に達したにもかかわらず、91 年度まで赤字決算が続いた。96 年に営業を開始した東京海上日動あんしん生命保険も同様で、当期純利益を継続して計上するようになったのは 2010 年度以降

である（10年度末の個人保険保有契約高は約17.5兆円）。保有契約がある程度の規模に達し、過去に獲得した契約からの利益が増えなければ新契約獲得コストを吸収できないためである。

3つ目は、会計基準そのものの問題ではないが、現行の保険会計は監督目的である「保険契約者の保護」のための基準に沿った情報を組み込んだ財務情報なので、会計情報が保険会社の財務内容の手掛かりとなりにくいという点である。

例えば保険会社の「危険準備金」「価格変動準備金」「異常危険準備金」はいずれも負債の項目だが、保険会社の支払余力（ソルベンシー・マージン）を構成している。これらには法定の積み立て・取り崩し基準があるうえ、当局の認可を受ければ基準によらない取り崩しもできる。危険準備金を取り崩せば経常収益が増え、価格変動準備金を取り崩せば特別利益が増え、いずれも当期純利益を増やす効果がある。

先ほどのソニー生命や東京海上日動あんしん生命は、新契約コストを全体として吸収できるようになってからも、（おそらく）監督当局の指導のもとで、しばらくはチルメル式から純保険料式責任準備金に移行するための費用がかさんだ（正確には当期純利益がゼロとなる水準まで責任準備金の積み増しを実施した）ため、その後もしばらく当期純利益がゼロとなるなど「厳しい」決算が続いた。新契約コストの負担によって全体として赤字が続くような状態にある保険会社が純保険料式の責任準備金を積むのは不可能なので、営業開始からしばらくは、新契約費の分だけ責任準備金の積み立てを遅らせる「チルメル式」を採用するのが普通である。ただし、原則は純保険料式なので、監督当局は当期純利益の計上よりも、純保険料式への移行を先に求めることになる。例えばソニー生命が当期純利益を継続して計上するようになったのは、2000年度に純保険料式の標準責任準備金を達成した翌年度からである。ちなみに、ソニー生命も東京海上日動あんしん生命もかなり前からEVを公表しており、毎期の新契約EVはプラスが続いていた。

責任準備金の積み立てに関しては、破綻生保での悪しき前例もある。1980年代後半の日産生命は純保険料式の責任準備金をほぼ達成していた。だが、経営が厳しくなってから水準の引き下げが相次いだ。「91年度決算から負債を減らす決算対応を行った。危険準備金を取り崩し、責任準備金の積み立て水準を落とし、配当を減らした」（当時の本社スタッフの証言）。東邦生命でも91年度決算で純保険料式からチルメル式に変更し、利益を捻出。その後も94年度など複数回にわたり責任準備金の積み立て水準を切り下げたという。株式含み益だけではなく、保険負債も会計利益の調整弁となっていた。

⑤「保険料収入」の問題点

以上の3点のほか、決算発表の際に保険会社が主要指標として示し、多くのメディアが取り上げる「保険料収入（正確には「保険料等収入」）」と「基礎利益」も、現行会計の問題として指摘したい。[1]

生命保険会社の損益計算書（図表3-4）には「売上高」という項目はないが、「保険料等収入」は損益計算書の上のほうに出ていることもあり、あたかも事業会社の売上高、トップラインのように見える。しかし、それは単にその期に受け取った保険料（再保険収入を含む）の金額を示しているだけで、新契約だけではなく、過去に獲得した既契約からの保険料収入も含んでいるので、その期における契約獲得の動向や事業規模を示す指標ではない。

例えば、日本生命保険のディスクロージャー誌「日本生命 統合報告書2024【資料編】」を見ると、2023年度の保険料等収入は5.3兆円で、このうち個人分野（個人保険・個人年金保険）の保険料が4.0兆円だった。内訳を見ると、初年度保険料が1.6兆円、次年度以降保険料が2.4兆円

---

1 以下の記述は、植村信保「保険会社の情報開示とメディアの役割」日本保険学会『保険学雑誌』第657号（2022年6月）を参考にしている。

図表3-4　生命保険会社の損益計算書（イメージ）

経常収益
保険料等収入
資産運用収益　など
経常費用
保険金等支払金
責任準備金等繰入額
資産運用費用
事業費　など
経常損益
特別損益
法人税等
当期純利益（相互会社は当期純剰余）

（出所）筆者作成

とあり、新契約ではなく既契約からの保険料収入も大きいとわかる。

　保険料収入は貯蓄性の有無や保険料の支払い方法にも大きく影響を受ける。例えば、保険会社A社が4月に毎月の保険料5,000円の終身医療保険（保険料は終身払い）を30歳女性に提供したとすると、A社の当期の保険料収入は6万円（5,000円×12カ月）である。他方で、B社が保険料を一括して受け取る一時払い保険料300万円の終身保険を提供すると、B社の当期の保険料収入は300万円である。

　A社は契約者である30歳女性から年間6万円の保険料を将来にわたって受け取り続ける可能性が高い（仮に80歳まで契約が続くとしたら、計300万円となる）のに対し、B社は契約初年度に一括で保険料を受け取ったので、今後は契約者から保険料を受け取ることはない。それでも保険料収入に注目してしまうと、当期のB社はA社の50倍ものトップラインだったように見えてしまう。

先ほどの「日本生命 統合報告書 2024【資料編】」を見ると、23 年度の個人分野の保険料 4.0 兆円のうち、一時払いが 1.3 兆円を占めていた。22 年度は個人分野の保険料 3.3 兆円のうち、一時払いが 0.6 兆円だったので、23 年度の増収の大半は一時払い保険料によるものだったことがわかる。

　ちなみに、23 年度の東京海上日動あんしん生命のように、保険料収入の大半が月払いと年払いという会社もあれば、貯蓄性商品の提供に特化している第一フロンティア生命保険のように、ほぼ一時払い保険料だけという会社もある。

　一時払いの商品は総じて貯蓄性が強いので、銀行で言えば、当期に預金を受け入れた額（しかもネットではなくグロス）を「売上高」と言っているのにほぼ等しい。銀行の「預金収入」（銀行の損益計算書にそのような項目はないが）を売上高とみなす合理性があるだろうか。保険料にこだわるのであれば、せめて新契約年換算保険料を見るべきではないか。

　売上高とは一般に、商品やサービスを提供した対価として顧客から受け取った代金のことである。保険会社の場合、保障（補償）を提供する対価として保険料を受け取っているのだから、この考えを当てはめると、保険料収入が売上高ということになるのかもしれない。

　しかし、そもそも保険会計の利用者は保険会社の「売上高」「トップライン」から何を知りたいのだろうか。「当期にどの程度顧客を獲得したかを知りたい」「今の会社の事業規模をざっくり知りたい」といったニーズであれば、少なくとも保険料収入ではニーズを満たすことはできないのは明らかである。なお、以上に加えて、近年では再保険収入により「保険料等収入」と「保険料収入」の差が大きくなっている会社が目立つ点も指摘したい。

　参考までに、メディア（主に新聞）が保険料等収入を報じるようになったのは 2000 年代半ばからで、それまでの死亡保険を主体とした「契約高（新契約高・保有契約高）」に代わる指標が必要になったことが挙

げられる。

　当時の規制緩和や顧客ニーズの変化などを踏まえ、生命保険会社が医療保険など第三分野を中心に商品戦略の多様化を進めるなかで、第三分野の契約動向を反映しない契約高では事業活動の状況を十分把握できなくなっていた。そこで各紙はそれまでの契約高に代わる指標として保険料等収入を載せるようになったと考えられる。

　保険会社としては、同じく2000年代半ばから、死亡保険に加えて第三分野の契約動向をも反映する「年換算保険料（新契約・保有契約）」を開発し、公表するようになったのだが、メディアでは例外を除き、保険料等収入を中心とした報道が続いている。

⑥「基礎利益」の問題点

　生命保険協会「生命保険会社のディスクロージャー（2022年版）」によると、基礎利益は「生命保険会社の基礎的な期間損益の状況を表す指標で、一般事業会社の営業利益や、銀行の業務純益に近いもの」とある。しかし、その名に反し、この指標は生命保険会社の基礎的な収益力を示すとは言い難い。

　基礎利益は1990年代後半以降、生保経営への不安が高まっているなかで、2001年3月期から各社が公表するようになった指標である。損益計算書に「基礎利益」という項目はなく、経常損益から有価証券売買損益などのキャピタル損益、臨時損益を差し引いて算出する。当時は「毎期の逆ざや（利差損）が生保の純資産を食い潰している」といった見方もあったため、生命保険業界は基礎利益を示すことで、逆ざや（利差損）があっても赤字ではないことを示すことができた（あくまでの会計ベースの話ではある）。

　しかし、現在では生命保険会社の会計上の損益を示す指標として「当期純利益」ではなく「基礎利益」をメディアが報じる積極的な理由はない。先に述べた「収益と費用のずれ」の問題、つまり、基礎利益を含む

会計上の損益指標では、新契約を獲得すればするほど利益が減ったように見えてしまうという問題に加え、大半の保険会社がマッチング型のALMを行っているのであれば話は別だが、多くの会社が多様な資産運用を行っているなかで、基礎利益に反映する資産運用収益は主に「利息および配当金収入（いわゆるインカムゲイン）」だけなので、基礎利益を増やすという目的から、利息配当金収入の獲得に偏った資産運用戦略を促してしまうという問題もある。

　インカムゲイン志向が生命保険会社の資産運用を歪めた例は、過去にいくつもある。1995年改正前の旧保険業法では、資産運用による契約者配当の原資はインカムゲインに限定されていた（インカム配当原則）。契約者に有価証券売却益（キャピタルゲイン）を特別配当として還元する道が開かれてからも、生命保険会社の資産運用はインカム志向が強かった。

　例えば80年代の生保はインカムゲインを獲得するため、金利水準の高かった米国債券市場への投資を拡大したが、85年以降に円高が急速に進み、毎年多額の為替差損が発生した。それでも外国証券投資を増やし続けたのは、為替差損が発生しても株式含み益を実現すればいいという発想があったと考えられる（少なくとも結果はそうなった）。また、80年代から90年代にかけての金銭信託は株式のキャピタルゲインをインカム化するためのツールで、仕組債や外貨建て投信への投資の多くは高配当を捻出するためのものだった。これらは90年代に入ってから、多額の含み損として経営の足かせとなった。

　2010年代の生命保険会社が外債投資、とりわけ為替ヘッジ付きの外債への投資を増やした背景にも、円金利水準の低下のほか、基礎利益へのポジティブな影響があったと見ている。

　ヘッジ付き外債投資とは通常、中長期の外債を購入し、短期間の為替ヘッジを継続して行うというもので、現物と為替ヘッジの期間をずらすことで、円建ての公社債に投資するよりも高いリターンをねらうことが

できる。これに加え、金融庁が2022年度に基礎利益の計算方法を見直すまでは、外債の利息は基礎利益に反映されるのに対し、為替ヘッジコストは反映されなかったため、同じ期間の円債に投資するよりも基礎利益を高める効果があった。

この結果、外債投資に伴う利息収入の増加が主要会社の基礎利益を支えるという状況になっていて、基礎利益の存在が外債投資の誤ったインセンティブになっていた可能性がある。その後、ヘッジコストが高まりヘッジ外債のリターンが悪化してからも、一部の会社を除いて残高を減らせずにいる。

⑦見せかけの安定性

基礎利益には金融市場の変動や毎期の売買動向によって数値が動きやすい有価証券売買損益や評価損益が反映されないので、歴史の長い生命保険会社（言い換えると、保有契約に対する新契約の割合が小さい会社）であれば、毎期の基礎利益は総じて安定しやすい。損益の安定性を内外にアピールしたい経営者にとって、都合のいい経営指標と言える。

筆者が考える基礎利益の致命的な弱点は、まさにこの「見せかけの安定性」にある。

経営として明らかにしたリスクアペタイトに基づき、取ると決めたリスクを取ったうえで、その成果を分析・評価し、必要に応じてリスクの取り方を見直すなどして、企業価値の向上につなげていくのが、ERM経営のあり方である（本章第1節を参照）。そもそも経営者の仕事とは、株主等からの資本を使って得意分野でリスクを取り、リターンを上げることなので、わざわざERMなどと言うまでもないかもしれない。

ところが基礎利益では、リスクを取った成果を分析・評価できないと言っても過言ではない。保険引受面では、獲得した新契約が、例えば収益性の高い個人向け保障性商品であっても、収益性の低い一時払いの円建て貯蓄性商品であっても、基礎利益から両者のリターンの違いをつか

むのは事実上、不可能に近い。資産運用面でも、基礎利益はリスクを取った結果のごく一部しか反映しないので、株価が暴落しても、歴史的な低金利となっても、基礎利益はしばらく安定したままである。それにもかかわらず、中期経営計画の数値目標の一つに基礎利益を掲げる大手生保が複数あるのは、筆者には理解が難しい。

　過去に破綻した中堅生保の事例を見ると、1980年代後半に金利リスクや株式リスク、信用リスクなどを積み上げた局面でも、90年代に入り、これらのリスクが顕在化し始めた局面でも、現在の基礎利益に相当する各社の三利源（死差、費差、利差の合計）は総じて安定していた。

　当時の大蔵省が三利源の報告を求めていたこともあり、各社とも三利源の確保は経営の重要課題であり、利差対策として、例えば高利率の日経平均リンク債や配当先取り型の外国証券などを使った利息配当金収入のかさ上げが横行した。その後、90年代半ばになって三利源が損失に転じた時点では、すでに各社とも回復不可能な状況に追い込まれていた。日産生命や東京生命の三利源がほぼゼロになったのは93年度であり、第百生命の三利源がマイナスに転じたのも93年度からだった。

　あるいは、このような例もある。日産生命をはじめ多くの中堅生保では、規模が小さく販売効率も悪かったため、三利源のうち費差損の解消が長年の課題となっていた。それが80年代後半に契約高が飛躍的に増えた結果、日産生命は88年度に念願の費差益を達成した。貯蓄性商品にも費差益の源泉となる付加保険料はあるので、一時払いの貯蓄性商品であっても保険料が一気に入ってくれば、付加保険料が一時的に増え、三利源が増える。しかし、表面的な数値と経営実態には大きな乖離があった。

　総じて「規模さえ拡大すれば後から利益がついてくる」（当時の複数の業界関係者によるコメント）という感覚の経営者が主流を占めるなかで、当時の中堅生保の経営者が規模の拡大や業界順位を過度に重視した結末と言えばそれまでだが、ひるがえって現在の生命保険業界の経営行

動を見ていると、リスクとリターンが結び付かない利益指標を使い続けることの弊害は、今でも軽視できないのではないだろうか。金融市場に関するリスクを取れば毎期のリターンが振れるのは当然であり、根底には「利益はコントロールできるもの（そのような利益指標が望ましい）」という経営者の意識がうかがえる。

森本ほか（2021）では、会計損益に起因する「短期的な安定性への慣れの恐ろしさ」として、「財務会計上の損益が短期的にはコントロール可能なため、実質的な経営成績もコントロールできると錯覚してしまうことも、ひとつの『慣れ』ではないかと思われる」「（予実管理について）実績の数値をうまくコントロールして、予算近辺に着地させることが可能という意識が働きやすい。ここでのコントロールの対象が財務会計上の損益であると、それを予算近辺に着地させることができても、場合によっては将来にツケを回すことになる可能性がある」など、財務会計上の損益の安定性を求めることが、企業価値の向上という観点では歪んだ行動となりうることを指摘している。

⑧日本の保険会計はこのままでいいのか

せっかくソルベンシー規制が経済価値ベースになるのだから、内部管理の軸足も経済価値ベースに一段とシフトしたいところだが、保険会社には現行の保険会計を無視できない事情がある。それは規制策定の張本人である金融庁が、新たな規制導入後も現行の保険会計に基づく報告を求め、株主や契約者への還元も現行会計に縛られ続けるからである。

日本の保険会社は事業を行うにあたり、会社法や金融商品取引法が定める会計基準（GAAP、一般に公正妥当と認められる会計基準）ではなく、保険業法が定める監督会計に基づいて報告を行わなければならない。といっても米国のように、企業会計基準とは別途に監督会計基準が存在するのではなく（米国では監督会計に基づく財務情報と、企業会計に基づく財務情報が分かれている）、保険業法の定める規制があれば、

それに基づいた会計処理を行い、それ以外は企業会計基準に従って処理を行うというのが日本の保険会計である。

つまり、日本の保険会計の利用者は、自らの目的にかかわらず、監督目的である「保険契約者の保護」のための基準に沿った情報を組み込んだ財務情報を使うことを強いられている。他方、これまで見てきたように、監督当局にとっても、いくら「保守主義」「保険契約者の保護」といっても、かえって経営内容が見えないような現行会計に基づく財務情報となってしまっていては、必ずしも保険会社の健全性確保にとって有益なものではない。同じく保険契約者の保護を目的とする経済価値ベースのソルベンシー規制を導入しようとするなかで、現行会計の存在意義が問われる状況となっている。

今後、金融庁が保険会社に対し、企業会計基準として IFRS の採用を促しても、あるいは仮に ASBJ（企業会計基準の設定主体）が日本基準の IFRS 第 17 号へのコンバージェンスを進めることになったとしても、監督会計のあり方を見直さないかぎり、上場会社が少ない日本では残念ながら今の状況は変わらない。現在の会計に組み込まれている規制を経済価値ベースのソルベンシー規制に沿った内容に変えるか、あるいは、米国のように一般目的の財務会計とは別途に保険監督のための会計基準をつくり、経済価値ベースのソルベンシー規制に沿った内容とする一方で、ASBJ に対しては経済価値ベースの規制と親和性の強い財務会計基準の策定を促す、こうした取り組みが必要になる。

なお、経済価値ベースの評価に基づいた（あるいは親和性の強い）会計基準の問題として、株主・契約者還元との関係を指摘する声をしばしば耳にする。

経済価値ベースの純資産の変動を損益ととらえた場合、例えば株価上昇によるものであれば、未実現益のままだと株主・契約者に現金配当ができない。会計利益は実現益であるべきという考えは非常に強いと感じるが、ある期間においてリスクを取った成果がどうだったかということ

と、その成果を株主や契約者にどう還元するかということは、別の話である。

　経済価値ベースの評価が万能というつもりはないが、契約者保護の観点からも、企業価値の向上を目指す観点からも、保険会社の経営内容を把握するうえで、経済価値ベースのソルベンシー規制と親和的な会計基準のほうが、現行会計に基づく財務情報よりも有益なのは間違いない。経済価値評価を踏まえたうえで、株主や契約者への還元をどの程度行い、このうち現金での還元をどの程度行うかを検討するというのがあるべき姿ではないだろうか。

⑨日本の上場生保グループの対応状況

　本節の最後に、日本の上場生保グループ3社（第一生命ホールディングス、T&Dホールディングス、かんぽ生命保険）が現在、会計ベースの損益と経済価値ベースの損益をどう使い分けているか、公表資料をもとに紹介する。

　各社が中期経営計画で数値目標を設定している損益指標と、株主還元の基本的な考え方は次のとおりである。

【**第一生命ホールディングス（2024〜26年度）**】
〈会計ベース〉
・修正利益：当期純利益から負債性内部留保の一部を調整
・修正 ROE：修正利益÷修正純資産（確定利付資産含み損益を控除）
〈経済価値ベース〉
・RoEV：EV の増減÷EV
・EV の新契約価値
〈株主還元〉
・ESR 等を勘案し、総還元性向（目安）は修正利益（中期平均）の
　50%

> **【T&D ホールディングス（2021〜25 年度）】**
> 〈会計ベース〉
> ・修正利益：当期純利益から負債性内部留保の一部などを調整
> ・修正 ROE：修正利益÷修正純資産
> 〈経済価値ベース〉
> ・ROEV：EV の増減÷EV
> ・EV の新契約価値
> 〈株主還元〉
> ・修正利益の 50〜60％＋ESR を踏まえた追加還元

> **【かんぽ生命保険（2021〜25 年度）】**
> 〈会計ベース〉
> ・修正利益：当期純利益＋初年度標準責任準備金負担（2024 年度から）
> 　　　　　　※ 2023 年度までは当期純利益
> ・修正 ROE：修正利益÷純資産（2024 年度から新設）
> 〈経済価値ベース〉
> ・EV 成長率（RoEV）：EV の増減÷EV
> 　※「経済前提と実績の差異」を除く増減
> 〈株主還元〉
> ・修正利益が株主還元の原資（中期平均で 40〜50％）

　3 社とも会計ベースの損益指標と経済価値ベースの損益指標の両方を数値目標に掲げていることがわかる。第一生命ホールディングスは EV を「株主の皆さまに帰属する生命保険会社の企業価値を表す指標のひとつ」、T&D ホールディングスは「株主に帰属すると考えられる税引き後の純資産額」、かんぽ生命は「生命保険会社の企業価値を表す指標の一つ」とそれぞれ説明している。各社は企業価値に直結する損益指標として EV 関連の指標を掲げる一方、株主還元は、ESR を踏まえつつも、実

現という観点から会計ベースの損益である修正利益に基づいて実施しており、こちらの損益も重視している。

　なお、かんぽ生命が2024年度に会計ベースの損益指標を見直したのは、かんぽ生命と日本郵便が19年に不適切な保険販売を行っていたとして行政処分を受け、しばらくは新契約が極端に少なかったものが、ここにきて回復傾向が見られるようになり、新契約コストが会計損益に与える影響が無視できなくなったためと考えられる。

　参考までに、上場損保グループ3社（東京海上ホールディングス、MS&ADホールディングス、SOMPOホールディングス）の対応状況も確認した。いずれのグループでも国内生保事業が中堅以上の規模に成長し、EVがグループ全体の純資産（経済価値ベース）の2割以上となっている。

　3社ともに、生保事業の説明では会計ベースの損益とともに、経済価値ベースの損益（EV）の動向を示しているが、グループ全体としては生保事業を含め、会計ベースの損益指標しか目標に掲げていなかった（グループベースのESRは3社とも公表）。ただし、いずれも現在の中期経営計画の期間中にIFRSの任意適用を予定しており、生保事業の損益もIFRS第17号に基づくものに変わる。

3. 第2の柱の重要性

①ガバナンスの現状を探る

　第1章第1節で示したとおり、2000年前後に相次いで経営破綻した中堅規模の生命保険会社を調査したところ、破綻会社のコーポレートガバナンスが十分でなかったことが破綻リスクを高めた。つまり、経営者や経営組織に起因する破綻リスクを小さくするには、コーポレートガバナ

ンスが十分機能する枠組みを整備する必要があることがわかった。リスク管理態勢が形だけで、うまく機能していなかったというのも、やはりガバナンスの問題に帰着する[2]。

　当時のすべての生命保険会社が破綻リスクを高めるガバナンスの問題を抱えていたとまで言うつもりはないし、それから20年以上が経過し、相互会社から株式会社に転じた会社や、不祥事の発覚をきっかけに経営体制を刷新した会社などもあり、全体としてはガバナンスが機能する方向で進んでいると思われる。さらに13年からは政府主導でコーポレートガバナンス改革が始まり、生命保険業界も大手を中心に積極的に対応している。

　そこで、23年時点における生命保険会社のガバナンスについて、新たなソルベンシー規制を意識したケーススタディを行った。ただし、株主目線ではなく新たなソルベンシー規制を意識するとなると、「何がどうなればガバナンスが機能している状態と判断するのか」という難しい問題に直面する。

　新たなソルベンシー規制が求めるガバナンスとは、目先の破綻リスクを極力減らすことではない（本章第1節を参照）ので、例えば「社外取締役が多い会社ほどSMRが高い」といった定量的な分析は適切ではないと判断した。

　そこで筆者はケーススタディという別のアプローチを採用した。特定の生命保険会社を選び、経営陣へのインタビュー調査を実施することでガバナンスの機能状況を探るというものである。インタビュー調査であれば、公表資料に加えて会社内部の情報にもアクセスできるうえ、選定した会社に対するガバナンス面の深い分析・考察が可能である。

---

2 本節の①〜⑥の記述は、植村信保「生命保険会社のコーポレートガバナンス――健全性規制との関係を探る」生命保険文化センター『生命保険論集』第225号（2023年12月）を参考にしている。

もっとも、いくら会社内部に迫るインタビュー調査を行っても、ガバナンスが試されるような場面がなければ分析・考察のしようがないので、2000年以降、外部から見て何らかの重要な経営判断を行ったと見られる会社、あるいは、外部環境の変化に流されることなく同じ経営体制を続けている会社を選び、実態把握を試みた。

　ケーススタディとして選定した会社は、第一生命ホールディングス株式会社、株式会社T&Dホールディングス、明治安田生命保険相互会社、富国生命保険相互会社の4社（上場株式会社2社、相互会社2社）である。上場株式会社はいずれも相互会社が株式会社化したもので、ガバナンス構造の大きな変化を経験している。

　「ガバナンスが試される状況」としては、「株式会社化・上場」「不祥事の発覚」「アクティビストの登場」などのほか、ソルベンシー規制が求めるガバナンスが目先の破綻リスクの極小化ではないという前提のもとで、相互会社の内部留保が右肩上がりで増え続ける一方、個人向け契約者配当が総じて低位にとどまったままである点にも注目した。

　インタビュー調査は23年2月から6月にかけて実施した（大半は直接の面談）。インタビュー対象を「常勤」「社外」に分け、1社につきそれぞれ複数名に対して行った。「常勤」とは社長または社長に近い取締役経験者（OBを含む）、執行サイドのキーパーソンなど複数名、「社外」とは社外取締役、相互会社の評議員や総代選考委員など複数名で、いずれも匿名を条件に、平均して約1.5時間かけて実施した。

②インタビュー調査の結果概要

　各社のインタビュー調査の結果概要は以下の通りである。上場株式会社ではガバナンスに関する注目イベントごとに、(1)株主からの規律／社外役員等からの規律、(2)株主以外のステークホルダーからの規律を、相互会社については、(1)社員（契約者）からの規律、(2)社外役員等からの規律、(3)株主からの規律／社長へのモニタリングを、それぞれ記載する。

図表3−5 株主還元と契約者配当

①株主還元の推移（億円）

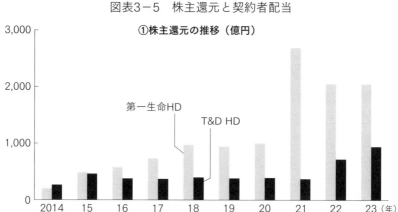

②個人向け配当の推移（億円）

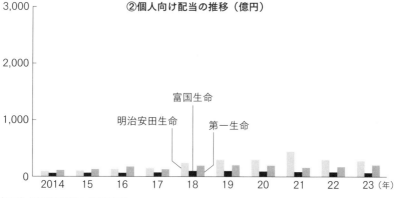

（出所）各社公表資料より筆者作成

第一生命ホールディングス株式会社
・ガバナンス構造を大きく変えた経験を持つ
　＊株式会社化・上場を実施（2010年）
　＊持株会社体制に移行し、監査等委員会設置会社を採用（2016年）
・アクティビストの登場（2016年）

(1) **株主からの規律／社外役員等からの規律**

〈株式会社化・上場〉

- 相互会社の時は「ループのような議論」が多かった。株式会社化で説明責任の必要性など本部から社内の意識を変えようとした。【常勤】
- アクティビストの登場や経営にスピード感が求められることなどは株式会社化した時から覚悟していた。ただ、今振り返れば十分に踏み込めず、従来の延長だった。【常勤】

〈持株会社化・アクティビストの登場〉

- 大株主の登場は社外取締役へのプレッシャーにもなり、取締役会は激論の場となった。【常勤】
- 資本コストの認識見直しに躊躇はあったが、取締役会と執行が問題意識を共有し、現在の中計につながった。【常勤】
- 2019年以降、社外取締役と執行とのコミュニケーションが増えた。わからないことは何でも聞ける関係で、非常に誠実に対応してもらっている。社外取締役同士で議論することも増えた。【社外】
- 今の社外取締役には例外的にファイナンスの見識がある人が多く、大株主のコメントが当然というのも理解できたし、議論もできた。それ以前は株主の声にピンとこなかったと聞く。【社外】

(2) **株主以外のステークホルダーからの規律**

- 海外事業が増えたことも経営のターニングポイントと考えている。現地を交えての議論となり、メリハリをつけた方針を出さないと、「日本はどうなっているのか」と指摘される。【常勤】
- 株主だけを向いているというのはあり得ない。広くステークホルダーに対し、企業価値の向上を果たすのが役割。【社外】
- 破綻リスクは格段に下がった。社長を選ぶプロセスが相当変わっ

た。【社外】

株式会社 T&D ホールディングス
・ガバナンス構造を大きく変えた経験を持つ
　＊大同生命、太陽生命の株式会社化を経て、持株会社設立による経営統合を実施（2004 年）
　＊監査等委員会設置会社へ移行（2020 年）
・調査時点において、株式市場の評価が低迷
　＊ P/EV 倍率は 0.2〜0.3 倍で推移

---

(1)　株主からの規律／社外役員等からの規律

〈株式会社化・経営統合〉

- 信用不安対応が目的の提携で、両社のビジネスモデルが全く違うのと、相互会社に比べた透明性、外部規律を高めるため、株式会社化による経営統合を選択した。【常勤】
- 持株会社は株主総会を開き、決算をして IR を行うためにつくった。しかし、時間がたつにつれて「成長しなければならない」「資本を有効活用しなければならない」「それを持株会社が担わなければならない」となっていった。これに対し「（太陽と大同の）2 社がしっかりやっているので、持株会社は集計係でいい」とは言えなかった。【常勤】
- 持株会社に権限がなく、人事権も使えるお金もなかった。時間がたてば 2 社の統合が進むかと思ったが、そうではなかった。【常勤】

〈グループ長期ビジョンの策定（2021 年）〉

- 持株会社としては、これまでになく株主目線で思いきり踏み込んでいる。子生保のトップも少しずつ意識が変わってきた。【常勤】
- 社外取締役も関わりながら、かなり時間をかけて策定した。持株会

社がしっかりグリップする。子生保1社ではできないことを、グループであればできると話している。【社外】

- 契約者株主も多く、安定した生保であり続けるために企業価値を上げる。それに貢献するのが自分の役割。資本コストに関する議論も行っており、取締役会に緊張感はある。【社外】

(2) 株主以外のステークホルダーからの規律

- TまたはDのブランドでやっている人たちと、持株会社とのギャップをそのままにしてきた。子生保は「健全性はどれだけよくなってもいい」という考え。現場で戦っている人たちからすると、自分たちは（相互会社に比べて）不利だと思ってしまう。持株会社に配当するくらいならSMRを上げたいし、保険料を下げたいと思っているので不満となる。【社外】

- 1年前から「グループ内のIR」を実施。子生保の従業員に対し「あなた方は企業価値を上げていかなければならない。その企業価値とはEVであり、外部評価として株価があるが、その座標軸に日々やっていることが適っているかどうかを考えてほしい」と言うと、若い人には響く。【常勤】

明治安田生命相互会社
- 合併直後に不祥事が発覚し、経営を刷新
  - ＊明治生命と安田生命が相互会社形態のまま合併（2004年）
  - ＊金融庁による2回の行政処分（2005年）
  - ＊委員会設置会社へ移行、総代立候補制の導入など（2006年）
- 新たな企業理念「明治安田フィロソフィー」を制定（2016年）

---

(1) 社員（契約者）からの規律

- 契約者に自分がステークホルダーという意識はない。【常勤】

第 3 章　新規制とどう向き合うか　　129

- 総代立候補制は効果があった。選ばれた人は話をする。ただし、立候補総代のみが発言するという姿を求めているのではない。【常勤】
- 立候補枠は、毎回発言する総代がいるなど、会社が選べない怖さを感じているようだ。とはいえ、立候補枠の総代が必ず積極的ということもない。営業所が立候補についても声をかけているので、予定調和的な人が出てくる。【社外】

(2) 社外役員等からの規律

- 委員会設置会社への移行は社外の目を入れるのが主眼だった。【常勤】
- 厳しい意見は出る。例えば大手銀行のシステムトラブルを受け、執行が信頼できなくなった際、取締役会はどうするか訓練した。【常勤】
- 一般の消費者目線で、会社の進んでいる方向がおかしくないか指摘してもらう。リスクテイクのあり方などの議論はしていないし、できないと思う。【常勤】
- メンバーの質は高く、立派な経営者が多い。属性バランスも取れているし、発言も多い。【社外】
- 評議員会が社外取締役候補者を見極める場となっているのはいいシステム。【社外】

(3) 株主からの規律／社長へのモニタリング

- 相互会社だから不祥事が起きたと言われた。株式会社化はそれ以前から検討していたが、それだけでガバナンスがよくなるというのは神話にすぎない。【常勤】
- 今の制度では株主は何でもありなので、わざわざ株式会社になる必要はない。ただし、上場会社に要請される規律は相互会社でもやるべき。【社外】

- 何をするにも社外が過半数である取締役会の承認が必要なので、執行トップが暴走しようとしても、取締役会を通らない。【常勤】

富国生命保険相互会社
- 中堅規模の生命保険会社で唯一、単独での生き残りを果たした
  ＊当時、総合企画室長として指揮をとっていた米山好映社長（2010年社長就任）が現在も経営
  ＊相互会社形態を堅持
- 外部調達による支払余力の増強を継続

---

(1) 社員（契約者）からの規律

- 総代は、親密先の経営者が多い「本社枠」と、懇談会で目星をつける「支社枠」がある。（立候補制について）知見のある人でないと困るし、そもそも出てこないだろう。【常勤】
- 契約者懇談会は経営陣が顧客の声を聞く機会で、その地域の総代も出席している。そのためか、前社長の時代に比べ、総代会で厳しい質問が数多く出るようになった。【常勤】
- 株価に左右されないので、長期的に見て契約者にとってどうかと絶えず考えることができる。【常勤】

(2) 社外役員等からの規律

- アドバイザーと認識。親密先の出身だからこそ、真摯にコメントしてくれる。ある程度「固定ポスト」となっているので、人が代わっても言い続けてくれるはず。【常勤】
- 座っているだけでも重みを感じるし、親しいがゆえに「これでいいのか」と言ってくれる。業務知識よりもトップへの牽制。これはというときに意見してくれればいい。【常勤】
- 社長への牽制という点では、常勤監査役よりも社外役員のほうが機

能を果たしていると思う。もっとも、社長が代わったときどうなるのかという課題はある。【常勤】

- 評議員会はアドバイザリーであってモニタリング機能ではない。会社から数日前に出てきたテーマに対し、大所高所からコメントする。【社外】

(3) 株主からの規律／社長へのモニタリング

- 生保事業は資本が必要で、株主目線では資本効率が悪く、資本コストを抑える経営（保障の短期化）を求められる。当社は年金など長期保障をやっていきたい。【常勤】
- 現在の当社のガバナンスは「社長の美意識」「危機感」によるところが大きい。それが管理職にはなく、安定していてこのままでいけるという意識があるのでは。【常勤】
- 指名委員会はないが、同じような枠組み（「社長の選解任」「後継者計画」）があり、「社長のあるべき姿」を定め、後継者の育成計画に組み込んでいる。【常勤】

③ケーススタディから言えること

インタビュー結果から明らかになった日本の生命保険会社のガバナンスの現状について、「上場株式会社」「相互会社」に分けて説明する。

(1) 上場株式会社

上場株式会社2社は前述のとおり、いずれも株式会社化・上場を経験している。「株主がいない状態」から「株主が存在する状態」への変化は、直接株主と対峙する常勤の経営陣にとって、大きな経営環境の変化だった。ただし、直接対峙しない人・組織への影響は小さい。特に、持株会社の傘下に複数の中核生命保険会社を擁するT&Dホールディングスでは、その傾向が顕著に見られた。

近年のガバナンス改革で、経営陣は株主から資本効率やリスクテイクのあり方などの明確化をより求められるようになった。同時に、社外取締役に求められる役割もアドバイザリーからモニタリングに変化した。しかし、金融を理解できなければ生命保険事業への本質的なモニタリングはできないので、人選の影響が大きい。アクティビスト登場後の第一生命ホールディングスの取締役会が激論の場となり、自らの資本コスト認識を見直し、リスクプロファイルの見直しに至ったのは、社外取締役にファイナンスの見識がある人が多かったことも一因と考えられる。

(2) 相互会社

相互会社のガバナンス態勢を説明する公表資料には、意思決定機関としての総代会のほか、会社からの諮問事項などを審議する評議員会と、全国の支社で開催される契約者懇談会（名称はさまざま）がある。ただし、総代は実態として主に保険会社が声をかけた人が就任し、契約者懇談会はガバナンス機能というよりは、経営陣が「顧客」の声を聞く機会となっている。社員（契約者）には総じて自らがステークホルダーという意識はなく、会社も積極的な啓蒙活動を行っているようには見えない。意識があったとしても会社からの情報は少なく、現時点における社員からのモニタリング機能は限定的と言わざるを得ない。

相互会社でも社外取締役の採用など社外の目を入れる取り組みが見られる。例えば明治安田生命は不祥事を受け、すでに2006年の時点で委員会設置会社（現在の指名委員会等設置会社）に移行している。しかし、両社とも上場株式会社に比べると、「社外」の役割は「大所高所からご意見をいただく」に近いという印象を持った。これは社外役員の人選からも窺える。

結果として、経営の根幹である「リスクとソルベンシーのあり方」（契約者還元を含む）については、執行からの詳細な説明はあるものの、実質的に執行に一任というのが現状で、上場株式会社との違いが見えた。

④支配株主の存在する株式会社

　日本の生保業界では、株主のいない相互会社は5社に限られる一方、全28社・グループのうち、実に20社・グループが特定の親会社・グループの傘下にある。上場会社では所有（株主）と経営が分かれており、経営が株主の期待どおりに行動しないという問題（狭い意味でのエージェンシー問題）を解消するため、社外取締役の活用や指名委員会等の設置など、ガバナンスを強める取り組みを行っている。

　これに対し、親会社の傘下にある保険会社では、経営は親会社の選んだ経営者が担うので、所有と経営が実質的に分かれておらず、狭義のエージェンシー問題は生じにくい。しかし、親会社を持つ保険会社では、親会社である株主からの規律が働きやすいがゆえに、かえって契約者の利益が守られにくい面もあるのではないか。

　そこで、参考として日本における規模の大きい外資系の生命保険会社3社の取締役（いずれも「常勤」に相当）にも話をうかがった。こちらは特定の1社を深掘りするのではなく、複数社のキーパーソンから話を聞き、グループの統治構造や日本事業の位置付けの違いに伴うガバナンス面の差異を確認した。

　インタビュー結果の概要は次のとおりである。

- 外資系生保（日本法人）の取締役会の形態はさまざまである。かつてのAIGのように、グループ本社に対する日本の窓口が保険業法の規制対象ではないサービスカンパニーとなっているところは、少なくとも一定規模の日本法人では見られなくなった。支店形態の生命保険会社もすべて日本法人になった。日本国内に保険持株会社を設立しているケースも多い。

- ただし、インタビューによると、例えば指名委員会等設置会社であっても、日本法人が事実上の決定権を持っていなければ、日本法

人の取締役会がグループ本社（またはアジア統括機能など）に対抗する形でガバナンス機能を発揮するのは難しいことが窺えた。

- 予想していたとおり、日本法人の発言力はグループにおける重要度によるところが大きく、加えて、グループが採用する統治構造が中央集権的か分散的かにも依存することがわかった。インタビューを行った3社はいずれもグループにおける日本事業の貢献度合いが大きいが、グループ本社等から、日本法人として進めてきた戦略からやや外れたような要請（法令遵守から逸脱するようなものではない）もしばしばあって、これらを受け入れないという選択肢を持つために、かなりの労力を費やしているようだった。

アナリストとして日本の生保業界を長年ウォッチしてきた経験からしても、グループにおける当該事業の重要性によって、日本法人の経営に求める管理水準には違いが見られる。

例えば、日本の事業がグループの中核を占めるほど重要であれば、日本法人の持続的な成長のため、契約者をないがしろにするような経営は本来あり得ない。しかし、グループの利益成長に不可欠というほどの存在ではない場合、グループ本社（または地域統括会社）としては日本法人が一定の数字（≒利益）さえ出してくれれば十分であり、日本法人のビジネスモデルがどうなっているか、どうやって業績を上げたか、といったところまでは関心を持たないこともありうる。そうなると日本法人の経営者は株主（グループ本社または地域統括会社）から求められた数字を出すことに集中しがちである。

近年、外資系生保が相次いで行政処分を受けた背景には、このような構図もありそうだ。特に、保険会社には債権者による監視も働きにくい（保険会社の債権者の大半は保険契約者）ので、いわば「ガバナンスの死角」というべき状況が生じやすいと考えられる。

このことは、M&Aによる海外展開を積極的に進めている日本の保険

会社グループの視点で考えればよくわかる。例えば、数千億円かけて買収した米国の子会社と、規模が小さく成長性もあまり見込めない海外子会社を、同レベルの経営資源を使って管理しようとはしないだろう。

⑤ガバナンスの構造的な弱さ

以上のような相互会社や上場株式会社、支配株主が存在する株式会社といった統治構造の違いを念頭に置いたうえで、日本における生命保険会社のガバナンス構造の特徴を検討すると、全体として構造的な弱さが浮き彫りになる。

まず、株主からの規律付けの限界がある。生命保険事業を中核とする上場株式会社（持株会社を含む）は2024年の時点で4社だけ、大手損保グループの中核生保を含めても8社だけで、それ以外の会社では株式市場からの規律を期待できない。外資系のように支配株主が存在する会社でも、前述のとおり、グループにおける当該事業の重要性しだいで規律の程度や内容が大きく異なる。

しかも、株主以外からの規律も総じて働きにくい。銀行など一般の債権者が少ないため、例えば事業会社のようなメインバンクなどからの規律は期待できない。保険会社は劣後債務の調達やデリバティブ取引などを通じて金融市場とつながっているものの、保険事業は事前に保険料を受け取るので、日常的に金融市場から資金調達を行うことはない。市場参加者は限られており、かつ、その動きは外部から見えにくい。

保険契約者は生命保険会社の単なる顧客ではなく、本来は重要なステークホルダーである。特に相互会社の契約者（社員）は、いわば会社のオーナーであり、社員から選ばれた総代による総代会が会社の意思決定機関となっている。会社形態を問わず、破綻時には保障額が削減される可能性があり、実際に過去の破綻事例ではそのような処理がなされてきた（第1章第1節を参照）。有配当契約では、経営内容に応じた配当還元を期待できる。

しかし、契約者からすると、保険契約の主目的はあくまで保障の獲得である。保険会社の経営破綻が相次いだ2000年前後の記憶はすでに薄れている。しかもこの20年間、個人分野の契約者配当が総じて抑えられてきたこともあって、配当に対する期待も低い。再び危機モードにでもならなければ、保険会社の経営情報を自ら得ようという動機に乏しいため、契約者からの規律にも多くを期待できない。

他方で、近年のガバナンス改革の重要な担い手とされる社外役員（社外取締役・監査役）は、生命保険会社にとってもガバナンス強化に寄与すると考えられる。ただし、インタビュー結果が示すように、社外取締役にアドバイザリー機能ではなくモニタリング機能（執行への監視）を求めるとなると、生保事業への深い理解が不可欠となる。生保事業は金融サービス業なので、いくら営業現場に頻繁に通い、営業職員や代理店、契約者との交流を深めても、ファイナンスをはじめとした金融知識がなければ事業の本質を理解できず、ガバナンス強化の役割を期待できない。

ケーススタディの結果、上場株式会社だからといってガバナンスが機能するということではないが、条件が合えば、株主や社外取締役が経営規律のうえで有効に機能しうることが窺えた。他方で相互会社の場合には、最重要ステークホルダーである社員（契約者）が平時において、加入する会社の財務面には総じて関心がないこともあり、執行メンバーが経営の現状を再確認する機会に乏しいことが窺えた。

⑥第2の柱の重要性

こうしたガバナンスの構造的な弱さを補うものとして、規制・監督当局の存在がある。当局が経営者に対して自己規律の強化を求めるというのは、生命保険会社をはじめ、金融機関に固有のガバナンス構造と言える。保険業法に基づく保険監督の目的は保険契約者の保護を図ることであり、保険会社向けの総合的な監督指針の「経営管理」の項目では、ガ

バナンスの有効性を確認する際の主な着眼点を具体的に示している。

さらに、新たなソルベンシー規制では3つの柱の考え方を採用し、第1の柱として ESR、すなわち経営リスクに応じた支払余力の確保を保険会社に求めるだけではなく、第2の柱として金融庁が保険会社のリスク管理態勢を検証し、高度化を促し、さらに第3の柱として、保険会社にリスクとソルベンシーに関連した情報の開示を求め、市場を通じて保険会社の経営に対する規律付けを図る枠組みとなっている。3つの柱のうち第2の柱こそが、当局が経営者に対して自己規律の強化を求めるものである。

現在のソルベンシー・マージン比率（SMR）に比べ、ESR が保険会社の経営特性をより反映する指標なのは確かである。しかし、内部管理上のツールとは違い、あくまで「最大公約数」であって、個社の事情を勘案した計算手法ではない。

日本では当面、ESR（標準モデル）の代替として内部モデルが全面的に認められることはなさそうなので、第2章第3節で述べたとおり、保険会社の経営陣が「規制が求める ESR さえ維持すればリスク管理として十分」「内部モデルよりも規制上の ESR が重要」と判断してしまうと、ESR 導入がかえって主体的なリスク管理の高度化の妨げとなる事態も起こりうる。

こうした事態を防ぐために、第2の柱への期待は大きい。内部モデルに関しても、金融庁は第2の柱のなかで活用状況をモニタリングし、好事例の公表などにより高度化を促すことを検討している。

なお、銀行の健全性規制であるバーゼル規制に詳しいかたは、もしかしたらこのような第2の柱の位置付けや期待感について違和感を覚えるかもしれない。それは、バーゼル規制の第2の柱を「信用集中リスクや銀行勘定の金利リスクなど、自己資本比率に反映されていないリスクを当局が評価する枠組み」としてとらえているからだと考えられる。

しかし、バーゼル規制の第2の柱は「金融機関の自己管理と監督上の

検証」であり、銀行の自発的な自己資本管理を重視している。日本でも早期警戒制度として柔軟に監督上の対応を行う枠組みとなっていることを指摘しておきたい。

また、新たなソルベンシー規制の第2の柱でも、流動性リスクや気候変動リスク、サイバーリスクなど、バーゼル規制と同様に、ESRに反映されていないリスクを当局が把握・分析し、モニタリングしていく方向である。

⑦ ORSAはどうなっているのか

第2の柱への期待は大きいと述べたものの、気になることがある。金融庁は第2の柱としてORSA（リスクとソルベンシーの自己評価）などを活用して保険会社の内部管理を検証し、高度化を促すことになっているのだが、ORSAは新たに導入するものではなく、筆者が金融庁に在籍していた2011年から「ERMヒアリング」として検討を開始し、15年に制度化されている（第1章第2節を参照）。

当時の金融庁は保険会社が提出したORSAレポートをもとにヒアリングを行い、各社のERMの現状について評価を行い、公表していた。

例えば16年9月に公表した「保険会社におけるリスクとソルベンシーの自己評価に関する報告書（ORSAレポート）及び統合的リスク管理（ERM）態勢ヒアリングに基づくERM評価の結果概要について」によると、平成27事務年度（14年7月～15年6月）には提出されたORSAレポートをもとに、規模特性を踏まえて保険持株会社8社、生命保険会社25社、損害保険会社23社を選定し、5段階評価を行っている。

しかし、その後はORSAに関する発信は少なくなり、近年の金融庁「保険モニタリングレポート」（21年から公表）には、保険会社の内部管理そのものを検証したという記述は見られない。

21年版では、早期警戒制度として「リスク管理や収益状況の分析を行い、収益性、信用リスク、市場リスク及び流動性リスクに関して、改善

が必要と認められる保険会社に対してERMモニタリング等を実施し、原因及び改善策等について深度ある対話を行い、着実な改善を促した」という記述があるものの、改善が必要な会社に限定した取り組みであり、かつ、具体的な課題に関する記述はなかった。

22年版以降はテーマ別のモニタリングのなかで「ORSAレポートも活用した」という趣旨の記述があるのみで、保険会社のリスク管理態勢を検証したのかどうかも明らかではない。

24年版でも「保険会社の市場リスクに係るモニタリング」として「引き続き、市場リスクについて、保険会社から提出される各種データやリスク及びソルベンシーの自己評価（ORSAレポート）の活用等を通じて、モニタリングを行う」としか書いていない。

繰り返しになるが、今回導入されるソルベンシー規制のESRはあくまで「最大公約数」であって、個社の事情を勘案した計算手法ではない。保険会社がESRとは別の手法や考え方でリスク管理に取り組んでいるのは、むしろ当たり前の姿である。

そして、金融庁が保険会社に求める「リスク管理の高度化」とは、当局が示した手法で算出したESRを確保することではなく、「将来にわたる財務の健全性の確保および収益性の改善を図る」「保険会社の戦略目標を達成する」（いずれも監督指針より引用）ために整備すべきものである。

したがって、新たな規制の導入後に、金融庁は第2の柱としてORSAレポートやヒアリングなどを通じて、保険会社の自律的なリスク管理となっているかどうかを定期的に確認し、かつ、その概要を外部にも公表すべきである。

⑧保険行政の拡充を

筆者が任期付職員として所属していた約10年前の金融庁では、通常のモニタリングのほか、概ね一定の周期ごとに保険会社への立ち入り検

査を行っていた。問題がある会社だから立ち入り検査を行うというのではなく、当時の保険検査マニュアルに基づき、「保険募集管理態勢」「顧客保護等管理態勢」といったコンダクト系の項目と、「統合的リスク管理態勢」「資産運用リスク管理態勢」といったリスク管理系の項目から、検査対象の保険会社の事業特性やリスク特性を当時の監督局とも情報交換したうえで数項目を選び、例外を除き、短くても1カ月以上、長い場合には数カ月間を検査に費やしていた（この間、保険会社に検査官が常駐していたのではない）。当時は検査中の保険会社名を原則として公表しており、保険会社だけで4社くらいは同時に入検できる体制があった。

　しかし、その後金融庁の検査・監督方針が変わり、立ち入り検査よりも、複数の金融機関を横断的に検証する「水平的レビュー」（2013年より試行）を重視するようになった。さらに「金融検査・監督の考え方と進め方」（17年12月公表）では、「従来の検査・監督のやり方のままでは、重箱の隅をつつきがちで、重点課題に注力できないのではないか」「バブルの後始末はできたが、新しい課題に予め対処できないのではないか」「金融機関による多様で主体的な創意工夫を妨げてきたのではないか」という問題意識のもとで、定期検査中心のモニタリングからオン・オフ一体の継続的なモニタリングへ移行し、18年に検査局がなくなり、翌年には検査マニュアルも廃止となった。

　2000年代半ばに不良債権問題から脱却し、事業としての持続可能性に焦点が移っている銀行向けのモニタリング（特に地域金融機関）であれば、「金融育成庁」としての役割発揮に舵を切るのも理解できる。ところが、保険分野は大きな販売部隊（代理店を含む）を抱えているにもかかわらず、周期的な立ち入り検査をなくしたことで問題の早期把握が難しくなった点は否めない。結果として、近年は問題が発覚してから立ち入り検査を行うというスタイルである。

　最近も「水平的レビュー」を行っているかどうかは不明だが、リスク特性のちがう大手銀行と保険会社を横串で見ても、率直に言って得られ

る情報は限られている（水平的レビュー以前から、大手保険会社に対して金融庁は銀行と横串で情報を出すように求め、これがかえって保険行政（現場）の力を削いでいた面があったと推察する）。

行政の透明性確保という点で、筆者は「保険モニタリングレポート」の公表そのものは高く評価している。だが、例えば24年版を見ると、金融庁が損害保険会社の自然災害リスク管理や生命保険会社の契約者配当に関心を持っていることがわかるとはいえ、総じてすでに起きている（見えている）ことへの対応が中心で、リスクベースのモニタリングとしては弱いと感じる。

このような問題意識を持っているのは筆者だけではなさそうだ。例えば、朝日新聞の柴田秀並記者は著書『損保の闇　生保の裏』（朝日新聞出版、2024年）のなかで、次のように述べている。

「金融庁による金融機関へのモニタリングの意義は『リスクの芽を摘むこと』にある。大炎上してから動くのは『敗戦処理』にすぎない」

「金融庁内での保険課の立ち位置は微妙だ。（中略）局長クラスで『銀行のことは詳しくないので』と言ったら金融庁幹部として失格だが、『保険は知らないので』とは言えてしまう風潮が漂う。筆者もかつて保険担当の審議官にこう言われ、面食らった記憶がある」

「金融庁は各地の財務局から出向という形で多くの人材を受け入れている。（中略）だが保険課は出向者らに人気がないという。地銀を所管する銀行二課であれば、地方に戻ったときに経験が役に立つ。銀行一課でも、名だたるメガバンクと対峙したり、ネット銀行のダイナミズムに触れたりできる。一方、保険課は各地の財務局に戻ったとき役立つことは少ない」

まるで自分のコメントを見ているようだが、念のため否定しておきたい。とはいえ、金融庁在任中に当時の検査局で保険担当の検査官の属性

を確認したことがあったが、確かに柴田記者の執筆しているとおりで、結果として財務局出身の検査官が少なかったという記憶がある。現在はそもそも保険を担当できる検査官の数が減っているとのことである。

　さらに、同じような問題意識を国際通貨基金（IMF）も示している。23年から24年にかけてIMFが実施した金融セクター評価プログラム（FSAP）では、日本の保険監督について、全体的に良好な水準としたうえで、次のような指摘をしている（FSAPの説明は第1章第2節を参照）。

- 金融庁の保険監督アプローチはリソースの制約のため事後対応となっていることが多い。
- 監督のほとんどは業界全体としてテーマになっていることについて実施され、個々の保険会社の定期的な監督サイクルの一環として行われていない。
- 集中的な監督は主に問題が特定されてから開始され、多くはリスクが顕在化してから行われる。

　現在の金融庁による保険行政には、要員数の制約や異動の激しさをはじめさまざまな制約がある。そもそも規制・監督が金融機関のガバナンスを向上させることができるのかという根本的な問いかけもある。しかし、これらを承知のうえで、生命保険会社のガバナンスの構造的な弱さを直接的に補う役割を果たせるのは規制・監督だけであり、それには第2の柱が機能するかどうかにかかっている。

4. 第3の柱の重要性

①なぜ第3の柱が必要なのか

　第3の柱は、保険会社の経営に関する定量的・定性的な情報開示によって、保険会社に対する市場規律を促すものである。

　2023年6月公表の金融庁「検討状況」報告書では第3の柱の目的として、「情報開示を通じた保険会社と外部のステークホルダーとの間の対話を促し、保険会社に対するガバナンス・規律付けを向上させること」であり、その結果、「保険会社の健全性の確保につながり、ひいては保険契約者の保護にもつながる」と述べている。

　先ほど、保険会社の自律的なリスク管理の高度化を促すうえで第2の柱が重要と述べたが、リスク管理の高度化が本当に実行されているかどうかを当局だけが確認するのではなく、第3の柱を通じてリスク管理の現状と方向性を外部ステークホルダーにも示すことで、保険会社のガバナンス向上につなげる枠組みである。したがって、ESRとその関連情報の開示だけが第3の柱ではない。

　参考までに、金融庁「検討状況」報告書には、第3の柱の目的実現には以下の観点を考慮した制度設計とすることが重要と述べている。

- 財務・リスク情報として基本的な情報や、リスク・リターン・資本の構造の把握につながる情報、ガバナンス情報等に係る情報利用者にとって有用性の高い経済価値ベースの情報を開示させること。
- 投資家や取引相手方の金融機関等の市場関係者にとっては、情報利用者の特性や活用される局面に応じた適切な情報が参照可能な枠組みにすることに加え、情報の粒度や一貫性・比較可能性といった観点にも留意すること。

- 契約者等の消費者にとっては、保険会社が「将来にわたって保険金の支払を安心して受けるための十分な財務基盤を有しているかどうか」を大まかにシグナルすることが目的であり、わかりやすい開示とすること。

②保険市場の規律の担い手は誰か

ただし、前述の「ガバナンスの構造的な弱さ」と同じく、保険市場は参加者の厚みに乏しいため、市場規律の構造的な弱さは否定できない。すでにバーゼル規制として第3の柱による市場規律を活用している銀行と比べながら、保険の市場規律について検討してみたい。[3]

保険市場の規律の主な担い手は、「保険契約者を含む取引参加者」「投資家・アナリスト・格付会社」「他の保険会社」と整理できる。

株式投資家やアナリストは投資先や担当先の会社価値拡大に関心があり、保険会社の経営情報を得たいという強い動機がある。ただし、主要な銀行（持株会社を含む）がほぼ上場しているのに対し、現在、日本で上場している生命保険会社、または生命保険事業を中核会社とするグループ会社は少ない。

保険会社は劣後債務の調達やデリバティブ取引などを行っており、保険市場にも業務として保険会社の経営情報を収集・分析している市場参加者は存在するが、保険事業は事前に保険料を受け取り、後から保険金を支払うものなので、日常的に金融市場から資金調達を行うことはなく、銀行に比べるとこうした市場参加者は限られ、かつ、その動きは外部から見えにくい。

他方で、格付を取得している保険会社は多い。格付アナリストは必要に応じて保険会社の経営情報を確認し、格付の見直しを行っている。だ

---

3 以下の記述は、植村信保「新たなソルベンシー規制における第3の柱について」慶應義塾保険学会『保険研究』第74集（2022年）を参考にしている。

が、生命保険会社の格付は「保険金支払能力」「保険財務力」の格付が中心で、結果として、平時にはあまり注目されていないように見える。

保険会社同士の取引も存在するが、銀行間取引のように双方が監視する関係にはない。損害保険会社とは違い、日本の生命保険会社が受再によってリスクの受け手となる再保険取引は少ないと見られる。再保険会社としては、リスクを引き受けるだけであれば、出再元である日本の生命保険会社の経営リスクを気にする必要はない。

銀行預金者や保険契約者も市場規律の担い手ではある。銀行のセーフティネット（預金保険の対象であれば 1,000 万円までの預金は 100％保護）とは異なり、生命保険のセーフティネットでは、保障額の大小にかかわらず、破綻時に保障額が削減される可能性があり、過去の破綻事例ではいずれもそのような処理がなされてきた。経営不安が取り沙汰されるような保険会社が、高水準の解約に見舞われることもあった。

そのような経験をしたにもかかわらず、現在の契約者は保険会社の経営情報への関心が高いとは言い難い。例えば、生命保険文化センター「生命保険に関する全国実態調査（2021 年版）」によると、直近加入契約の加入時の情報入手経路として「決算報告書など生命保険会社の経営状況に関する資料」を選んだ回答者はわずか 0.3％だった。直近加入契約の生命保険会社について評価している点として「経営内容が健全である」を選んだ回答者も約 13％にとどまっている（質問はいずれも複数回答が可能）。

加入する保険会社の経営情報は契約者にとって知る必要のある情報だが、契約者からすると、保険契約の主目的はあくまで保障の獲得であり、保険会社の経営破綻が相次ぎ、契約者が損失を被った 2000 年前後の記憶はすでに薄れているようだ。このため、現実として契約者からの規律には多くを期待できないと考えるべきかもしれない（契約者向けの情報開示が不要という趣旨ではない）。

③保険会社経営のわかりにくさ

　生命保険会社の経営情報がわかりにくい、理解が難しいとされていることにも言及しておきたい。例えば筆者は『経営なき破綻　平成生保危機の真実』（日本経済新聞出版、2008年）のなかで、生命保険会社の経営をわかりにくくしている3つの理由として、①特有の用語や財務諸表の問題、②特有の収益構造と保険会計の限界、③不十分な情報開示とアナリスト機能の弱さを挙げた。

　特有の用語や財務諸表の問題は銀行にも共通しており、銀行会計についても「コア預金（流動性預金における長期間滞留する部分）の存在」「貸倒引当金の計上手法（フォワードルッキングな引当金）」など、経済価値評価との乖離に関する論点は存在する。

　しかし、投資家向け情報などを見るかぎりでは、銀行について損益や健全性に関する会計情報が経済価値と大きく乖離しているという見方はそれほどなされていない一方、上場保険会社グループでは会計情報で把握しにくい会社価値の変動や健全性の手掛かりとしてEVやESRを公表する実務が定着しているなど、保険会社自身が現行の保険会計の限界を強く意識している。

　例えば「保険収支」に注目する記述をいまだに見かけることがある。生命保険会社の損益計算書の「保険料等収入」から「保険金等支払金」を差し引いた収支のことで、2016年掲載のある記事から引用すると、「今後、高齢化と人口減少で保険料収入が減る一方、支払保険金が急増し、保険収支の悪化が加速する」とあった。

　保険料等収入はその期に受け取った保険料、保険金等支払金はその期に支払った保険金というだけで、対応関係にはない。生命保険会社はその期の保険料収入でその期の保険金支払いを賄うのではなく、その期の保険料収入のうち、翌期以降に支払いが見込まれるものは責任準備金に繰り入れ、その期に支払う保険金は責任準備金を取り崩して支払ってい

る。こうしたしくみを理解していないと、単純に保険収支を計算し、引用した記事のような結論となってしまうのだろう。

格付会社のレポートを読んでいても、残念な記述に出合うことがある。19年12月のムーディーズ「日本の生命保険会社は低金利にもかかわらず、強固な基礎利益と資本を維持し、2020年の見通しは安定的」というレポートを紹介した保険毎日新聞の記事（12月25日付）によると、日本の生保が超低金利にもかかわらず強固な基礎利益を維持しているのは、保険関係利益（危険差益、費差益）が基礎利益の約80％を占めているからで、「利差益が占める割合は約20％にすぎないため、基礎利益は金利変動の影響を受けにくい」とあった。

しかし、基礎利益が金利変動の影響を受けにくいのは利差益の占める割合が小さいからではなく、基礎利益の運用収益である利息配当金等収入が金利変動の影響をほとんど受けないためである（第2節を参照）。金利水準が下がっても、過去に購入した公社債の固定利息は変わらない。

④情報開示の停滞

生命保険会社の情報開示は保険業法第111条に基づく法定開示によるものと、生命保険協会が定めた「ディスクロージャー開示基準」によるもの（以上が「制度開示」）、さらに各社の自主的な判断による任意開示がある。意外かもしれないが、「年換算保険料」や「基礎利益」の開示は法定開示ではなく、業界の開示基準によるものである。

破綻生保では、自己規律も行政当局による規律も十分でなく、市場規律もほとんど機能していなかった。拙著『経営なき破綻』では、1990年代後半に一般の消費者が各社のディスクロージャーから経営内容をつかむのはほとんど不可能だっただろうと述べている。「破綻直前の東邦生命（99年6月に破綻）と協栄生命（2000年10月に破綻）のディスクロージャーから両社の経営内容を探ってみても、専門家が詳細に見れば経営に余裕がなくなっていたとわかるものの、それでも債務超過状態に

陥っていた（もしくはそれに近い状態だった）とまで判断することはできなかった」（同書より引用）

　当時に比べれば生命保険会社の情報開示は充実したとは言える。とりわけ上場保険会社グループでは前述のとおり、会計情報では把握しにくい会社価値の変動や健全性の手掛かりとして EV や内部管理上の ESR を公表する実務が定着している。

　ただし、これらは上場保険会社グループによる自主的な情報開示であり、制度開示ではない。01 年度に「契約時期別の責任準備金残高」「ソルベンシー・マージン比率の内訳」を新たに開示項目として以降、制度開示において、健全性に関する開示内容の見直しはほとんどなされてこなかったし、上場会社以外での任意開示もこの 20 年間、残念ながらあまり進んでこなかった。

　生命保険会社が毎年作成しているディスクロージャー誌（名称は「○○生命の現状」「アニュアルレポート」「統合報告書」など）は経営内容に関する手掛かりとして有益ではあるが、多い会社では数百ページにも達するにもかかわらず、肝心なところが示されていないことが多い。以下、3 つの例を挙げる。いずれも重箱の隅をつつくような話ではない。

【公社債の残存期間別残高】

　主要な生命保険会社は保険負債の金利リスクをヘッジするため、超長期債への投資を積極的に行ってきた。その結果、国内公社債の約 7 割を「10 年超」が占めている状態にある。10 年以内は 5 区分に細分化して示しているにもかかわらず、保有する公社債の多くを占める「10 年超」の内訳を示さないままとなっている。これでは残存 11 年の債券を市場で購入しても、新発 40 年債を購入しても同じ「10 年超」となってしまい、残存期間別の残高を公表している意味がない。なお、第一生命や T&D は投資家向けに「10 年超」を 2 つに分けた任意開示を実施している。

【外国証券の内訳】

　外国証券に関する開示状況も問題が大きい。各社は多額の外国証券を保有しているにもかかわらず、総じて「外国公社債」「外国株式等」あるいは「外貨建資産」というくくりでの開示に限られている。大手生保などは年2回（4月と10月）、メディア向けの資産運用方針の説明会を行っている。それをロイターやブルームバーグが、「海外クレジット投資に注力」「ヘッジファンドやプライベートエクイティ、インフラ投資といったオルタナティブ投資を強化」などと報じても、「外国公社債」「外国株式等」という開示しかなく、実際の行動がどうだったのかを確認できない（上場会社はこれらの情報も投資家向け資料で開示している）。

　さらに問題なのは、業界全体として外貨建て生命保険の販売が増えていると思われるにもかかわらず、通貨別の保険負債に関する情報開示がないことである。おそらく外貨建負債の為替リスクは外貨建資産を持つことでヘッジしているはずなので、外国公社債の保有が外貨建て生命保険のALM目的なのか、あるいはALM目的ではなく純粋に運用リターン獲得を目指すリスクテイクなのか、外部からは一切判断ができない。

【契約者配当の内訳】

　各社は決算発表時に「配当準備金繰入額」と、配当率の概要と例示（有配当契約を提供している会社）を示しているものの、肝心の個人向け保険の配当総額がいくらだったのかという情報はすぐには入手できない。最近になって明治安田生命保険など、ようやく一部の会社が示すようになったところである。

　配当準備金繰入額（株式会社は損益計算書の「契約者配当準備金繰入額」、相互会社は剰余金処分案の「社員配当準備金」）のなかには個人向け保険のほか、団体保険や団体年金保険の配当原資も含まれている。

　団体保険は基本的に1年間の保障を提供するもので、その配当は保険料の事後精算という性格が強く、その分だけ基礎利益がかさ上げされる

という「おまけ」もある。団体年金保険は年金基金などに提供している資産運用商品であり、その配当は保証利率を上回る運用成果を還元するもので、各社は配当の基準となる計算式を示している。

いずれも個人向け保険の配当とは性格が異なるため、これらを合わせて「配当性向」「配当還元割合」などとして示しても、個人保険や個人年金保険の契約者にとって有益な情報ではない。

多くの会社が年度決算の結果、個人向け保険としてどの程度の配当を実施したのかを知る手掛かりを出していないのは異常である。

以上のように、市場規律が構造的に機能しにくいうえに、経営内容の理解が難しいとされているにもかかわらず、制度開示も上場会社以外の自主的な開示も進まなかったというのが、過去20年間の生命保険市場の現実である。

⑤予想される新たな情報開示

新たなソルベンシー規制の導入で、ようやく法定開示の改善が実現する。2024年8月末時点において、具体的な開示内容はまだ固まっていないものの、5月の「基準案」には定量的な開示項目として8項目、定性的な開示項目として3項目が挙がっている。

【定量的な開示項目】
- 要約
- 適格資本に係る情報：資本の質を把握できる情報
- 所要資本に係る情報：リスクプロファイルを理解するために有用な情報
- 経済価値バランスシート
- 有価証券に係る補足情報
  ：ここでは「外国証券の内訳」が挙がっている

- 保険負債の商品別差異調整に係る情報
  ：商品区分別に現行会計と経済価値ベース評価の差異を開示
- 感応度分析：ESR および適格資本・所要資本のリスク感応度を開示
- 変動要因分析：適格資本・所要資本の期首・期末の変動要因を開示

【定性的な項目】
- （ESR の）計算前提・手法に関する情報
- （ESR 算出における）ガバナンスに係る情報
- リスク管理情報
  ：グループベースのリスク管理体制、ORSA に関する情報

なかでも定量的な開示項目の「変動要因分析」には、「経済価値ベースのリターンに相当する『適格資本』の変動については、資本の創出過程を明らかにするものであり、会社の収益構造を理解するうえで有用と考えられる」という記述があり、ここからも金融庁が ESR の水準だけに関心を寄せるのではなく、リターンを含めた保険会社の経営状況を市場に示し、規律を働かせようとしていることがわかる。

⑥第 3 の柱を機能させるには

これまで停滞していた経営情報の開示が進むこと自体は歓迎すべきである。しかし、開示を進めれば、それだけで市場規律が期待通りに機能するというものではない。

かつて日本銀行でバーゼル II の策定に関わっていた宮内惇至氏は、著書『金融危機とバーゼル規制の経済学』（勁草書房、2015 年）のなかで、「（銀行の）市場規律が機能するためには、多くの条件を整える必要がある」と述べ、情報開示に加え、次の点を挙げている。
- 市場の消化能力
- 市場が銀行を監視するインセンティブ

- 市場が銀行を規律付けするツールと能力
- 銀行が情報を開示するインセンティブ
- 銀行が市場からの規律付けに適切に反応するメカニズム

　生命保険市場は「銀行に比べ、市場規律の担い手に、業務として経営情報を活用している市場参加者が少ない」「銀行に比べ、経営内容がわかりにくい」「経営情報に対する消費者の関心が低い」など、銀行以上に市場規律が機能しにくい状況にある。そのようななかで情報開示の質の向上が保険会社への規律付けにつながるには、市場規律が機能する条件を整える必要がある。

　宮内氏の著書を参照すると、市場の消化能力と市場参加者による保険会社を監視するインセンティブを高めることや、保険会社（特に非上場の保険会社）が市場からの規律付けに適切に反応するメカニズムが求められよう。

　それぞれについて明確な解決策を持ち合わせているわけではないが、現在の上場会社と非上場会社の情報開示ギャップを踏まえると、保険会社の自主的な取り組みだけではなく、制度上の要請を強めるべきであろう。市場の消化能力を高めるために、市場参加者に理解しやすく、かつ、入手しやすい情報開示を保険会社に求め、有配当契約の透明性を高め、契約者が保険会社の経営への関心を持てるように促す。

　あるいはソルベンシー規制の一環として、保険会社の開示情報を収集・分析し、市場参加者の参考となるような情報を発信する機関を設けることも検討に値するかもしれない。情報開示に積極的ではない保険会社かどうかを消費者が知ることができれば、市場規律強化の一助となるだろう。

　なお、これまで保険会社から「誤解を招く恐れがあるので開示を見送る」という声を時々耳にしてきた。開示を進めれば市場規律が働くというものではないにしても、開示の見送りが何を意味するか、果たして生

命保険会社の経営者は理解しているのだろうか。第3の柱（市場規律）に多くを期待しないということは、第2の柱の有効性も担保されない。保険行政による契約者保護の実現意思が変わらなければ、すなわち第1の柱の強化を保険会社自身が求めているのに等しいと言える。生保経営者は監督当局に経営を委ねたいのだろうか。

⑦メディアの報道

　市場規律の担い手として忘れてはならないのが、新聞をはじめ、各種のメディアの役割である。とりわけ平時において、自ら保険会社の経営情報を入手しようとする保険契約者は例外的な存在であって、通常は保険会社の経営情報をメディア経由で入手することが多いと考えられる[4]。

　新聞、テレビ、雑誌といったオールドメディア、さらにネット上の各種メディアのなかで、保険会社の経営情報を継続的に報じてきたのは新聞（全国紙）と一部の経済誌、業界紙だけである。発行部数や信頼度を踏まえると、経済報道における新聞の影響力は他メディアよりも大きいと言える。

　ところが、新聞（日本経済新聞、朝日新聞、読売新聞）による過去20年間の決算報道を分析すると、報道内容が固定化していることが判明した。いずれの新聞においても、生命保険会社については総じて「保険料等収入」「基礎利益」の動向を伝えている。事業会社の決算報道にならい、トップラインとボトムラインを示しているつもりなのかもしれないが、客観的に見て、経営情報を必要とする契約者にとって有益な情報とは考えにくい。他方で、SMRなどの健全性に関する指標はほぼ報道せず、前述のEVやESRなど、現行会計では伝えきれない有用な経営情報を保険会社が公表していても、全く報道していない。

---

4 以下の記述は、植村信保「保険会社の情報開示とメディアの役割」日本保険学会『保険学雑誌』第657号（2022年6月）を参考にしている。

こうした現象はなぜ生じているのだろうか。筆者が報道する側および報道される側に対するインタビュー調査を行ったところ、報道内容の固定化にはメディアによるニュースバリューの判断と、報道機関固有の事情が影響していることが判明した。

まず、メディアは近年の保険会社決算にはニュースバリューが小さい、すなわち読者の関心がないと判断している。ここで言う「読者の関心」とは、読者にとって重要かどうかではなく、注目を集めるかどうかである。

保険会社の経営情報は平時においても知る必要のある情報であり、消費者に向けて保険会社の経営情報を伝えてきたのが新聞をはじめとするメディアだと一般に思われているが、メディアにはそのような自覚はなかった。また、インタビュー調査を通じて、掲載内容の判断には保険会社の意向が含まれている可能性があることもわかった。

固定化した決算報道は、報道機関固有の事情によるところも大きいと考えられる。報道機関は担当記者に専門性を求めず、頻繁な人事異動を行う。新聞発行部数の減少など厳しい経営環境のもとで紙面や担当者が減っていることや、保険業界による手厚いサポートのもとで、極端に言えば、保険担当記者は受け身でも最低限の業務ができてしまう。わかりにくいとされる保険会社の経営情報を経験の浅い記者が報道するのであれば、保険会社としてはリスクマネジメントの観点からコストをかけてサポートするのが合理的である。

⑧メディアへの対応

このようなオールドメディアの状況を踏まえると、経済価値ベースのソルベンシー規制導入に伴い、保険会社が新たな情報開示を行っても、メディアが情報開示の内容を理解し、かつ、ニュースバリューがある（読者に優先的に知らせる必要がある）と判断しなければ、継続的には報道されない可能性が高い。保険会社も「報道されないのであれば」と、

第3章　新規制とどう向き合うか　155

情報開示に消極姿勢を取るようになってしまうかもしれない。

　第3の柱で消費者経由の市場規律を機能させるには、メディアにとってもわかりやすい、記事として使いやすい情報開示を行うとともに、「保険会社の経営情報は消費者（現在および将来の契約者）にとって知るべき情報であり、新たな情報開示は消費者に伝えるべき有益な情報である」ということをメディアに理解してもらえるような働きかけが不可欠であろう。

　同時に、メディア利用の変化にも向き合わなければならない。総務省情報通信政策研究所「情報通信メディアの利用時間と情報行動に関する調査報告書」（2023年12月に実施）は図表3-6のような状況だった。新聞の閲読時間の短さや行為者率の低さが目立つものの、若年層のテレビ

図表3-6　メディア利用の変化

①主なメディアの平均利用時間【平日】 （単位：分）

	10代	20代	30代	40代	50代	60代	70代
テレビ（リアルタイム）視聴時間	39.2	53.9	89.9	134.6	166.2	257.0	304.6
テレビ（録画）視聴時間	3.6	6.2	13.7	13.7	21.2	31.3	28.6
ネット利用時間	257.8	275.8	201.9	176.2	173.8	133.7	69.2
新聞閲読時間	0	0.5	0.5	2.7	7.6	15.9	30.1
ラジオ聴取時間	0.8	4.8	2.5	7.2	8.6	15.2	20.2

②主なメディアの行為者率（情報行動を行った人の比率）【平日】

	10代	20代	30代	40代	50代	60代
テレビ（リアルタイム）	47.1%	43.3%	64.5%	78.3%	81.2%	91.5%
テレビ（録画）	5.7%	7.4%	13.3%	15.7%	19.4%	23.1%
ネット	96.4%	98.4%	94.0%	93.0%	90.0%	79.8%
新聞	0%	1.8%	3.9%	11.2%	27.3%	39.4%
ラジオ	2.1%	2.8%	4.1%	5.4%	7.5%	7.6%

（出所）総務省情報通信政策研究所「情報通信メディアの利用時間と情報行動に関する調査報告書」

離れも著しい。10年前には30代の25％、40代の35％が新聞を利用していたことから、40代以上の一定層は新聞をネットで読むようになったと思われる（筆者もその一人）。

2000年代とは違い、現在の消費者はネットを通じて保険会社の発表した決算資料にアクセスできるので、保険会社が開示すべき情報内容を必要に応じて更新し、利用者が情報に容易にアクセスできる環境さえ整っていれば、経営情報の伝達をメディアに期待する必要はないのかもしれない。しかし、保険会社経営のわかりにくさやアナリスト機能の弱さを踏まえると、メディアが保険会社の経営情報を分析し、消費者に伝える意義は大きいと言える。

新たなソルベンシー規制の導入を絶好の機会としてとらえ、「保険会社の経営情報は消費者にとって知るべき情報であり、新たな情報開示は消費者に伝えるべき有益な情報である」ということをメディアに理解してもらえるような働きかけが不可欠と考えられる。

5. トップライン重視の文化から脱却できるか

①「損保問題」の本質

2022年から23年にかけて浮上した「損保問題」、すなわち、中古車販売大手のビッグモーター（当時）による保険金の不正請求事件と、保険会社によるカルテル行為が常態化していた企業向け保険料の事前調整事件は、損害保険業界を大きく揺るがす問題に発展した。

金融庁は、保険金不正請求事件では24年1月に損保ジャパンとその持株会社に対して、保険料事前調整事件では23年12月に大手損保4社に対して、それぞれ業務改善命令を発出した。さらに金融庁は、個社による対応のみでは不十分という認識のもとで、24年3月に「損害保険業の

構造的課題と競争のあり方に関する有識者会議」を立ち上げ、6月に報告書を公表した。

筆者は日本経済新聞の「経済教室」（2023年11月23日付）に「曲がり角の損保経営　収入・シェア偏重体質改めよ」という論稿を寄稿した。2つの事件に共通する背景として、経営環境が大きく変わったにもかかわらず、保険会社の経営体質や行動様式が変わっていないことを指摘し、問題の本質は「いびつな取引慣行」「トップラインやシェアの確保を最優先する企業文化」といった不適切なコンダクト（企業行動）にあると述べた。

両者は並列の関係ではなく、まずトップライン（収入保険料）重視の根強い文化があり、そのなかで経済合理性を欠く、長年のいびつな取引慣行が温存されたと言うべきかもしれない。有識者会議報告書の提言も「顧客本位の業務運営の徹底」を求めるだけではなく、「健全な競争環境の実現」との2本柱だった。

2つの事件は、上場保険グループとしてグローバル化を進めてきた大手損保に、今なおトップラインやシェアの確保を最優先する文化が根強く残っていることを明らかにした。

企業向け保険市場では、本来は代理店が行うべき業務を保険会社の営業担当社員や出向者が担うことで、コストを二重に負担する「二重構造問題」が生じている。これに加え、政策株式の保有コストや営業協力の負担もあるにもかかわらず、近年の厳しい火災保険収支を見ると、保険会社は顧客企業との中長期的な関係維持のためシェア確保を優先し、総じてリスクに見合った保険料を確保できていなかった可能性が高い。

旧ビッグモーターに代表される大型兼業乗合代理店への過剰とも思えるような特別対応（不正請求に応じてしまったことを含む）も、企業価値の拡大という意識がないままに、トップラインや代理店内での自社シェアの確保を最優先してきたことの表れである。

かつての保険市場は大半の種目でカルテル保険料率の使用義務があ

り、個人向け・企業向けともに価格競争がない世界だった。1990年代後半になって、規制緩和が進んでも、損保の経営者はリスクやコストを重視する経営に舵を切るのではなく、合併や経営統合による競争相手の減少を選び、いくらトップラインを増やしてもリスクやコストに見合わなければ、企業価値を高めるのが難しくなっているにもかかわらず、厳しい規制があった時代に形成されたコンダクトを結果として何十年間も温存してしまった。筆者は今回の「損保問題」を契機に、経営組織に染みついた「トップラインやシェアの確保を最優先する企業文化」をどこまで変えることができるのかに注目している。

②生保業界の規模拡大競争

隣接業界で明らかになった根強いトップライン重視の文化は、生命保険業界にも色濃く残っているのではないだろうか。第1章第1節で、1980年代後半の中堅生保の多くが高コストの貯蓄性商品の積極的な販売による規模拡大競争に邁進し、結果として、この時期に規模を急拡大させ、業界順位を上げた中堅生保は、2社を除いてすべて経営破綻してしまったと述べたが、こうした企業価値よりも規模を求める文化は過去の話だと言い切れるだろうか。

象徴的な出来事として、2014年度から15年度にかけてのトップ競争を取り上げてみたい。14年度に第一生命が保険料等収入（連結ベース）で戦後初めて日本生命を抜き、業界トップになったことがあった。金融機関チャネルに特化した第一フロンティア生命保険の外貨建て貯蓄性保険の販売が好調だったことが大きく、さらに15年度には、買収した米プロテクティブの保険料収入が加わることが見えていた。

このような状況のなかで、日本生命の筒井義信社長（当時）は「不本意な結果だ。（中略）連結や海外を含め時間がかかっても首位にこだわっていく」（「日本経済新聞」〈2015年1月15日付〉）と語り、5月の決算発表の記者会見で担当役員は「ナンバーワンにこだわりたい」（「日

本経済新聞」〈5月29日付〉）とコメント。その後、9月に日本生命は三井生命保険の子会社化を発表し、保険料収入の首位を奪還した。

16年1月のインタビューで筒井氏は次のように語っている。「まだ予断を許さない。利益が基軸だが、トップライン（保険料収入）もきわめて重要だ。トップラインで劣位が続くと、いずれボトム（利益）にきいてくる。もともとナンバーワンの会社に入っている現場の士気を落としてはならない。ナンバーワンにこだわる姿勢は堅持したい」（「日本経済新聞」〈1月18日付〉）。経営者がここまで強烈にトップラインを語ってしまうと、少しの異論も許されないだろう。日本生命は18年にマスミューチュアル生命保険の買収を発表し、トップラインの強化を図った。ただし、筆者には、相互会社形態である日本生命が同社や旧三井生命を買収したことで、社員（契約者）にとってどのようなメリットがあるのかをよく理解できていない。

また、17年から19年にかけての経営者向け保険（「節税保険」と呼ばれることも多い）の競争を見ても、生保業界の根強いトップライン志向が浮き彫りになる。17年に日本生命が発売した経営者向け保険「プラチナフェニックス」が火付け役となり、東京海上日動あんしん生命やネオファースト生命保険（第一生命グループ）などが加わって、一大ブームとなった。しかし、19年の国税庁による法人税基本通達改正の周知（2月14日発表だったので「バレンタインショック」と呼ばれる）で多くの商品が販売休止となり、金融庁の指導もあって、ブームは終焉した。

筆者はこのときの節税保険ブームを、国税庁や金融庁によるストップがかかる前から「いつか来た道」という思いで見ていた。日産生命を破綻に追い込んだ1980年代後半の「年金保険ローン」（個人年金の一時払保険料を銀行の提携ローンで賄う財テク商品）、2005年ごろに損保系生保などが注力した逓増定期保険（税制変更で販売休止に追い込まれた）など、保険本来の機能を軽視したビジネスが長続きしないのは自明だからである。

個人向け保険の保険料が年に数万円から多くても数十万円なのに対し、経営者向け保険は数百万円以上とケタ違いなので、見た目の業績を手っ取り早く上げるには好都合である。ピーク時の18年度には、業界全体の個人保険の新契約年換算保険料2.5兆円のうち、メディア推定で0.8兆円、約3割を経営者向け保険が占めたという。

　しかし、当時の第一生命ホールディングスの投資家向け説明資料などから判断すると、保障性商品に比べると収益性はかなり低いと見られるうえ、解約を前提にした商品で、顧客との継続的な関係を築くようなビジネスではない。

　以上の2つの例だけでも、大手生保グループをはじめ、生保業界には企業価値よりも保険料収入を重視する考えが根強く残っていると考えざるを得ない。

③日本企業とガバナンス改革

　経営者がトップラインと、せいぜい在任中の会計利益にしか関心がないというのは、規制産業である保険業界に特有のことではなく、日本企業に共通しているのだろう。

　慶應義塾大学の柳瀬典由研究室による「日本企業のリスクマネジメントに関する実態調査（2023年度版）」では、リスクマネジメントへの意識が比較的高いと考えられる大企業99社のうち、リスクマネジメントの専任担当者がいるのは60％（つまり40％が専任担当者を置いていない）、会社全体の年間支払保険料を経営トップまたは担当役員が把握しているのは66％（つまり34％は保険購買の担当役員が把握していない）という結果だった。

　損保の保険料調整（カルテル）問題が表面化してからの調査でもあり、有識者会議で披露された21年度版に比べると変化が見られる（例えば、保険購買管理の担当部門が人事・総務部門というところは33％から14％に下がった）とはいえ、リスクマネジメント意識の低い会社も依然とし

て少なくはない。21年版の総括のなかで柳瀬教授は、「伝統的な日本企業では、保険管理は管財業務の一環として総務部門が行うことが多く、保険購買は財務意思決定とは異なる論理で、あるいは過去の実務慣行の延長線上で行われていた可能性がある」と述べていた。

　リスクマネジメント意識が低ければ、経営陣の関心事項が「いかに事業を拡大させるか」となり、各事業部門が「いかに売り上げを増やすか」「いかに市場シェアを獲得するか」だけに注力してしまうのは、ある意味当然かもしれない。仮に企業がカルテルの存在を全く知らなかったとしても、料率の本格的な引き上げ局面になるまで問題が発覚しなかったのは、保険をリスクマネジメントの手段というよりは、単なるコストの一項目くらいにとらえてきたということなのだろう。

　もっとも、最近の大企業の変化は「損保問題」による影響だけではなく、コーポレートガバナンス改革による影響もありうる。

　13年に始まった日本のコーポレートガバナンス改革は政府の成長戦略の一環であり、上場会社に資本コストを意識した経営や開示情報の充実を求め、取締役会の機能発揮を促す一方、機関投資家にも中長期的な視点に立って企業との対話を行うことを求め、中長期的な企業価値の向上を図ろうとするもの。上場会社が適切なリスクテイクを行うことによって企業価値の向上を図ることを目指す、いわば「攻めのガバナンス」である。改革の結果、例えば独立社外取締役を3分の1以上選任する上場会社（東証一部またはプライム市場）は、14年には6.4％にとどまっていたものが、22年には9割に達した。指名委員会や報酬委員会を設置する上場会社（同）も8割を超えている。

　利息収入が得られる債権者とは違い、株主は出資した企業の価値が高まらなければ、リターンを得られない。そこで株主は経営者に対し、出資先のリスクに応じたリターンを求める。外部環境の変化を自らのリスクとしてとらえず、経営努力の範囲外なので「仕方がない」とするような経営姿勢を、かつてのメインバンクは許してきたとしても、株主は許

さない。経営者はリスクマネジメント体制を構築し、取るべきリスクや避けるべきリスクを明確にしたうえで、事業を遂行する必要がある。

適切なリスクテイクによって企業価値の向上を目指すというのは、本章第1節で説明したERMで目指す経営、すなわち「リスク」「リターン」「資本」の3つのバランスをどのようにとるかを決める経営と同じである。しかも、生命保険会社はガバナンス改革のなかで機関投資家としての役割も担っている（株式を保有し続けるのであれば）。投資先に「リスク」「リターン」「資本」で対話するのであれば、自らは依然として「トップラインを最優先」というわけにはいかない。

④新規制を契機に企業文化の変革を

「損保問題」が残念だったのは、この20年間で国内ローカル損保会社からグローバル保険グループに大変身したはずだったのに、国内事業の企業文化がまるで変わっていなかったことである。

日本の保険グループによる積極的な海外大型M&Aが見られたのは2000年代以降である。なかでも2014年から15年にかけて、大手生保による大型買収案件の発表が相次いだ（図表3-7）。このうち第一生命ホールディングスと住友生命保険は国際的に活動する保険グループ（IAIG）として、大手損保グループ3社とともに指定されており、特別な監督・

図表3-7　大手生保による大型買収案件

〈2014年〉	
第一生命HD	米Protective（約5,822億円）
〈2015年〉	
明治安田生命	米StanCorp（約6,246億円）
住友生命	米Symetra（約4,666億円）
日本生命	豪MLC（約2,040億円）

（注）（　）は公表時点の買収金額
（出所）各社公表資料より筆者作成

規制の対象となっている（住友生命の IAIG 指定は 2024 年に Singapore Life を子会社化したことによる）。

大型 M&A を実行する際には、おそらく株主としての目線で検討を行ったはずである。「会社として目指す健全性や信用格付けを買収後も達成できるかどうか」「資本コストに見合った十分なリターンを得られる蓋然性が高いかどうか」「買収により、かえってリスクが集積しないかどうか」などなど。そして買収時に行ったリスクやリターンの見極めは、買収後も継続的に行われてきたであろう。

大手損保グループは、買収した海外事業の経営者には株主の観点、つまり「リスク」「リターン」「資本」の観点からモニタリングを行う一方、同じことを既存の国内事業には結果として行ってこなかったことになる。ERM 経営を標榜し、自分たちにはグループとしての枠組みを求めてきたにもかかわらず、国内事業ではトップラインやシェアを最優先していたとなると、当然ながら海外事業の経営陣は不信に感じたであろう。グループにとって重要性がそれほど高くない地域の事業であればまだしも、中核事業の経営者にとって、そのようなダブルスタンダードは許容できないはずである。

同じことは大手生保グループにも言える。大型 M&A の本質は、事業領域やビジネスモデルの再構築である。海外大型 M&A の実行は、既存の国内事業にも影響が及ぶのは当然であり、国内事業でもより緊張感のある ERM 経営を推進していくのが、グループ経営の役割である。

もちろん、保険会社がこれまで何十年も変えられなかった企業文化やコンダクトをそう簡単に変えられるはずはない。しかし、隣接業界での健全な競争を求める指摘やコーポレートガバナンス改革の進展、海外事業の重要性の高まりといった経営環境のなかで、今回の新たな規制導入が行われる。これはトップライン重視の企業文化から脱却できる大きなチャンスである。

【インタビュー】キャピタスコンサルティング株式会社・森本祐司代表取締役

森本代表は「経済価値ベースの推進派（!）」として知られ、長年にわたり保険会社の経済価値ベースに基づく戦略的なリスク管理の浸透に取り組んできた。金融庁の2007年および20年の有識者会議メンバーを務めるなど、新規制の導入に深く関わってきた目線から、規制の本質や浮き彫りになった課題についてお話をうかがった。

──新規制は有識者会議の議論に沿ったものか

大きな意味での「ずれ」はない。今回の規制の大事なポイントは、「第1の柱の絶対視はやめよう」ということだ。金融庁は、第1の柱は最大公約数と言っていて、そのことを、メディアを含めた関係者みんなが共通認識としてくれないと、むしろ逆効果になってしまうかもしれない。

ただし、「第2の柱のほうが重要」とまで多くの人が認識しているかというと、そこは微妙である。実際に規制が導入されてみると、第1の柱の数字に右往左往し、保険会社が数字のコントロールに全身全霊を傾けるようになってしまうことを心配している。

──新規制でどのような効果が期待できるか

一つは、健全性の観点から「見える化」が進むことが挙げられる。破綻リスクがゼロになるということではなく、そうした規制を目指してもいないが、保険会社の支払余力を経済価値で評価したほうが、従来型のSMR規制よりも見えるようになるのは確かだ。

もう一つは、ERMの高度化である。ERMではリスクと資本のバランスだけではなく、リターンのことをどう考えるかが重要なので、規制をきっかけに各社の議論が深まり、例えば主要な経営指標が変わっていくことが期待できる。

特に、経済価値ベースのリスク管理を進めたいと思っていた保険会社の担当者には追い風となる。リスク管理を行ううえで経済価値ベースが有用なのは、内部の担当者にはわかっている。しかし、これまでは規制で求められているわけでもなく、会計も違い、リスクと資本を比べてOKというチェック項目にはなっていても、総じて社内の優先順位が低かった。

――金融庁は本気で経済価値ベースの浸透に取り組むか

金融庁が全く動かないということはないだろう。自らを「金融育成庁」などと言っていて、この規制はダメ出し型ではなく、いいビジネスをよりよくしていくという金融庁の大きな方針に沿っている。

ただし、金融庁として経済価値ベースの考え方をどこまで深く理解し、大事だと考えているかといえば、そこは何とも言えない。例えば16年1月のマイナス金利政策で低金利が進み、フィールドテストのESRが非常に低くなってしまったタイミングで、金融庁はIAIS（保険監督者国際機構）に対し、ESR規制には「意図せざる影響がある」とコメントした。悪い数値になると「指標そのものが間違っている」などと言い出す人がいるのだろう。経済価値評価は大きく振れるが、それがリアルなものだと言い続けられるような強い信念を、属人的なものではなく、組織として持っているとまでは、残念ながら現段階では期待できない。

しかも、今いるメンバーはしっかり理解していても、数年たつと人事異動でメンバーが入れ替わる。規制は動き出したらそれが絶対視されやすいので、「これは最大公約数だ」と言い続けてくれているかどうか。ある会社が「内部管理は全部第1の柱の計算通りにします」と言ったときに、金融庁は「最大公約数なのに、どうしてそれが適切と言えるのか」と追及できるかどうか。

――金融庁に何を期待しているか

　「行政における保険行政の優先順位の低さ」「スタッフの少なさ」「求められる業務の難しさ」といった三重苦はあるにせよ、今回の規制のコンセプト自体は絶対間違っていない。

　同じ３つの柱でも、銀行のバーゼル規制の考え方は、第１の柱でカバーできないリスクを第２の柱で補うというもの。これに対して保険では、内部管理こそが本来的に目指すものであって、あくまでも第１の柱は最大公約数という建付けで、だからこそ第２の柱を機能させて、保険会社が何をやっているかを見なければならない。第１の柱に寄りかかっている会社があれば、本来はその瞬間に笛を吹かなければいけない。金融庁の果たす役割は大きい。

　第２の柱が機能し、数年後にはここで私の言っていることが「ああ、ただの杞憂だったね」となってくれればよいと願っている。

――残された課題

　まずは保険会計の問題が大きい。結局のところ、関係者が「基礎利益が増えた」「経常利益が増えた」しか見てくれないのであれば、そこには手を付けていくべきだ。今の仕組みでは、監督会計を変えれば財務会計も変わるので、監督会計の見直しに着手するのは大きな制約を外すための１歩かもしれない。

　次に、第１の柱のなかで中途半端というか、「緩い」部分については、金融庁は中期的に見直しを検討していくと言っているので、積極的に実施してもらいたい。

　さらに今回の規制によって、改めて今の保険商品の欠陥というか特徴が浮き彫りになったと考えている。

――3点目は具体的にどのようなことか

　例を2つ挙げてみたい。

　一つは長期固定型の商品について。今回の規制に関して、「生命保険会社がゼロ金利のような長期国債ばかり買っていて、低金利を長い間固定してしまうのはもったいない」などと言われる。しかし、経済価値ベースで考えると、保険会社がそうした特徴を持つ商品を提供しているからこそ、それに合わせた運用をしているにすぎず、もったいないのは将来受け取る保険金額が決まっている長期固定型の商品のほうだということになる。例えば30年後に死亡保険金300万円をもらえて、これでお葬式が出せると考えていたとしても、インフレなどで目減りしてしまい、実現しないこともあり得る。

　もう一つの例は、解約返戻金を固定していることだ。経済価値ベースで考えた場合、金利が上がると保険の負債価値は小さくなるが、解約返戻金は変わらないので、そのギャップが例えば今の第1の柱の標準モデルでは「大量解約リスクの増加」という形で出てしまう。

　標準モデルの善し悪しをいったん置いておいたとすると、これを避けるには解約返戻金を固定しないことだが、複雑な金融商品になるとして嫌がられるだろう。しかし、30年後の300万円を受け取るという権利を持っていて、それをいま解約するとしたら、30年後の300万円を返してもらうのがあるべき姿である。

　金利が高いときの返戻金は、インフレになると思っているから小さくなり、金利が低いときは、保険負債の価値が大きくなっているので返戻金も大きくなる。これは解約返戻金が変動しているのではなく、将来の保険金の価値が動くので、それをいま返してもらうということだ。

　いずれにしても、これまでの議論を見ていると、今の商品体系を所与のものとして議論が行われている。だから「経済価値ベースの規制なんか入れたら保険会社の運用が悪くなる」といった妙なロジックになって

いる。しかし、本来は保険商品として今の商品体系でいいのかという議論をしなければいけないはずで、そこに誰も着手しないのはどうかと思う。今回の規制がこうしたことを考えるきっかけになるといい。

──保険会社の経営は変わるか

　先ほど述べたとおり、経済価値ベースの規制を導入する目的の一つが保険会社のERMの高度化である。特に「企業価値の向上」という目的があるのなら、どのリスクをどれだけ取って、リターンを上げていくのかを考える経営となるはず。会計上の制約があるのは重々承知しているが、もっと経済価値の重要性を認識して経営をしてほしいし、商品性を含めて経済価値を軸にして、あるべき姿を見つけていってほしい。

　保険会社に限らず、日本の会社は形式を整えるのが得意なので、問われるのは本気度だ。それぞれのリスクについて誰の責任なのか明確になっていて、もし、そのリスクからマイナスのリターンが上がってしまったら、1年間の変動でとやかく言うことはないにしても、「今年はこのリスクでやられたか」と総括する。このような経営者はまだ多くはなさそうだ。

　端的に言えば「含み益や含み損などどうでもいい」ということが、経営者全員に腹落ちするようになればいい。例えば株式を売却するという行為は、その時点で等価な株式と現金の交換であって、等価なものを交換する以上、そこには利益も損失も発生していない。それなのに「よし、益出しできた」と考えてしまうメンタリティがなくなるといい。

巻 末 付 録

事例検証
どこで道を誤ったのか

1. 個別事例の検証

①破綻生保の内部で何が起きていたのか

外的要因と経営破綻の関係を具体的な事象を取り上げて検証すると、外的要因が生保経営に与えた影響は決して小さくなかったものの、それだけでは生保破綻を表面的にしか説明できないという感触を得た。

そこで、今度は破綻生保の経営内部に迫り、内的要因が経営に果たした役割について検証する。具体的には、各社のディスクロージャー資料や統計集、当時の新聞・経済誌による報道に加え、情報公開請求により確保した大蔵省による破綻生保の検査報告書資料、さらに、日本で初めて実施した関係者への大規模なインタビューにより収集したオーラル・ヒストリー（口述記録）を活用し、個別生保の破綻事例について、①破綻に至った直接の要因、②そのような行動が取られた理由、③当時の経営者と経営チェック機能、リスク管理態勢の実態、などを具体的な事例に沿って考察することとする。それによって、破綻生保の内部で何が起こっていたのかを明らかにしようと思う。

ここで言う「関係者」とは、社長経験者など経営のキーパーソンやキーパーソンに近いところにいた人物、あるいは、本社スタッフとして経営実態を知り得る立場にあった人々を指している。

なお、直接的な分析対象としたのは、この時期に破綻した生保7社のうち、規模の小さい大正生命保険を除く6社である。実のところ、大正生命に関しても中堅6社と同様に関係者インタビューを含めた調査を行っている。しかし、経営危機に陥ったなかで詐欺事件に巻き込まれて破綻するといったきわめて特異な事例であることに加え、分析にあたり必ずしも十分な情報を得られなかったという筆者の判断から、本書では直接の分析対象から外し、参考情報として扱うことにした。

図表4-1　保険会社の経営破綻

1995年	保険業法改正（SM基準導入、ディスクロージャー制度など）
96年	日米保険協議決着（損保料率自由化が決まる）
97年	日産生命に業務停止命令
98年	GEエジソン生命の設立（東邦生命から営業権譲受）
	保有株式の原価法評価が認められる
	保険契約者保護機構の設立
99年	早期是正措置の導入
	マニュライフ、第百生命から営業権譲受
	第一火災と協栄生命が業務・資本提携
	東邦生命に業務停止命令
2000年	第一火災に業務停止命令
	第百生命に業務停止命令
	クレアモントキャピタルが大正生命の増資引受け
	保険業法改正（更生手続きの導入）
	大正生命に業務停止命令
	大成火災が安田火災、日産火災との合併を発表
	千代田生命が更生特例法の適用申請
	協栄生命が更生特例法の適用申請
01年	東京生命が更生特例法の適用申請
	大成火災が更生特例法の適用申請
03年	保険業法改正（契約条件の変更が可能に）
05年	保険業法改正（セーフティーネット見直し）

（出所）筆者作成

②オーラル・ヒストリー

　今回の分析にあたり活用したオーラル・ヒストリーとは、個人や組織の経験をインタビューし、記録を作成して後世に伝えるもので、近年、

歴史学や政治学の分野を中心に研究手法として確立されつつある手法だ。御厨（2002）は「公人の、専門家による、万人のための口述記録」と表現している。とくに、今回のように公表されている資料が乏しかったり統計的アプローチが困難だったりした場合には、オーラル・ヒストリーを用いる利点は大きい。

　その一方で、オーラル・ヒストリーの弱点として、証言の信憑性の問題が挙げられる。当人に都合のよい内容になっていたり、記憶が曖昧だったりすることも考えられる。そこで、本調査では複数の関係者にインタビューを行い、可能なかぎりクロスチェックをすることで、情報の信憑性を担保しようとした。証言の手掛かりとなるように、インタビューには年表や経営陣のリスト・経歴などを用意した。もちろん、筆者の格付けアナリストとしての経験（非開示情報という意味ではない）もインタビューには生かされている。

図表4-2　関係者インタビューでの主な質問事項

```
1. ビジネスモデルと破綻の関係
  ① ビジネスモデルの特徴
    ● 他社と比べた経営の特色について
  ② 経営危機をもたらした経営行動・判断
    ● ターニングポイントになった事項とその背景
      （営業政策、資産運用、経営組織など）
  ③ 経営危機下での経営行動・判断
    ● そもそも、どの時点で危機と認識したのか
    ● 危機と認識した時点でどのような行動を取った
      （あるいは取るべきだった）のか
    ● 実際に取られた対応策について
2. 経営チェック・リスク管理体制の実態
  上記1-②、1-③のそれぞれについて、
    ● どのような仕組みがあったのか
    ● どこに問題点があったのか
    ● 経営トップを牽制する仕組みはあったのか
    ● 監督官庁、総代会、親密金融機関などの役割
```

本来は口述記録そのものに資料としての価値があるため、当初は公表を前提にしたインタビューを試みた。しかし、それではインタビューに応じていただける関係者が激減するとわかったため、方針を変更し、インタビュー記録も関係者の氏名も公表しない、かつ、特定できないような配慮をすることにした。口述記録からの引用部分は、例えば「本社スタッフ（この場合は経営幹部を含む）」「数理担当者」などとしており、本書に登場する人名は基本的に社長経験者のみ実名とした。参考までに今回のインタビューに応じていただいたのは、破綻生保の関係者に限れば33名（2006年1月から07年8月まで）だった。

蛇足だが、御厨（2002）には次のような記述もある。

「今日では、あたかも台風一過のように、90年代の金融危機も過去の話とみんな口を噤んでいる。現在まだ裁判が続いているためもあるが、銀行や証券会社をはじめさまざまな企業がどう対応したか、あるいはなぜ対応しきれなかったかということを明確に分析することが必要不可欠である。（中略）オーラル・ヒストリーはこうした事例を解明していくことに寄与し得るのである。人の歴史だけではなく、組織の歴史を解明すること、これが現代のアカデミズムに問われる課題の一つに他ならない」

2. 事業規模の急拡大が命取りに──日産生命保険

①破綻に至った直接の要因

日産生命は1997年4月に経営破綻した。日産生命を破綻に追い込んだ最大の経営行動は、80年代後半に金融機関との提携で予定利率の高い個人年金保険を集めすぎてしまったことである。さらに、外部環境が悪化するなかで不適切な決算対策を実施し、傷口を広げてしまったことも挙げられる。

日産生命は歴史的な経緯から日立・日産グループへの依存度が高く、80年代前半までは個人保険の保有契約が伸び悩んでいた。当時の経営陣は創業80周年（89年）を目前に積極経営に転じようとしたが、大手と同じ営業職員チャネルによる業容拡大には限界があった。そこで新たな販売チャネルを模索していたところ、たまたま現場から持ち上がった銀行ローンと組み合わせて保険を販売する「保険料ローン」の提案に、経営陣が飛び付いたという経緯がある。当時の経営陣の関心は規模拡大と費差損の解消であり、高い予定利率等の負担や特定商品の販売に傾斜するリスクについては、ほとんど意識していなかった。

　しかも、一時払いの個人年金にあまりに傾斜し、急増した高利率の資金を価格変動リスクの大きい株式や外国証券を中心に運用したため、株価変動や為替相場による影響を強く受けた。日産生命はすでに91年度決算で多額の有価証券評価損が負担となり、責任準備金の取り崩しや不動産売却益の計上を行っている。93年度からは逆ざやで三利源損益を稼げなくなり（基礎的な収益力が赤字に転じたということ）、資産含み損を考慮すると実質的に債務超過状態に陥っている。さらに、決算対策から日経平均リンク債など各種の仕組債やデリバティブ投資にも走り、その後の市況悪化により一段と経営内容を悪化させた。92年度以降は、コスト削減にも取り組んだが、焼け石に水だった。

　このように日産生命は94年度には実質破綻の状態にあり、責任準備金の取り崩しも進んでいた。それでも97年まで破綻しなかったのは、会計上は債務超過状態ではなく、大蔵省が破綻処理を急がなかったためである。その背景には破綻時のセーフティーネットが整備されていなかったことや、住専問題などで大蔵省への批判が高まっていたことなども挙げられる。

②年金保険ローンの発売

　日産生命と日立・日産グループの結び付きは強かった。「日産生命は

巻末付録　事例検証　どこで道を誤ったのか　175

図表4-3　日産生命の主な沿革

1909	太平生命保険株式会社として創業
40	日産コンツェルンの傘下に入る（日産生命に社名変更）
47	新旧勘定を分離し、日新生命保険相互会社として再出発
54	社名を日産生命に変更（翌年、日産系7社から基金拠出、役員受け入れ）
67	藤本正雄が社長に就任（日本生命出身）
76	矢崎恭徳が社長に就任
85	中期経営計画「パワフル80」をスタート／ガン保険付定期預金を発売
87	提携ローンによる個人年金の販売開始／坂本市郎左衛門が社長に就任
88	保有契約高10兆円を達成
89	総資産が1兆円を超える（前期比90％増）
92	91年度決算で経常利益が9億円に急減（前年度の1/30に）
93	個人年金の保有契約高が減少に転じる
94	93年度決算で961億円の実質債務超過に（非公表）／米本宏が社長に就任
95	94年度決算が経常赤字に／日産火災から役員受け入れ
97	業務停止命令　　　　　　　　　　　　　　　　　　　　（敬称略）

（出所）筆者作成

職域とグループ保険でやっていた。個人保険の大半は日立・日産グルー
プからだった」（当時の本社スタッフ）。インシュアランス統計号を見る
と、他社に比べて団体保険のウエートが高く、団体保険の保有契約高が
個人保険を上回る珍しい会社だった（同様な会社は日本団体生命と東京
生命のみ）。「この団体保険の約70％が日立・日産グループからの契約
だった」（同）という。80年代後半までは保有契約が伸び悩んでおり、
80年代前半の保有契約高（個人保険）を見ると、業界全体では年8％伸
びているのに対し、日産生命は年5％弱にとどまっている、保有契約件
数も60万件台で横ばいが続いていた。

　このような状況を打開するため、85年4月から矢崎恭徳社長のもとで
中期経営計画「パワフル80経営五カ年計画」を開始し、創業80周年を
ターゲットとした攻めの経営を標榜した。計画では営業陣容の拡充強化
を最優先課題に据えるとともに、金融機関との提携販売など、新しい販

売チャネルの開発に力を注いだ。まず、85年3月に大蔵省から金融機関との預金セット商品の販売が認められたのを受け、「ガン保険付定期預金」や「医療保険付定期預金」を開発したものの、大きな成果を上げることができなかった。

その後、86年に金融機関と提携して一時払い保険料（全期前納保険料）をローンで支払うシステムを開発した。第一弾は「介護保険ローン」だったが、87年にはこれを個人年金保険に導入し、「年金保険ローン」として発売した。利回りが高かったうえ、金融機関にとってメリットが大きかったこともあり、年金保険ローンの業務提携は全国の金融機関に広がった。提携金融機関は160を超えた。

例として、1988年4月22日付「日本経済新聞」地方経済面（静岡）に掲載された、浜松信用金庫の「はましん年金保険ローン」を挙げると、融資金額は1,000万円以内で、利率は年7.14％。融資期間1年以上10年以内となっており、顧客はこのローンを使って日産生命に一括で保険料を払い、浜松信金にローンを返済する形を取る。「前納割引が適用されることから月払いに比べて保険料が安くすむうえ、受け取る年金額も割り増しになる。ローンの金利負担より、前納割引と年金の増額分が上回るのが魅力だ」（記事より引用）

当時の本社スタッフによれば、「提携ローン商品を持ち込んだのは坂本（市郎左衛門）社長に近いグループのメンバー」とのことで、販売チャネルの拡大を模索していた当時の経営層のニーズに合致した。「保険料ローン商品は、たまたま現場から提案があり、社長の取り巻きが持ち込んだ。前納利息8％プラス配当という商品だった」（本社スタッフ）。坂本社長の前任である矢崎社長は破綻後のインタビューで、「（中堅の生保会社は）新しい販売組織を活用しないと契約高を増やせない。いいアイデアなのですぐに採用が決まり、金融機関と交渉に入った」（「日経ビジネス」1997年10月13日号）と答えている。

もっとも、提携商品が爆発的に売れたのは坂本氏の旗振りというより

も、金融機関が積極的に取り扱ったためというのが正しい。提携ローンの金利は平均7〜8％で、当時の金融機関の資金調達コストを考えれば4％程度の利ざやを確保できた。1件当たりの払い込み金額は200万円強と高額ではないが、保険証券に質権が設定され、日産生命が破綻しないかぎり金融機関には貸し倒れリスクがなかった。

　銀行のメリットはそれだけではない。実質的には金融機関の職員が販売していたとは言え、保険募集の取り締まりに関する法律（募取法。現在は保険業法）により金融機関が直接保険商品を販売するのは禁じられていた。このため、提携商品は系列の保険代理店が扱う形になっており、日産生命から代理店に手数料が支払われた。さらに、多くの場合、保険販売の見返りとして日産生命が保険料の一部を金融機関に一定期間「協力預金」する取り決めもあり、金融機関はここでも利ざやを稼ぐことができた。関係者によると、「保険料の50％を1年間」といったケースが多かったようだ。

③資産急拡大を抑える動きはなかったのか

　年金保険ローンは大ヒット商品となり、1987年度の収入保険料は前年度の2.35倍、88年度も前年度の2.19倍に増えた。中期経営計画開始時の総資産は3,000億円強だったが、5年後の89年度末には1.6兆円と、後期計画の目標6,000億円を大幅に上回った。生命保険協会の調査によると、日産生命は87年度からの3年間で1.4兆円の収入保険料を上げたが、うち60％弱の8,000億円が個人年金保険だった。その90％を占める約7,300億円が予定利率5.5〜6.0％、運用期間20〜30年の一時払い商品で、このうち約7,000億円に金融機関の提携ローンが組まれていた。しかも、責任準備金に占める個人年金のウエートは、業界平均が7％のところ、日産生命では56％近くに達していた。

　このような急激な規模拡大と特定商品への過度な集中に、どこかでブレーキをかける動きはなかったのだろうか。

図表4-4　総資産の推移

単位：億円、%

	日産生命		全社合計	
		前年比		前年比
1985年度	3,680	19.1%	538,706	17.8%
86年度	4,441	20.7%	653,172	21.2%
87年度	6,964	56.8%	792,684	21.4%
88年度	13,230	90.0%	970,828	22.5%
89年度	16,270	23.0%	1,173,439	20.9%
90年度	18,555	14.0%	1,316,188	12.2%
91年度	19,443	4.8%	1,432,341	8.8%
92年度	20,285	4.3%	1,560,111	8.9%
93年度	21,029	3.7%	1,691,221	8.4%
94年度	21,461	2.1%	1,779,655	5.2%

（出所）「インシュアランス生命保険統計号」

　当時の本社スタッフによると、「（坂本氏が社長に就任した）87年には、すでに8％の利回り負担を財務部門と数理部門が問題視していた。だが、営業部門を抑えられなかった」「その後も資産急拡大について社内で何回も議論し、総資産が1兆円を超えたころ（88年）には保険計理人が経営陣に対し、非公式に警告を出している。しかし、これらは経営に全く生かされなかった」「坂本社長には、『○○だから大丈夫』という情報ばかり上がっていた」という。前述の「日経ビジネス」のインタビューでも、矢崎氏は「バランス上、まずいなという認識はあった」が、「乗りかかった船だったので」と語っている。

　表面的な数値がよかったことも、拡大に歯止めをかけられなかった一因と考えられる。日産生命をはじめ多くの中堅生保では、規模が小さく販売効率も悪かったため、保険料収入のうち経費を賄う部分では実際にかかったコストをカバーできない状態である「費差損」の解消が長年の課題となっていた。それが80年代後半に契約高が飛躍的に増えた結果、

図表4-5　責任準備金に占める個人年金のウエート

〈1986年度〉　　　　　　　　〈1989年度〉

日産	全社合計	日産	全社合計
12.3%	2.9%	55.9%	6.8%

（出所）「インシュアランス生命保険統計号」

図表4-6　三利源損益の推移

単位：億円

	1988/3	89/3	90/3	91/3	92/3	93/3	94/3	95/3
費差益	-38	22	22	-9	-27	15	13	37
死差益	104	154	183	205	207	208	230	242
利差益	80	78	100	101	32	-16	-241	-280
合計	146	254	305	296	212	208	3	-2

（出所）検査報告書より作成

88年度に念願の費差益を達成した。利差益は安定しており、死差益も拡大していた。しかし実際には、高い予定利率を抱えたばかりでなく、銀行への協力預金を増やす（利差益の減少要因）、金銭信託を使って株式含み益を実現化する、高い利息収入の見返りに為替リスクを抱える、などの行動が取られたため、表面的な数値と経営実態には乖離があった。

　また、販売の主導権を金融機関が握り、コントロールが利かなくなったという面もあった。例えば、「週刊東洋経済」1997年10月18日号によると、88年に募取法違反の疑いが表面化したある地方銀行に対し、日産生命が販売自粛を求めたが、銀行はそのまま販売を続けた。その地方銀行は従業員組合の反対や国会で問題になってから、ようやく販売を打ち切ったものの、同様の手法で販売していた他の金融機関は引き続き積極的に販売したという。

　運用環境の悪化を受け、日産生命は90年度以降、ようやく提携先に販売抑制を求めているが、大半の金融機関が応じなかった。前述の「日

経ビジネス」のインタビューによると、矢崎氏は「(すんなり応じたのは) 2行だけだった」と答えている。販売にブレーキがかかったのは、金利水準の上昇でローン金利が上がり提携商品の魅力が薄れてからである。

④外部環境が悪化してからの対応

1990年代に入り運用環境が悪化すると、すぐに保証利回り負担の重さが表面化したうえ、資産拡大期に株式投資に傾斜したため、取得価額の高い株式が売却損や評価損として決算上の足かせになった。91年度決算では約300億円の三利源損益に対し、有価証券評価損が903億円に上り、経常利益は前年度の30分の1に縮小した。他方、責任準備金に占める個人年金の割合が50％を超えており、その大半が予定利率や前納利率の高い契約だったため、90年代に入り個人年金が売れなくなってからも責任準備金は増え続けていた。

これに対し、すでに株式含み益は枯渇していたため、91年度決算では配当水準の引き下げ、不動産売却益の計上、責任準備金の積み立て水準

図表4-7　日産生命の資産構成

	〈1986年度末〉		〈1989年度末〉	単位：億円、%
総資産	4,441	100.0%	16,270	100.0%
現預金	348	7.8%	1,227	7.5%
金銭信託	138	3.1%	1,111	6.8%
公社債	578	13.0%	1,761	10.8%
株式	775	17.5%	3,501	21.5%
外国証券	581	13.1%	3,408	20.9%
その他証券	37	0.8%	71	0.4%
貸付金	1,646	37.1%	4,226	26.0%
不動産及び動産	223	5.0%	587	3.6%

(出所)「インシュアランス生命保険統計号」

切り下げなどを行っている。

　しかも、表面的には利差益だったが、利息配当金収入はデリバティブを組み込んだ決算対策商品などでかさ上げされ、実質的な収益力は見かけよりも小さかった。91年度には「外国証券」が急増し、93年度には「その他の証券」が目立って増えている。これらの一部が決算対策商品だった。「90年代に入り購入した日経平均リンク債で当初に高利回りが得られたが、株式相場の見通しが裏目に出て、最終的には元本も食われた」「失敗の傷口をさらに広げてしまったのが外債によるデリバティブ投資で、これも当初に高い利回りが得られる収益先取り型商品だった」（「エコノミスト」1997年6月17日号）と分析されている。

　責任準備金の積み立て方式は、86年度には最も保守的な「純保険料式」（危険準備金を含むベース）だった。しかし、「91年度決算から負債を減らす決算対応を行った。危険準備金を取り崩し、責任準備金の積み立て水準を落とし、配当を減らした」「もともと10年チルメルの会社だったので、元に戻ったという感覚だった。ただ、前納分の負担が重かった」（本社スタッフ）という。

　1994年3月7日付の「日経金融新聞」は、「渋谷生保三社（東邦、日本団体、日産生命）の窮状」と題し、「資産内容の悪化に苦慮した3社は、決算対策のため、保険会社にとって"最後のとりで"とも言える責任準備金（保険金の支払いに備える積立金）にも手をつけてきた」「日産生命は大蔵省が最低限維持するよう指導している準備金額さえ下回っている。積み立て方式をもう一段緩めるのは保険経理上難しいとの見方が一般的だ」と報じている。実際には94年度決算で積み立て水準がさらに切り下がった。

　加えて、日産生命の個人年金は保険料を前納する商品が大半で、前納された未経過保険料に対しても利回り保証をしていたが、「未経過保険料の責任準備金の積み方が保守的ではなかった（＝利回り保証を適正に反映していなかった）」という大手生保の関係者からの指摘もある。

図表4-8　日産生命債務超過の内訳

単位：億円

	1994年3月期	95年3月期	96年3月期	97年3月期(見込み)
含み損益	▼ 961	▼1,482	▼1,314	▼1,328
有価証券	▼1,218	▼1,571	▼ 982	▼ 897
貸付金	▼ 5	▼ 15	▼ 143	▼ 136
不動産	262	104	▼ 189	▼ 295
当期損益	0	0	0	▼ 525
債務超過額	▼ 961	▼1,482	▼1,314	▼1,853

(出所)「読売新聞」1997年4月27日付

　大蔵省は91年の検査で、日産生命の経営が厳しくなりつつあることを認識し、92年度以降、数次にわたり収益改善計画等を求めている。日産生命は92年度からコスト削減に着手し、事業費を10％削減する目標を立て、ニューヨーク事務所の閉鎖や新規採用者数の削減などを行った。だが、「踏み込んだリストラにはならなかった」（本社スタッフ）。

　不適切な決算対応は、結果的に日産生命の経営内容の悪化に拍車をかけることとなり、93年度には実質債務超過状態に陥ったのである。

⑤当時の経営者

　前任の矢崎社長が営業畑だったのに対し、1987年に就任した坂本社長は人事畑を歩み、81年から代表取締役副社長に就任していた。85年からの中期経営計画の策定・指導に当たったのは坂本氏だった。当時の本社スタッフによると、「独断専行タイプではなかったが、人事部時代からの坂本氏を中心とした、財務などの4、5人のメンバーが社内で影響力を持っていた」「坂本社長は（営業部門の発言力が強い社内において）営業に弱かった。『私は営業はできません』とも公言していた。だから、銀行が提携ローン商品を積極的に販売するのを見て、大変喜んでいた」という。

90年代に入り経営が厳しくなってからも、「社長自らがリーダーシップを持って再建に取り組むことはなかった。『何とかしろ』と言うだけで主体的に動くことはなかった」「大蔵省から指摘を受け、それを社長に伝えても、『できるわけないだろう』と言うだけで、問題を会社全体のものとしてではなく、自分に降りかかってくる災難としてとらえた」「経営者という感覚ではなく、名誉職という感じだった。当時の相互会社は競争原理が働かず、そのなかで何十年もいれば、そのような経営者になってしまう」（いずれも当時の本社スタッフ）という状態だったようだ。

なお、坂本社長は94年7月に退任し、保険数理の専門家であるアクチュアリーの米本宏氏が社長に就任した。この時点で、すでに日産生命は実質債務超過状態に陥っており、社長が何かをするという段階ではなかったと見られる。

⑥ ALMの欠如

1980年代後半の日産生命では高利率を保証した資金が急増し、資産運用に負荷がかかった。当時の本社スタッフは「運用ではかなり無理をしていた」と語る。新聞・雑誌のインタビュー記事によると、「P（保険料）ローンの活用などで88年度1年間で総資産を2倍に増やした日産生命は、前期に増加資産を利回りの高い外貨預金に振り向けたが、為替予約の失敗で損失を被り、株の売却益で穴埋めをする事態に直面した」（「日本経済新聞」1989年12月23日付）、「（為替投機で損失を出した後は）資産配分の重心を株式投資に移し、86年度から3年間で株式投資残高を3倍に増やした。さらに、特定金銭信託枠でも株を買いあさり、89年度末の残高は3年前の4.5倍に膨らんだ」（「日経ビジネス」1997年10月13日号）などとある。

年金保険ローンが急激に売れていた当時は、経営のみならず、数理部門でも財務部門でも金利のリスク（ALMリスク）についてはほとんど意識していなかった。「金利（の変動）についてもう少しシビアに見ていれ

ば、これほど負債が膨らむことはなかっただろう。当時は『予定利率イコール負債コスト』という感覚がなかった。意識していたのは株価だけで、他社よりも先に予定利率を下げようとは考えもしなかった」（当時の本社スタッフ）ような状態だった。

当時は保険計理人による将来収支分析の制度はなかったが、「中期経営計画の目標数値を出すために、損益計算書を先延ばししたベースの収支見込みを行っていた。株価や金利、為替相場が変わらず、契約高が増えていくという（甘い）前提だったが、死差益が増えていくとは言え、これを見ただけでもよい状態ではないことがわかった。しかし、（三利源損益など）足元の表面的な数字がよかったうえ、営業部門を抑えられるだけの代案もなかった」（本社スタッフ）。

財務・数理両部門の関係もギクシャクしていた。「財務部門は（数理部門が担当する）負債の状況を正確に把握しようとはしなかったし、数理部門もあえて財務内容を知ろうとしなかった」「特定の運用担当者が暴走したという話はなかったが、財務・数理の両部門が連携するようになったのは94年ころからだった」（いずれも本社スタッフ）

⑦社員総代会・親密企業グループ

日産生命は相互会社形態であり、契約者である社員の代表から成る社員総代会が経営上の重要事項について決議を行っていた。だが、総代会には経営チェック機能はほとんどなかったようだ。例えば、破綻処理を決議した1997年7月の総代会に関する報道からは、「総代の約60％が日産生命と親密な日立・日産グループ関係者で占められていたため、圧倒的多数で決議された」（「毎日新聞」1997年7月31日付）とあるなど、総代会が形骸化していたことが窺える。

破綻時点で日立・日産グループのうち8社が非常勤取締役、あるいは非常勤監査役を出していた。しかし、非常勤役員は経営チェック機能を果たすというよりも、「歴代引き継いできた役職を慣例で引き受けたと

いう意識しかなく、取締役会への出席頻度も低かったようだ。(中略)非常勤役員、監査役が日産生命の経営に深く関与した形跡は見当たらない」(「日経産業新聞」1997年6月9日付)という状態だった。当時の関係者によると、日立製作所出身の取締役は97年の破綻時に「ほとんど情報がない」と憤慨していたという。

　日産火災海上保険だけは例外で、96年7月に日産生命の要請に応じて基金10億円を拠出するとともに、元会長と専務取締役を派遣し、支援に乗り出した。日産火災系列の代理店で両社の生損保セット商品を販売するなどの業務提携も行った。この背景には、かつて日産火災が株式買い占め問題に直面した際に、日産生命が支えたという経緯があった。

　派遣された日産火災の役員は、日産生命の取締役相談役として日立・日産グループに経営支援を要請するとともに、「支社別収益分析などの改革を一所懸命手掛けた。初めての経営者らしい経営者だった。日産生命にはこのような経営者がいなかった」(本社スタッフ)。しかし、すでに状況は厳しく、96年夏以降、日立・日産グループの主要企業に資金協力を要請したものの、日産火災以外の協力は最後まで得られず、改革の成果を上げる前に日産生命は破綻してしまった。

　前述の「日経ビジネス」のインタビューで矢崎氏は、「最後は日立・日産グループが助けてくれるという甘えがあった」と答えている。だが、実際にはグループ各社の対応は冷たかった。

⑧大蔵省

　年金保険ローンについては、報道によると、「提携に先立ち、日産生命は大蔵省保険部保険第一課に、提携商品(保険料ローン)を取り扱いたい旨を伝えている。その際、大蔵省は、『財テク商品として勧めないこと、消費者トラブルにならないことを確認したうえで適否を検討する』と回答している」(「週刊東洋経済」1997年11月8日号)と、大蔵省のお墨付きを得たうえで発売したことが窺える。提携商品が現実には銀行

の金融商品として販売され、ヒット商品となるなかで、1988年に大蔵省は業界に対し、「保険料ローンに代表されるような財テク等の保険本来の趣旨を逸脱した提携は自粛」するよう要請しているが、ほとんど効果はなかった。

大蔵省が日産生命の経営悪化を認識したのは、前述のとおり91年の検査あたりからで、その後は日産生命に収益改善を求めている。当時の検査は「財務に関しては資産評価が中心で、収益面は単年度の三利源損益しか見ていなかった」（関係者）ため、この時点では日産生命の金利リスク（金利が下がると損失が拡大する構造）を必ずしも把握できていなかった可能性が高い。損失の先送りに近いような決算対策についても、大蔵省がどこまで把握していたのかは疑問である。

もっとも、責任準備金の積み立て水準切り下げや契約者配当は大蔵省の認可事項であり、日産生命の経営内容が年々悪化していることは把握していたはずだが、日産生命の行動や関係者の証言から見ても、90年代前半の行政が経営改善に向けて強力な指導を行っていたとは考えにくい。

なお、93年度に実質債務超過状態に陥っているが、破綻は3年後であり、その間、大蔵省は破綻処理に動かなかった。旧保険業法では行政による強制的な包括移転という荒業も可能だったものの、当時は保険会社の退出ルールやセーフティーネットが確立していなかったこともあり、動きが取れなかったと見られる。

ただ、結果として日産生命の実質債務超過額が拡大してしまい、当時できたばかりのセーフティーネットである生命保険契約者保護基金2,000億円では足りず、契約者負担の大きい破綻処理になった。すなわち、預貯金では凍結されたペイオフが生保では実施され、これが信用力の低い生保への不安感を一層高めることになってしまった。

3. トップの不適切な経営——東邦生命保険

①破綻に至った直接の要因

　東邦生命の経営破綻は 1999 年 6 月である。破綻の引き金となったのは、98 年度決算について監査法人トーマツから出された不適法意見だ。トーマツから有価証券の含み損や不良債権など総額 2,313 億円の追加処理を求められ、全額処理すれば約 2,000 億円の債務超過に陥ることが判明した。

　その前年に米大手ノンバンクの GE キャピタルと業務提携を行い、販売組織の譲渡により受け取った「のれん代」など最大 1,200 億円の収益を活用し、「財務体質の健全化と内部留保の充実を実現（東邦生命ディスクロージャー資料 1998 年版）」したはずだったが、提携初年度の決算も乗り越えらなかった。

　東邦生命が経営危機に陥った理由には、80 年代後半に高利率の資産性商品を大量販売したこと、不動産関連投融資などハイリスク・ハイリターンの運用に傾斜し、バブル崩壊で多額の不良資産を抱えたことなどが挙げられる。これに加え、東邦生命に特徴的な要因として、経営トップとその周辺が不適切な経営を行っていたことを指摘する必要もあろう。

　80 年代後半の東邦生命は、トップが拡大路線を鮮明にするなかで、資産性（貯蓄性）商品の販売に拍車がかかった。高利回りが売りの共済年金、財テクブームの象徴的存在だった一時払い養老保険、金融機関との提携ローン商品（一時払い個人年金）、財テク保険と言われた「健康年金」などを積極的に販売し、89 年度末の総資産は 85 年度末の 2.8 倍に拡大した。これらの商品はいずれも利回りの魅力で販売しており、かつ、資産含み益の吐き出しが前提となっていた。

図表4-9　東邦生命の主な沿革

1898	わが国初の「徴兵保険株式会社」として設立
1909	太田清蔵が社長に就任（太田家による経営の始まり）
47	新日本生命保険相互会社として再出発（翌年「東邦生命」に改称）
75	東京・渋谷の本社ビル完成
77	太田清蔵（新太郎）が社長に就任
78	終身年金保険を発売
84	破綻したリッカー再建を支援
87	科研製薬社長に常務を派遣
88	太田社長の関連企業が日本レースの大株主に
90	財テク保険「健康年金」の販売を積極化
92	新オンラインシステム「TOHO-システム21計画」稼動
94	93年度決算が経常赤字に
95	94年度決算が2期連続の経常赤字に／埖川利内が社長に就任／経営諮問委員会設立
96	三井海上火災保険と業務提携
97	「健康体保険ペガサス」発売
98	GEキャピタルと提携、既契約の管理会社に
99	業務停止命令　　　　　　　　　　　　　　　　　　　（敬称略）

（出所）筆者作成

　急増する貯蓄性商品の利回りを稼ぐため、右肩上がりだった株式に加え、各種の仕組債への投資を増やしていった。資産内容の開示が限られているため詳細は不明だが、90年代前半にはすでに資産内容の悪化が相当程度進んでいたことが窺える。経常赤字となった93年度、94年度には2期連続で多額の外国証券売却損を計上している。

　さらに、バブル崩壊で多額の不良債権を抱えたが、このなかには社長とその周辺による問題案件もかなり含まれていたという。

②資産性商品への傾斜

　東邦生命は戦前の徴兵保険会社を前身としていた。徴兵保険は、養老保険の一種で、子供が小さいうちに加入し、その子供が軍隊に召集され

た時などに保険金が給付される、一種の貯蓄性商品だった。加えて、会社自体も地方農村部の代理店組織を中心に発達してきたため、都市部の保障性商品に弱いという特徴を持っていた。こうした弱点により、1970年代以降、高度経済成長や人口の都市部集中の流れに乗れず、業績が伸び悩み、徐々に地盤沈下を招いた。さらには、系列関係がなく、なかなか職域市場にも入り込めずにいた。

そこで77年に就任した太田社長は、出遅れていた都市部での営業を強めるために「開発事業部門」を立ち上げ、大企業市場の立て直しと、官公庁とその周辺、労働組合などの新規開拓を図った。当初は特定の種目に偏ることはなく、大手と直接バッティングしない市場の開拓や商品の提供で業績を拡大したが、徐々に新規開拓のしやすい資産性商品に傾斜することとなった。そして、利回りの魅力で販売したことが資金調達コストを押し上げることにつながり、収益体質の悪化につながった。80年代後半に、社長が拡大路線を明確に打ち出し、社内では「（大手生保として存在感を高めつつあった）千代田生命を資産規模で抜く」が目標だったという。

資産性商品のうちの「共済年金」は、個人拠出型の企業年金を改良したもので、労働組合や法人市場を開拓するために導入した高利回り商品だった。本来の年金ニーズではなく、余資運用ニーズに対応したものである。当時の労働組合はストライキが減り、余った闘争資金に運用ニーズがあった。「労組市場への取り組み自体はマーケティングという点ではヒットだった。ただ、『8％くらいの利回りで回る』というセールストークで販売し、高利回りを提供するために株式含み益を吐き出すことが前提になっていた」（本社スタッフ）

日産生命ほどではないが、金融機関との提携ローンを活用した全期前納型の個人年金保険も積極的に販売した。これも後にかなりの責任準備金負担となった。

89年ころから販売した「健康年金」は、据え置き期間が極端に短い

（3年が中心）個人年金で、払い込み方法などを工夫することで高い利回りを提供する財テク商品だった。「本来はドアオープナーとして開発されたものだが、付加保険料が稼げることもあり、何千億円も販売してしまった。なかには年払保険料が一社で200億〜300億円といった大口契約もあった」「実質利回りは8％だった。これをメーカーやその系列会社の余資運用商品として販売した」（いずれも本社スタッフ）

　当時の東邦生命では資産規模の拡大に加え、費差損の解消と大手並み配当の実現も悲願だった。「経営陣は『配当水準さえ一緒であれば、潜在力の高い東邦は大手に勝てる』としばしば発言していた」（本社スタッフ）。健康年金など資産性商品の拡販により付加保険料（保険料のうちコストを賄う部分）を稼ぎ、89年度決算ではついに大手並み配当を実現したが、「大手並み配当の実現で社内が盛り上がった。しかし、相当無理をしたうえでの配当だったこともあり、後に運用利回りの負担や高い保有株式の簿価で苦しむことになっただけでなく、翌90年度決算では再び配当水準を下げる結果となったため、かえって営業に悪影響を与えることになった」（数理担当者）。

図表4−10　当期剰余に占める有価証券損益

単位：億円、％

	1985/3	86/3	87/3	88/3	89/3	90/3	91/3
当期剰余	528	541	730	715	792	949	875
有価証券損益	76	234	411	398	305	195	199
割合	14.3%	43.3%	56.4%	55.7%	38.5%	20.5%	22.7%
同（全社合計）	6.2%	11.0%	42.7%	32.4%	27.4%	22.8%	16.5%

（出所）「インシュアランス生命保険統計号」

③経営トップの行動

　東邦生命は明治時代から太田一族が代々社長を務めており、1977年に社長に就任した太田氏は、53年に監査役として入社した時点で将来の社長就任が約束されていた。生命保険会社の社長というよりも、他社の再建に熱意を見せたり、国際自由交易地帯の建設を提唱したりと、異色の経営者として知られたが、「きな臭い話ばかりに手を出す太田氏の社長時代と、バブル経済とが重なったことが東邦の社員と契約者の不幸だった」(「週刊ダイヤモンド」2001年10月27日号) という見方もある。当時の本社スタッフ (複数) は、「PRは好きだが、経営理念などなかった。金融機関として正しい経営をさせてもらえなかった」「お金があり、地位もあり、あとは名を残したかった」「スケールの大きい構想をいろいろと持っていたが、誇大妄想的であり、もっと実現性を考えてほしかった」などと語る。

　「経営破綻した企業を救済したり、仕手株に手を出したり、イトマン事件の被告である許永中氏と付き合ったりと、常軌を逸した経営を行なった」(「週刊ダイヤモンド」2001年10月27日号) といった報道は、当時の本社スタッフなどによると事実のようであり、報道されていない話も相当あるようだ。「負けを取り戻すために次々と深みにはまり、財産を失っていったようだ。親族企業の負債解消のために東邦生命の資金を流用するなど、結果的に会社のお金と個人のお金がわからなくなっていた」(企画部門スタッフ)

　生保経営にはあまり関心がなかったようで、「社長は『経営はわからないので人事権だけほしい』と発言していた」(本社スタッフ) という証言もある。実際、人事には非常に関心があった。例えば、戦後の東邦生命の経理部門を支えたA氏や、科研製薬の再建にあたったB氏 (95年に東邦生命が設立した経営諮問委員会メンバーに就任) など、実力者を次々に排除し、周囲をイエスマンで固めた。ワンマンというよりも、誰も何

も言わなくなっていた。「賢い人は役員にしない」「取締役の在任期間が短い」という傾向も見られたという。

④トップ周辺の行動

このような太田社長のもとで、社内が親社長派と超保守勢力（無気力で目先の仕事のみを行うイメージ）に分かれ、中間派が育たなかったという。取締役には支社長出身者が多くなり、「1993年度決算が赤字になるかどうかという事態に直面しても、役員は誰も動かなかった。そもそも事の重大さを理解してもらえなかった。大蔵省は守ってくれないと言っても、『これだけの生保を大蔵省が守ってくれないわけがない』という姿勢だった」（企画部門スタッフ）

95年に初の生え抜き社長となった埖川利内氏は、当時の本社スタッフからは「人間的にはいい人だが、どの案件についても通じていなかった」「若手の邪魔をしなかったのが唯一評価できる点」といった声が聞かれた。その埖川氏は副社長時代のインタビュー記事の中で、「従来は、社長の前で意見を言う勇気が不足していたんじゃないかという気がします。冷静に考えて、やはり、太田社長の存在感が大きいということもあったでしょう。ですからちょっとものを言いにくかったのかもしれません」と語っている（「日経ビジネス」1994年8月1日号）。

もっとも、社長を祭り上げ、周りが好きなようにやっていたという面もあるようだ。例えば、太田社長が仕手株に手を出したり、許永中氏と付き合ったりしたきっかけをつくったのは、社長の取り巻きの一人だった。その彼は前述の開発事業部門を立ち上げた後、83年に退職し、顧問となったうえで、保険代理店業、経営コンサルタント業などを営む東朋企画を設立。大株主として日本レースの社長となり、仕手株取引や手形乱発事件に関わったとされる。「彼は親子で東邦生命に勤め、大阪などでダントツの業績を上げ、太田社長に引き立てられた。ただし、会社から融資資金を引き出し、その見返りに契約を獲得するやり方だった」

（本社スタッフ）。退職後も東邦生命から資金を引っ張り、不透明な投融資を行ったという。

また、当時の運用担当役員は、社長の信任をバックに財務部門を牛耳り、社内で「天皇」などと呼ばれていた。「社長がOKと言えば決裁権限など無意味だったため、ハイリスク運用に走ることになった」（企画部門スタッフ）。「公私混同がひどく、会社が所有するハワイのホテルを個人で利用したり、毎年会社の金で世界一周旅行に出かけたりした」「彼は社長自身の投融資に関わっていたと見られ、社長は彼が何をしても切るわけにはいかなかった」（別の本社スタッフ）と言われている。

⑤経営が悪化してからの対応

1990年代に入り株価下落の直撃を受けてからも、「92年ころまで、社内はまだ『前へ』という雰囲気だった。例えば92年には新オンラインシステム（TOHO－システム21計画）が稼動している。ただ、一部の気がついている人は何とか事態をコントロールしようとしていた」（数理担当者）。

バブル期に株式投資を増やしたことに加え、貯蓄性商品の配当を捻出するために株式売却益を活用してきたことが、90年以降の株価下落局面で多額の評価損発生につながった。91年度の有価証券評価損は1,622億円、保有株式の20％強に達した。その後も厳しい決算が続き、93年度には初の経常赤字となった（不動産の売却で損失の穴埋めをしたため、最終損益は黒字を維持）。

80年代後半の資産急増の原動力になった貯蓄性商品は、死差益がほとんどないうえ、総じて利回り負担が重く、市場金利の水準が下がるとすぐに収益を圧迫した。三利源損益で見ても、92年度から利差損となり、その後は逆ざやを費差益と死差益ではカバーできない状況に陥っている。しかも、89年度末に3,900億円程度あった株式含み益は、91年度末には160億円に縮小した。埒川副社長（当時）は会見で、「投信として

抱えていた外国有価証券で、91、92年度に含み損が発生していた。高利
回りだが、将来損が出るタイプの投信だった」と述べている。「すでに
92年時点では多額の有価証券含み損を抱え、オフバランスにも含み損が
あり、負債の高い予定利率と合わせ、穴があいている状態だった」（企
画部門スタッフ）のである。

　このため、東邦生命は早い段階から責任準備金の積み立て水準を切り
下げて決算を乗り切っている。関係者によると、まず、91年度決算で多

図表4-11　有価証券評価損（1992年3月末）

単位：億円、%

	評価損	株式残高	割合
日本	4,510	67,507	6.7%
第一	3,891	49,614	7.8%
住友	4,109	41,264	10.0%
明治	2,382	29,604	8.0%
朝日	1,810	23,119	7.8%
三井	1,627	19,383	8.4%
安田	1,178	13,782	8.5%
千代田	1,219	12,906	9.4%
太陽	251	7,418	3.4%
東邦	1,622	7,484	21.7%
協栄	1,251	6,027	20.8%
日本団体	1,290	5,123	25.2%
大同	468	4,926	9.5%
第百	465	6,892	6.8%
富国	489	4,330	11.3%
日産	903	2,744	32.9%
東京	125	2,498	5.0%

（出所）「インシュアランス生命保険統計号」

額の評価損に対応するため、純保険料式（危険準備金を含む）からチルメル式に変更し、利益を捻出したという。その後も94年度など複数回にわたり切り下げられ、10年チルメル水準かそれ以下になった。

すでに90年の大蔵省検査で資産内容などについてさまざまな指摘を受けていたが、経営改革よりも一発逆転を狙う行動が目立った。「経営不振に陥っていた米国の生命保険会社との再保険取引で利益計上を図ったこともある。だが、相手が破綻してしまい、かえって損失が発生してしまった」（数理担当者）

93年の検査報告書の付属資料によると、貸付金のうち分類資産（当局査定ベース）は90年の1％から13％まで膨らんでいる。93年5月時点の有価証券含み損益は700億円のマイナスで、責任準備金の水準も大幅に切り下がっているなど、経営内容は深刻な状態に陥っていたことがわかる。しかも、90年代前半の損益計算書を見ると、不良債権の処理を進めてきた形跡がほとんどない。まとまった金額の不良債権償却を実施したのは、95年度以降のことである。

⑥若手集団による経営改革

1993年の大蔵省検査、93年度の赤字決算あたりから、「若手集団」が経営の主導権を握るようになった。その後、2期連続経常赤字の責任を取る形で太田社長が退任し、若手集団は95年7月に就任した埳川社長のもとで「新経営計画」をスタートした。早期退職制度の導入などリストラを断行し、三井海上火災保険（当時）との提携や代理店網の強化、新商品の開発（97年に「健康体保険ペガサス」として実現）などを次々に実行した。

新経営計画と同時に、取締役会の諮問機関として「経営諮問委員会」を設置した。委員長には大蔵省OB（委員長）が就任し、他のメンバーは保険数理に特化したコンサルティング会社である米ミリマン・アンド・ロバートソン・ジャパン代表、科研製薬社長（東邦生命OB）だっ

た。社外監査役にも大蔵省 OB が就いた。

この時点で若手集団はすでに単独での生き残りは難しいと考えており、外部との資本提携が経営改革の前提となっていた。例えば、ミリマン社の代表には会社価値の計算や提携先の紹介を期待していたと見られる。

若手集団の改革に対し、社長をはじめ、新しい経営陣は邪魔をしなかったという。ただ、社内からは秘密の組織として見られ、後になって「はじめから自力再建を放棄した」という批判も出たようだ。

⑦ GE キャピタルとの提携

若手集団は当初、大手生保に相談に行ったが、交渉どころかマーケットを狙われ、「ひどい目にあった」（本社スタッフ）。1997 年に入ったころから外資との交渉が始まったものの、日産生命が破綻して生保業界への信頼が崩れ、解約が増えた。

さらに、北海道拓殖銀行や山一證券などの大型破綻の影響で金融不安が一段と高まり、東邦生命はかつてない規模の解約ラッシュに見舞われた。「資金繰りで詰まりそうになったことはない。現金化できる資産はまだまだあった」（数理担当者）というが、解約に対応するため優良資産から売却せざるを得ず、会社価値が日々下がる状況のなかで交渉は難航した。関連ノンバンクの不良債権に加え、貸付金の焦げ付きも次々に顕在化した。予定利率も高かった。破綻時（98 年度）の平均予定利率は 4.79％、個人保険・個人年金保険だけに限れば 5 ％に達していた。

オランダの大手保険グループであるエイゴンとの提携は、実現直前で白紙に戻った。「東邦の営業網を分離してエイゴンと新たな生保を作り、東邦は既存契約の管理会社になるというのが提携の枠組み。すでに基本合意し、発表直前までこぎ着けていた。しかし、97 年に起きたアジアの金融危機で、日本を含むアジアへの投資に及び腰になったエイゴンは、土壇場で計画を白紙に戻し」たという（「日経金融新聞」2003 年 2 月 5

日付)。

　最終的にエイゴンと同様なスキームである「新旧分離方式」で、一度は中断していたGEキャピタルとの提携が実現した。両社共同で設立したGEエジソン生命保険に新規の保険販売組織を譲渡し、自らは過去に引き受けた契約の維持管理に専念する会社となる仕組みで、東邦生命にとって不利な提携内容だった。GEキャピタルは東邦生命の財務リスクを遮断したばかりでなく、営業権の対価についても一部を出来高払いにした。財務再保険についても「相当問題の多い契約内容だった」(当時の関係者) という。

　このため、当時の本社スタッフや数理担当者などから「提携は大失敗だった」「一部のスタッフが短期間で不利な契約を結んでしまった」という声も聞かれたが、当時の経営陣や若手集団の意識は、「すでに東邦生命の看板では営業ができなくなっていた」「相手に足元を見られ、さまざまな条件を飲む必要があったが、当時の選択肢としては(破綻以外には)これ以上のものはなかった」「セーフティーネットもないなかで、最悪の事態を避ける必要があった」(複数の本社スタッフによる証言)というものだった。

⑧経営チェック・リスク管理態勢

　太田体制のもとで、内部統制やリスク管理態勢はほとんど機能していなかった。例えば、社長がOKと言えば、決裁権限など無意味だったという。

　社長の信任をバックに財務部門を牛耳っていた当時の運用担当役員について、「1980年代後半には、常務会に資産運用の明細を出さなくなった。90年代前半には『自分たちで計算する』と言って、ソルベンシー・マージン比率計算用のデータも数理部門に出さなかった。もっとも、その後困ってから見せるようになったが。当初は企画部門が運用部門に『いくらまでならOK』といった話をしていたが、ある時からタガが外れ

て隠すようになった。とにかく彼が牛耳っていた。彼の下はかわいそうだった」（企画部門スタッフ）。

80年代後半には、資産・負債のミスマッチの問題について、その担当役員に何度も説明した「若手社員」がいたそうだ。しかし、担当役員はむしろ批判勢力として彼を遠ざけたという。破綻後の調査結果（非公表）を受けた保険管理人も、「不十分な内部管理態勢で不適切な資産運用をした」と発表している。

他方、80年代後半の資産急拡大を抑えようという組織的な動きはなかったという。「数理サイドで懸念を示しても、社長や取り巻きが強く、声は全く通らなかった。不自然に辞めていった人もいた」「数理部門にもALMという発想はなかった。数理と財務が連携するのではなく、それぞれ相手の言う結果を聞いて、単にそれを使うだけだった」（複数の関係者による）

東邦生命のアクチュアリーは、「決算対策と商品開発に関わっていたから、社内でそれなりに権限があった」（数理担当者）というが、ある企画部門スタッフによると、「92年にはバランスシートに穴があいているのを確認したものの、分析結果が経営にきちんと伝えられていなかった」という事実もあるようだ。「太田氏が社長になるまでは、東邦生命ではアクチュアリーが重んじられており、業界にも影響力があった。だが、その後は水準が落ち、基本的には社長の言いなりになった」という本社スタッフの証言もある。

⑨外部規律が果たした役割

外部からの経営チェックはほとんど機能していなかった。日産生命と同じく、東邦生命も相互会社形態だったが、社員総代は「社長が好きな人を選んでいた」（本社スタッフ）など、やはり総代会が機能していたとは考えにくい。

太田社長は一族のなかでも不評だったというが、そうかと言って一族

による社長下ろしの具体的な行動は見られなかった。一族の資産管理会社である、九州勧業の社長を務めていた太田氏のいとこが東邦生命の副会長だった時期（1988〜95年）もあるが、ガバナンス面で何らかの役割を果たした形跡はない。前任である太田氏のおじは、「社長退任後も東邦生命の経営について意見を言っていた。だが、太田氏があまりに言うことを聞かないのでしばらくして辞めてしまった。二人の間には、太田氏の社長就任時期をめぐっても確執があった」（本社スタッフ）という。

労働組合にも目立った動きは見られなかった。垰川社長は労組の執行副委員長を務めていた人物であり、94年に辞任した副社長の一人も組合と関係が深かった。

他方、大蔵省は比較的早い段階から東邦生命の経営を問題視していた。ただ、太田社長は大蔵省とは一貫して対決姿勢を取っていた（その一方で複数の大蔵省OBを受け入れていた）。

前述のように、大蔵省はすでに、90年4月の検査で資産面などについて指摘している。ところが、次の検査（93年）までは特段目立った動きは見られなかった。91年度決算で大蔵省は責任準備金の切り下げを承認しているものの、負債の問題についてどこまで把握していたのかは疑問である。

93年の検査では、90年に4,950億円のプラスだった広義の正味自己資本（自己資本に有価証券含み損益、分類債権のうちⅢ分類の50％、Ⅳ分類の全額を考慮したもの）が659億円のマイナスとなった。Ⅱ分類とされた資産も2,000億円に上っている。

しかし、当時の本社スタッフなどによると、大蔵省は資産の健全化よりも、経営陣の交代に注力したようである。「93年の大蔵省検査は約3カ月と非常に長く（通常は1カ月以内）、親族企業への迂回融資などが問題となり、大蔵省は社長と運用担当役員の退任を求めてきた」（本社スタッフ）。残念ながら検査結果そのものは公表されていないのだが、大蔵省検査で経営陣の退任を求めるというのはおそらく異例のことだろ

う。「問題が解決するまでは決算を認めないという姿勢だった」(企画部門スタッフ)。それでも太田社長はすぐには辞めず、95年になってようやく退任した。

退任後の若手集団による経営改革に対し、大蔵省は総じて協力的だったという。「経営諮問委員会」には大蔵省OBが委員長となり、98年にはGEキャピタルとの提携も認めている。「新旧分離方式」による提携は必ずしも東邦生命の信用補完にはならず、収支計画そのものも株価や長期金利が緩やかに上昇する前提となっているなど、「かなりのナローパスだった」(本社スタッフ)。しかも、新旧分離方式では提携後に破綻した場合、包括移転先が事実上、提携先に限られてしまうため、破綻処理をめぐる交渉で不利な立場になることも明らかだった。

当時の関係者によると、大蔵省の実務担当者はこの提携スキームにかなり難色を示していたようである。だが、他方で大蔵省は97年12月に財務再保険を解禁する通達を出してこの提携をサポートし、最終的にゴーサインを出した。

この背景には、97年の日産生命の破綻処理により、当時のセーフティーネットである生命保険契約者保護基金2,000億円を全額使ってしまい、98年12月に生命保険契約者保護機構ができるまで、セーフティーネットが存在しなかったことが挙げられる。加えて、97年秋の相次ぐ大型破綻で、金融システム不安が高まっている状況でもあった。

4. 低収益構造が足かせに——第百生命保険

①破綻に至った直接の要因

第百生命の経営破綻は、東邦生命が破綻した1年後の2000年5月である。経営環境が一段と厳しくなるなかで第百生命は、1999年にカナダ

の大手生保マニュライフ・ファイナンシャルと提携し、営業権の譲渡や財務再保険で確保した資金をもとに資産の健全化と内部留保の充実を図っていた。

しかしその直後に、ほとんど同じスキーム（新旧分離方式）でGEキャピタルと提携していた東邦生命が破綻した影響から、解約が一段と増えた。加えて、提携直後にハイリスクの外国証券投資に失敗したうえ、2000年1月の金融監督庁（当時）による検査で、1999年3月に取り入れた劣後ローンが不適切だったことが発覚。さらに、2000年度決算では監査法人から繰延税金資産の非計上などを求められて債務超過状態に陥り、事業継続を断念した。

第百生命の場合、何か特定の大きな問題により経営危機に陥ったのではなく、さまざまな要因が一気に表面化してしまったという色彩が強い。不良債権問題は「致命的な話ではなかった」（本社スタッフ）し、経営者の独走なども見られなかった。

ただ、戦前から勤倹生存保険（貯蓄保険）を主力商品としていたこともあり、収益性の低い貯蓄保険に依存する体質からの脱却が進まなかった。戦後は新商品の開発に力を入れたものの、小口の保障性商品のウエートが高くなり、結果として余裕のない収益構造が固定化してしまった。

そのうえ、中途半端に大手と同じビジネスモデルを志向したため、配当負担などから株式含み益に依存した収益構造になった。「変額保険や団体生存など、大手がやるものは何でもやっていく戦略を取った。選択と集中がなく、総花的だった」（本社スタッフ）。1980年代後半には、中堅他社にやや遅れて総資産競争に参戦。その際に販売した一時払いの貯蓄性商品の高い予定利率が90年代に入ってから負担となり、株式含み益への依存度を一層高めた。90年以降は株価下落など資産劣化の影響も強く受けた。

経営内容が悪化するなかで、第百生命の経営陣は問題を早期に認識せ

ず、適切な対応を取ることができなかった。課題となった政策株式の削減も進まなかった。「バブル期以降、『気づき』と『対応』が遅れていた。大きな問題でダメになったのではなく、いろいろなことが一気に来た」（本社スタッフ）状態と言える。

②収益構造の改善が進まず

　第百生命は旧川崎財閥系の会社だが、家庭市場を顧客基盤としており、貯蓄保険が主力商品だった。このため、保障性商品を中心に経営している生保に比べて収益性が低かった。1970年代には「貯蓄と生命（保障性商品）の両輪」という経営方針に変わっていたものの、営業現場が保障性商品の販売になかなか切り替えられなかった。保障性商品を販売しても、診査のいらない少額保障が多くなった。

　貯蓄保険は3年や5年ごとに満期があり、顧客カードを持っているだけで一定の業績が上げられたので、新たな顧客を開拓する必要がなかった。これに対し、死亡保障商品を売るにはそれなりのコンサルティングが必要で、貯蓄保険を中心に活動していた営業職員組織が保障性商品を扱うようになるにはかなりの時間がかかった。すなわち「小口の保障性商品のウエートが高くなり、保障ニーズのない若年層の契約に走るようなこともあった。義理で加入してもらい、すぐに解約というパターンだ」「第百の優績者はたいていカードを500枚くらい持っている人だった。死亡保障の場合にはそうはいかない。営業力の弱さを引きずってしまった」「結局のところ貯蓄保険を捨て切れなかった。『貯蓄と生命のバランス販売』ということになり、規模のわりに二兎を追い、どちらも中途半端になった」（複数の本社スタッフの証言）という状況となっていた。

　新商品の開発に力を入れ、業界初の商品を次々に投入していったものの、80年度の個人保険収入保険料に占める貯蓄保険のウエートは73％と依然として高水準で、85年度になっても60％近くが貯蓄保険の保険料だった。

この結果、費差損状態が続いたばかりでなく、死差益も小さいという余裕のない収益構造になってしまった。ちなみに、80年代までの生保業界では、生命保険協会の委員会で死亡率や付加保険料、配当率などが実質的に決まっており、効率性の悪い会社でも経営できるような配慮がなされていたが、大手生保の関係者によると、「（収益力の低い）第百生命がベンチマークになっていた」という。

　収益構造についての議論は、社内で何回も行っていたそうだ。「80年ころに課長クラス数名が特命を受け、さまざまな経営課題（貯蓄会社の弊害、無診査の小口契約が多い、事業費効率が悪い、事業多角化など）について提言を行ったことがある。集金費の引き上げなど、この時の提言が経営に生かされなかったわけではないが、徐々にしか変わらなかっ

図表4-12　第百生命の主な沿革

1914	日華生命保険株式会社創業（川崎財閥）
41	川崎系の日華生命、福徳生命、国華徴兵生命が合併（第百生命徴兵保険株式会社）、勤倹生存保険（貯蓄保険）が主力商品の一つに
47	第百生命保険相互会社として再出発
62	「新生活保険」発売
65	川崎大次郎が社長に就任
67	「総合保障保険」がヒット
73	川崎稔が社長に就任
76	「生命」「勤倹」部門の統合
77	調布本社へ移転
87	福地克男が社長に就任
89	CIスタート（1991年に社外に発表）
93	情報システムの運営を野村総合研究所にアウトソーシング
95	94年度が経常赤字に
96	小森良雄が社長に就任
98	ノンスモーカー保険「すいません」発売／川崎真次郎が社長に就任
99	マニュライフと提携、既契約の管理会社に／秋山光正が社長に就任
2000	業務改善命令／業務停止命令 （敬称略）

（出所）筆者作成

た」（本社スタッフ）。「昔から費差損の解消はテーマで、経営計画には必ず盛り込まれた。しかし、計画は立てただけに終わることが多かった。利差益が大きく、株式含み益も大きかったため、達成できなくても『まあいいや』となった」（別の本社スタッフ）という。

　社内のアクチュアリーも何度か警鐘を鳴らしている。96年に退任したアクチュアリー（保険計理人、常務取締役などを歴任）は、90年代初頭に将来収支分析を行い、すでに相当な危機感を持っていた。「92年ころの経営会議で収益構造の見直しを訴えた結果、『コスト削減』『保障商品の拡販』『株式の抑制』『企業年金の抑制』といった対応策が出てきた。ところが、企業年金の抑制を除き、やはり徹底できなかった」（数理担当者）

③太陽生命との違い

　ところで、現在はＴ＆Ｄグループの一員である太陽生命は、第百生命と同様に家庭市場を顧客基盤としており、近年までは、やはり貯蓄性商品を主力にしていた。これは、旧川崎財閥で働いていた大部孫大夫氏が当時の太陽生命のオーナーである西脇家からスカウトされ、第百生命の貯蓄保険を太陽生命に導入したことが大きい。経営トップ同士のつながりから、1962年には両社の合併が持ち上がったこともある（結果的には白紙撤回となった）。

　ただ、太陽生命は独自路線を歩み、合理化を徹底し、他社と違う商品を提供した。太陽生命も収益性の低い会社だったが、女性営業職員2人がコンビを組んで飛び込み営業を行うという独自の営業スタイルや販売組織の簡素化、他社と基礎率が違う商品の開発などにより、儲かる会社になった。とくに支出の絞り方は、第百生命の本社スタッフが「衝撃を受けるほどだった」という。加えて、独自の商品戦略のため、特別配当で株式含み益を吐き出すこともなかった。

　これに対し、第百生命は大手生保のビジネスモデルに近づこうとした

ものの、コスト削減が徹底できず、低収益構造を引きずり、株式含み益に依存した。「(77年の)国領への本社移転でもかなりコストをかけるなど、体質として弱かった」(本社スタッフ)。生命部門(年・半年払いの生命保険)、月掛け部門(月払いの生命保険)、勤倹部門(貯蓄保険)の3つに分かれていた営業組織の統合が実現したのは76年で、それまでは給与規程や事務組織も3体系バラバラで効率が悪かった。

④経営が悪化してからの対応

収益構造の問題は、運用環境が悪化して利差益を稼げなくなった1990年代に表面化した。92年度から逆ざやが顕在化し、93年度からは利差損を費差益と死差益で穴埋めできなくなった。しかも、93年度の有価証券売却益は1,000億円近くに達した。

94年度は三利源損益の赤字に加え、株価下落に伴う多額の評価損計上を迫られ、戦後初の経常赤字となった。86条にある準備金の取り崩しのほか、責任準備金を実質純保険料式から5年チルメル式の水準に落として対応した。

ところが、経営陣にはそれほど危機意識はなかった。「主計部門が経営に対し、『いくつかのシナリオでは会社が成り立たなくなる』『破綻する可能性が20〜30%ある』という将来収支分析の結果を示したことがあった。しかし、『そういうシナリオの時は、日本がおかしくなってい

図表4-13 三利源損益の推移

単位:億円

	1987/3	88/3	89/3	90/3	91/3	92/3	93/3	94/3	95/3
費差益	−49	−36	16	105	53	17	25	39	36
死差益	159	182	176	189	268	296	318	331	353
利差益	199	167	161	262	232	141	−161	−552	−624
合計	309	313	353	556	554	454	181	−181	−235

(出所)検査報告書より作成

る』と経営者の半分は真剣にとらえなかった」ようだ（数理部門スタッフ）。

　赤字決算を受けて 95 年 4 月に発表した 3 カ年計画も、個人契約者向けのサービス向上や法人営業体制の再構築などにより保有契約高の拡大を目指すというものだった。しかも、「コスト削減を徹底しようとしてもできなかった。営業部門からは『これではやってられない』という声が高まった」（本社スタッフ）という。

　脆弱な収益構造のうえ、株価次第で損益が大きく左右され、株式含み益がほとんど枯渇していたにもかかわらず、「97 年 4 月に日産生命が破綻しても、当初、社内では『あれは日産の話（であり自分たちは関係ない）』という雰囲気だった」（同）。

　それでも秋山光正副社長（99 年に社長就任）を中心に策定した 97 年度からの「中期経営計画」では、「経営基盤の強化」と「安定した収益構造づくり」を目指し、各種の取り組みを行った。相互会社の資本金にあたる「基金」190 億円を常陽銀行など親密 4 行から調達し、営業面では「ご契約者総訪問運動」を実施するとともに、解約防止を専門に担当する職員を全国に配置した。また、商品開発にも力を入れた（98 年 3 月発売の日本初のノンスモーカー保険「すいません」として実現）。

　しかし、金融機関の大型破綻が続き、経営環境は一段と厳しくなった。格付け会社は第百生命の信用力を BB と低く評価し、97 年度の解約失効率（個人保険）は、前年度の 13.3％から 19.1％に上昇した。97 年度決算では、「利息配当金収入が大幅に減り、外国証券の売却損や不良債権処理コストなどもかさんだため、そのままでは全期チルメル式でも決算ができない状態に」（本社スタッフ）陥っていた。

　そこで、米大手再保険会社の RGA と財務再保険契約を締結し、受け取った手数料 100 億円で責任準備金を積み増した。さらに、ウェストドイッチェ・ランデスバンク（西ドイツ銀行）を中心に劣後ローン 380 億円（うち 300 億円が西ドイツ銀行）を調達し「資本増強」を図った。

巻末付録　事例検証　どこで道を誤ったのか　**207**

　だが、この西ドイツ銀行からの調達は実質的に資本性のない不適切な
ものだった。と言うのも、第百生命は西ドイツ銀行から劣後ローンの供
与を受ける一方で、第百生命の信用リスクに連動するクレジットリンク
債を同額で西ドイツ銀行グループから取得していたためである。第百生
命の経営が悪化し、ローンの返済ができなくなれば、クレジットリンク
債の価値がなくなる。つまり、「資本増強」は見せかけにすぎなかったの
である。

⑤政策株式の削減

　1990年ころの第百生命の総資産に占める株式ウエートは23％前後で、
全社平均よりもやや高めだった。その後、90年代以降の株価下落で株式
保有のリスクが顕在化したが、残高のピークは93年度と、なかなか売却
に踏み出せなかった。

　第百生命と同規模の大同生命は、92年度、93年度と株式の売却を進
め、ピーク時には総資産の20％弱を占めていた株式ウエートを短期間の
うちに10％近くにまで落としている。第百生命でも92年ごろに経営会
議で株式を売却する方針を決めている。「株式売却を決めたのは、（川崎
家出身ではない初の社長となった）福地克男氏だった。だが、営業部門
の反対のほか、株式の好きな川崎家の大次郎氏やその子息の存在もあ
り、結果的に実際の売却は94年度にずれ込んだ」「売れるものを売却し
たため、銀行株ばかりが残ってしまった」（本社スタッフ）結果、96年

図表4−14　株式ウエートの推移（対総資産）

	1990/3	91/3	92/3	93/3	94/3	95/3	96/3
第百生命	23.6%	22.8%	23.7%	23.5%	23.8%	20.7%	16.2%
大同生命	18.9%	19.5%	14.8%	11.3%	11.5%	10.8%	9.7%
全社	21.8%	22.1%	21.7%	20.3%	19.7%	18.8%	17.2%

（出所）「インシュアランス生命保険統計号」

3月末の金融・保険・証券株のウエートは保有株式の50％を超えている。

97年以降にも政策株式を売却しようとして、「常務会で『総枠いくら』と決めたものの、『相手の了解が得られない』という理由から、ほとんど売却が進まなかったことがあった。社内では営業が強く、マネジメントが弱かった」（本社スタッフ）。

⑥マニュライフ提携の前後の対応

1998年4月に川崎家の真次郎氏（川崎大次郎氏の子息）が社長に就任し、経営に求心力を高めようとする一方、経営陣はすでに外部提携なしではやっていけないとの判断のもとに、97年秋ごろから提携を模索し始めている。「最初は親密銀行に支援を求めに行ったが、劣後ローンの拠出も思うようにいかなかった。98年春からは投資銀行をアドバイザーに指名し、外資との提携を模索した。いくつかの候補先があったが、最終的にカナダの大手生保マニュライフ・ファイナンシャルとの提携で落ち着いた」「マニュライフとの提携は、東邦生命のスキームが先にあり、相互会社が外部から資金を入れる道はこれしかないと思った」（複数の本社スタッフによる）。99年2月に新会社の設立と第百生命による新会社への営業権譲渡を柱とする包括提携を発表した。

提携スキームは「東邦生命－GEキャピタル」とほぼ同じ「新旧分離方式」で、営業職員組織を中心とした営業権の譲渡や財務再保険により800億円強の資本等を導入し、資産の健全化と内部留保の充実を図るというもの。自らは既契約の維持管理と資産運用業務に特化した会社となった。

ところが、提携直後の99年5月に東邦生命が破綻し、提携スキームが似ている第百生命の解約が急増した。それによって「解約率が上昇し、昨年9月末時点で（マニュライフとの）契約見直し基準に触れた」（破綻時の秋山社長の会見から）。しかも、ハイリスクの外債取引のヘッ

ジ失敗で数百億円の損失を出し、「提携で得たお金の大半が夏までになくなった」（本社スタッフ）という。

さらに、99年8月からの金融監督庁（当時）による生保の一斉検査では、資産の自己査定について多額の見直しを求められたうえ、前述の西ドイツ銀行からの劣後ローンが不適切だったことが発覚し、2000年2月に業務改善命令が出された。発覚後の記者会見によると、「このローン購入は、取締役会という通常の機関決定をせずになされ、（第百生命の経営陣はこの債券購入を）把握していなかった。運用担当役員だった川崎真次郎氏と当時の財務担当役員二人が認識していた」（「日経金融新聞」2000年2月15日付）とあるが、真相は不明である。修正後のソルベンシー・マージン比率は200％を下回った（修正前は304％）。

この行政処分の影響で解約が一段と増え、監査法人から保有資産の追加償却や繰延税金資産の非計上を求められたことで債務超過状態に陥り、金融監督庁（当時）から業務停止命令を受けた。

提携後わずか1年での破綻だったが、これは、提携スキームの問題というよりも、「西ドイツ銀行の劣後ローンが当局から否認されたうえ、為替取引で多額の損失が出てしまった。これでマニュライフとの5年後の合併が消えた。一定の財務体力がないと合併できないことになっていた。加えて、解約の増加で追加ののれん代も怪しくなった」「為替による損失と西ドイツ銀行の件が出るまでマニュライフは協力的だったが、これでダメになった」（本社スタッフ）という声が目立った。

⑦経営者

第百生命は川崎系の会社で、1987年に福地氏が社長に就任するまで、川崎家出身の社長が続いていた。とりわけ川崎大次郎氏（社長就任は1965〜73年）は「中興の祖」と言われていた。「新種保険のパイオニア」と呼ばれるようになったのも彼の時代からである。ただ、社長を退任してからも87年まで取締役を続け、経営への影響力を持ち続けた。「社内

には息子の真次郎氏がいて、入社当初から社長候補と見られていた。経営陣は常に大次郎氏を意識しながら判断せざるを得ず、『貯蓄保険をやめる』『銀行株を売却する』といった思い切った判断はできなかった」（本社スタッフ）という。

当時の本社スタッフによると、87年ころから経営が規模を追うようになったという。社内には「貯蓄から生命にシフトしているので、総資産ランキングが落ちても仕方がない」という声もあったそうだが、「中興の祖」と言われていた大次郎氏の周辺から「やはり貯蓄性商品による資産規模拡大も必要」という主張が強まり、提携ローンの個人年金保険や一時払い養老保険などに注力した。他方、別の本社スタッフは、「一時払い商品に注力したというよりは、むしろ売れてしまったというのが正しいかもしれない」と語っている。

川崎一族以外から初めて社長になった福地氏（社長就任は1987〜96年）は、営業に強い人で、同期入社の小森良雄氏（96年に社長就任）が資産運用を担当していた。当時の本社スタッフによると、「福地社長は人の意見をよく聞くタイプだったが、ブレーンに恵まれず、しっかりした政策を打ち出せなかった」という。例えば、「89年から第百生命でCI（コーポレートアイデンティティ）を手掛けたことがあったが、本来の趣旨とは違い、ロゴを変えるなど表面的なものに終わってしまった」そうである。

福地氏に限らず、第百生命の経営陣には強いリーダーシップで事に当たろうという人物があまり見当たらなかった。「社内で警告が出ることはしばしばあった。しかし、生保の経営は見えにくく、社内でも意識を共有しにくい。最後には大勢に流されてしまう。マネジメントに権限を行使しようという強い意識はなかった」（本社スタッフ）

低収益構造の見直しに関しても、経営陣は次々にプランを作るが、検証して修正するという仕組みがなかった。「ほんわかとしたムードだった」「議論をすると、対応策として常に『保障性商品の拡販』『コストの

削減』『株式売却』といういつものお題目が出てきたが、実行可能かどうかの議論はなく、着手するとすぐに実態と乖離してしまう」（複数の本社スタッフによる）という状態だった。とくに、80年代までは利差益も株式含み益も大きかったため、達成できなくても何ら責任問題にはならなかった。

⑧アクチュアリー

第百生命では、アクチュアリーが経営に重んじられていた。これは、「新種保険のパイオニア」として、商品開発が重視されていたことも影響している。「社内でアクチュアリーは重視されていた。外部からも第百生命には優秀なアクチュアリーがいると言われていたし、日本アクチュアリー会の理事長を出したこともあった」（数理担当者）

1990年代に入ってからも、保険計理人が常務取締役（1991～96年）まで昇格している。彼は社内でかなりの発言力があった。早くから将来収支分析を行い、経営に強い危機意識を持ち、常務会などで何度も意見を述べていた。しかし、「第百のアクチュアリーは、経営に関わるという意味でよくやっていたと思う。ただ、経営内容が経営陣の間で共有化されていなかった。出てきた数字だけでは中身はわからない。経営からはしばしば『計理はわからない、難しい』と言われることがあった。その結果、走り出したのが遅かった。行政に頼りすぎ、経営に自主性がなかったとも言える」「途中で自ら妥協案を出してしまうなど、主張を徹底できず、最後は大勢に流されてしまった」（いずれも本社スタッフ）という結果となっていた。

⑨ALM

1980年代までは、第百生命にはリスクに対する文化も技術もなかったという。「80年代後半にアクチュアリーが負の要素として見ていたのは事業費だけだった。純保険料式責任準備金の達成が目標であり、資産面

にはノータッチだった」「90年ころにALMの委員会を作ったのはいいが、銀行のものをそのまま使うわけにもいかず、結局のところ何をしていいかわからなかった」（数理担当者）

その後、94年にはALMとして負債に応じた資産の割り当てを一部の勘定で行ったそうだが、「区分経理と言ってもオールドマネーがあまりにたくさんあったので、マッチングはほとんどできなかった」（同）という。

財務部門と数理部門の連携もなかった。「数理部門は株式の売却を主張し、財務は売れるものを売却した。財務部門が何かを隠していたわけではないが、相互に不干渉な体制だったため、銀行株への集中という意図せざる結果になってしまった」（同）ようだ。

⑩外部規律が果たした役割

外部からの経営チェックはほとんどなく、相互会社の総代会は「ほとんどセレモニーだった」という。

1988年7月18日の「朝日新聞」に第百生命の総代会が紹介されている。そこには「『大事なお得意さまばかりの社員総代会で、失敗は許されない』という社内の目を感じた」「想定より7分早い38分で終わった」「質問は全く出なかった。もともと、そのつもりだから好都合だった」「大蔵省が出席率を高めるよう指導していることもあって、どれだけ集めたかが総代会への熱心さの尺度になる」といった記述があり、およそガバナンスとは縁のない総代会の状況が示されている。

歴史的に親しい三菱銀行や常陽銀行には、第百生命からトレーニーを派遣していた。だが、両行が第百生命の経営に関わるようなことはなく、基金や劣後ローンの出し手として登場するのみ（それも97年以降は難航した）だった。

大蔵省だけが外部規律の役割を果たしていた格好だが、その大蔵省にしても、90年代半ばになっても第百生命のことをマークしていなかった

可能性が高い。ある本社スタッフによると、94年度決算の厳しさが見込まれつつあった94年秋に、責任準備金の切り下げについて大蔵省に相談に行ったら、「第百生命のように経営内容のいい会社がなぜ下げるのか」と言われたという。マニュライフとの提携に関しては、東邦生命の前例があったためか、大蔵省からの反対はほとんどなかったようだ。

監督官庁が金融監督庁になってからは、「目に見えるバックアップはなかった。『数社の破綻が必要』という判断が感じられた」「99年時点では存続OKということで当局から承認を得て新体制がスタートしたはずなのに、その当局が新しいルールを適用してきた」（複数の本社スタッフによる）となっていた。

5. わずか2年半の投融資が致命傷に —— 千代田生命保険

①破綻に至った直接の要因

千代田生命は2000年10月に会社更生手続きの申立てを行い、経営破綻した。すでに1993年ころから不良債権問題が表面化し、「危ない生保」の代表としてマスコミにしばしば取り上げられていた。97年末ごろから打開策として外資との資本提携を模索し、同時に基金拠出など親密金融機関の支援も受けてきたが、再建を果たせなかった。

経営危機に陥った要因を整理すると、①80年代後半に高利率、高配当の貯蓄性商品（とくに団体年金）の販売で資産が急拡大したこと、②高利回りを確保するため、不動産関連やノンバンクなどのリスクの大きい資産運用に傾斜したこと、③大口企業保険契約の見返りに株式を大量に購入したこと（いわゆる「政策保有株式」の問題）、などが挙げられる。

危機に陥ってからの経営行動に関しては、外部環境の厳しさに加え、

④不良債権の処理や政策株式の売却が遅れた、⑤抜本的なビジネスモデルの見直しが遅れた、⑥信用不安が表面化してからの対応が後手に回った、などの点が指摘できる。

　他の破綻生保とは違い、大企業の職域市場など優良な顧客基盤を抱えていたため、90年代半ば以降でも毎期の逆ざやによる損失を費差益、死差益でカバーできていた。しかし、93年3月末には不良債権が5,500億円と、貸付金の20%前後に膨らむなど、バブル崩壊後に発生した多額の不良債権に苦しんだ。

　さらに、益出しで取得価額の高まった政策株式も経営の足を引っ張った。80年代後半に「営業に協力できる財務」が求められ、保険獲得の見返りに投融資を実行することが頻繁に行われた。大口問題案件への融資に傾斜した背景にも、この方針があった。「営財一体活動」と呼ばれ、企業営業部門からの要請で株式を購入した結果、89年度末の株式残高は86年度末の3倍に膨らんでいた。この株式の売却が、経営が悪化してからもなかなか進まず、97年度末からは1,000億円を上回る株式含み損を抱えるようになった。

②貯蓄性商品への傾斜

　戦前は5大生保の一角を占めていたが、戦後は地方の代理店（慶應義塾ネットワーク）から都市部の営業職員チャネルへの切り替えが遅れ、あわせて商品戦略でも、定期化の流れ（養老保険から定期付養老保険へのシフト）に乗り遅れた。「（後発の）住友生命は千代田生命の顧客をターゲットに攻勢をかけた」（大手生保の関係者）というように、営業職員組織で展開する他社に顧客を取られ、業界順位が徐々に落ちていった。事業費効率が大手に比べて格段に悪く、配当格差が付いた。他社と比べにくい商品戦略を取ったものの、営業の足かせとなった。78年度決算では責任準備金の水準が「あと54億円で5年チルメルを割り込むところまで行った」（本社スタッフ）状態となった。

巻末付録　事例検証　どこで道を誤ったのか　　215

図表4−15　千代田生命の主な沿革

1904	千代田生命保険相互会社設立（わが国2番目の相互会社。初代社長は慶應義塾の門野幾之進）
28	保有契約高で業界第2位に
48	業界初の「団体定期保険」発売
50	業界初の「団体年金保険」発売
61	業界初の「団体信用生命保険」発売
70	千代田火災、東海銀行、中央信託銀行、トーメンの4社と「さつき会」グループを結成
78	中島正男が社長に就任。翌年から「革新3カ年計画」を開始
82	神崎安太郎が社長に就任
84	「医療保険」を発売／「純増3カ年計画」を開始
92	ホテルニュージャパン問題が表面化
93	不良債権2,316億円を公表
95	94年度決算が経常赤字に
96	米山令士が社長に就任
97	基金500億円を調達
98	米大手損保ユナムと商品の販売提携を発表
99	基金500億円を調達／「経営革新計画」策定（選択と集中）
2000	財務再保険取引を実施／会社更生手続きの申立て（敬称略）

（出所）筆者作成

　これに対し、1978年に中島正男社長が打ち出した「革新3カ年計画」では営業力強化と事業費削減を進め、経営の立て直しを図った。その成果が表れたころ（82年）に神崎安太郎社長が登場し、積極経営姿勢のもとで「大手への復帰」が掲げられた。厳しい営業担当役員のもとで営業職員の増強という地道な取り組みも行われ、84年からは医療保険も販売した（後に死差益の拡大につながった）。しかし、全体としては、企業の財テク資金を引き受けるなど、現場が即効性の高い貯蓄性商品の拡販に走ってしまった。

　そのなかでも団体年金への傾斜が目立った。もともと法人向け市場に力を入れてきたため、団体年金には強かったが、5カ年計画をわずか1年で達成した。これには「東海銀行の取引先や医師会などトップ人脈を

図表4-16　責任準備金の内訳

	〈1986年度〉		〈1989年度〉		〈1995年度〉	
	千代田	全社合計	千代田	全社合計	千代田	全社合計
個人保険	63.1%	74.8%	56.0%	67.0%	41.9%	55.8%
個人年金	3.5%	2.9%	7.8%	6.8%	8.2%	9.5%
団休保険	0.5%	1.2%	0.3%	1.1%	0.3%	0.4%
団体年金	32.7%	20.2%	35.6%	24.2%	49.3%	33.2%

（出所）「インシュアランス生命保険統計号」

通じた食い込みもあった」（企画部門スタッフ）。その後も株式保有や高配当を武器に契約を増やし、ピーク時には責任準備金の50％を占めた。

　個人向け分野については、当時の本社スタッフなどによると、「一部はトップセールスもあるが、いずれもターゲットを絞って組織的に営業したわけではなく、自然体で貯蓄性商品に傾斜してしまった面が強い」「個人向け商品では、他の中堅生保のように営業職員にインセンティブを付けてまで売ってはいなかった」という。

　個人向けの貯蓄性商品については、「販売組織の弱体化を防ぐために、売れにくい報酬体系に変更した」「日産生命のようにチームで全国の金融機関に営業をかけるようなことはなかった。むしろブレーキをかけようとした」（企画部門スタッフ）状態だった。とは言え、結果的に個人向け分野でも一時払いの貯蓄型保険を大量に販売した。更生計画を見ると、一時払い保険の販売に最も傾斜した89年ころには、収入保険料全体に占める一時払い保険の割合が40％近くに及んでいた（業界平均は25％程度）。

　このうち一時払い養老保険については、関係者によると、たまたま満期がさまざまな商品を持っていた（通常は5年と10年のみ）ところ、ある時から6年ものが節税商品として脚光を浴びるようになり、窓口に人が並んだという。「マスコミが勝手に宣伝してくれた」「顧客が保険を買

うために窓口に並ぶのを見たのは、この時が最初で最後だった」（いずれも本社スタッフによる）

当時の部長クラス以上には、「失地回復」への期待感が非常に強かった。「神崎氏が社長になってから契約高や総資産、保険料といった主要指標で挽回し、外部から『大手8社』と言われるようになった」（企画部門スタッフ）。営業現場では神崎氏の人気は高かった。しかし、「大手復帰がバブル経済初期に重なってしまったことが、結果的に大きな意味を持っていたように思う」（別の企画部門スタッフ）となってしまう。

③ハイリスク投融資の実行

1980年代後半に高利率、高配当の貯蓄性商品を大量に販売するなかで、「高利回りを確保するために、不動産関連企業及びノンバンクに対する融資、株式投資、特定金銭信託、仕組債券等のリスクの高い資金運用手法に傾斜することになった」（更生計画案から引用）。横井グループやアイチ、松本祐商事、愛時資、ジージーエスといった大口問題案件の実行時期は88年から90年の2年半に集中している。「あっという間の出来事だった」「気がついたときには手遅れだった」という証言が多い。

不良債権を生み出した投融資は神崎社長の側近によるところが大きかったという。「神崎氏は自ら指示したり提案したりするタイプではなかった」「独断専行ができるような人物ではなかった。そもそも一人だけで何かができるような人ではない」「神崎社長が引き立てた、財務のA氏、営業のB氏、不動産のC氏など『神崎社長の懐刀』と言われていた人たちによるところが大きい」（いずれも本社スタッフによる）

なかでも、87年に財務担当になったA氏の果たした役割が大きかったようだ。「神崎氏が人事（人材の配置）を間違えたことが大きかった。つまり、A氏を財務担当にしたことだ」「資産が急増していたなかでA氏が財務担当になり、問題案件に多額の資金が投入された。数年後にその大半が不良化した」（いずれも本社スタッフ）と語る人は多い。

図表4-17　報道された問題案件

（1）「東洋郵船」など横井氏傘下のグループ企業＝貸付残高約800億円
（2）貸金業の「アイチ」（特別清算）グループ＝同約800億円
（3）貸金業「松本祐商事」グループ＝同約370億円
（4）不動産会社「愛時資」グループ＝同約350億円
（5）ゴルフ場会員権販売「ジージーエス」（91年に事実上倒産）グループ＝同約200億円

（出所）「毎日新聞」2000年12月10日付

図表4-18　管財人がD氏などに損害賠償を請求した案件

（1）品川区の再開発事業でダミー会社を使って地上げを試みたもの（保険業法違反）
（2）銀行から倒産必至との情報を得ていたゴルフ会員権販売会社「ジージーエス」への追加融資
（3）ノンバンク「アイチ」のグループ企業に対する担保不足の融資

（出所）「朝日新聞」2001年3月24日付

　当時の企画部門や財務部門スタッフなどの話をまとめると、財務担当A氏は神崎氏が社長に就任してから台頭したが、財務の経験は全くなかった。前任の財務担当役員を遠ざけて実権を握ると、「（よく言えば）攻めの財務」を標榜した。自信家で、自分がだまされるわけがないと思っていたようだ。その結果、企業保険部門の若手社員が紹介してきた怪しい案件を次々に実行した。そのうちA氏が直接バブル紳士と付き合うようになったというが、「だまされていたのに近い」（財務部門スタッフ）というのが現実だったようだ。

　千代田生命の財務部門は、かつては業界で最も保守的と言われていた。しかし、「あまりに保守的だったので、付けこまれる土壌があった」「営業に弱い会社だったので、契約獲得ができる人を重宝せざるを得なかった」（いずれも本社スタッフ）ようだ。

④ハイリスク投融資がなぜ実行できたのか

　これらの投融資が実行できたのは、まず、投融資の実行部隊と財務審査の担当が同じだったことが挙げられる。当時の企画部門スタッフによ

ると、「もともとは担当が分かれていたのだが、1980年代後半からA氏が審査業務を兼任するようになった。それまでの審査責任者はこの人事に反対したが、A氏によって外されてしまった」という。新聞報道でも、元幹部のコメントとして「融資先のリスクを冷静に審査する財務の専門家が遠ざけられ、素人の側近が配置されたことで、我が社の伝統とされた資産運用の堅実さが失われた」とある（「読売新聞」2001年1月8日付）。

　決済規定にも不備があった。当時の本社スタッフなどによると、例えば、決裁権限がグループ単位ではなかったため、横井グループだけで10社あれば、簡単に多額のグループ向け融資を実行できた。また、実質的には長期貸し出しであっても、3カ月間の短期貸し出しならば役員決済でOKだった。さらには、千代田生命の関連ノンバンク経由で案件を実行することもできたという。やはり80年代後半に規定を甘くした部分があるようだ。「規定の変更は常務会で行っていたが、常務会メンバーは誰も財務のことを知らなかったため、A氏が改悪する際にも牽制機能とはならなかった」（本社スタッフ）

　当初は財務部門全体で運用方針会議を行っていたが、「批判を減らすために出席者が徐々に少人数となり、さらにA氏に直接持っていく体制になった」（企画部門スタッフ）。新聞報道でも「事前に側近の財務部長が社長室に行って全部決めてしまう。常務会で反論などしたら終わりだから、みんな賛成するだけだった」と、証言と同じようなものがある（「読売新聞」2001年1月10日付夕刊）。「同じ財務部門にいても実際にA氏と数名が何をしていたのかはわからなかった」（財務部門スタッフ）。「神崎社長が事後的に知った案件も多かったようだ。彼は営業には口を出すが、財務についてはA氏に任せておけば大丈夫と考えていたようだ」（本社スタッフ）

　「結局のところ、A氏の行動を誰も止められなかった。財務部門でA氏に意見を言った社員は人事で飛ばされたり、担当を外されたりした。も

ともと千代田生命は上に逆らわない体質だった（半面、働きやすい職場だったという）が、バックに神崎社長がいて、実際に反対した数人が外されると、もう誰も止めに入らなかった」（財務部門スタッフ）

⑤不良債権問題の発生

バブル崩壊により、これらのハイリスク投融資が経営問題となったのは1991年夏以降のことである。92年4月には財務部門の体制を一新し、担当役員A氏を降格した。後に社長となる米山令士氏が融資部門担当となり、問題債権を洗い出し、対応方針を決めた。「米山氏も財務は初めてだったので、弁護士を複数活用してアドバイスを受けた」「回収という点では精一杯やった。担保の絵画は徐々にしか売れず、ゴルフ場は売りようがなかった」（本社スタッフなど）

もっとも、会計上の抜本的な対応はしなかった。株式含み益を使って引き当てることも考えたようだが、「多額引き当てによる風評リスクを懸念した」「財務部門の失敗であって、会社全体の問題として認識されなかった」（本社スタッフ）。しかし、その後は不良債権の金額が急速に膨らみ、93年3月末には不良債権が貸付金の20％前後に達した。

当初は、社内でもごく一部の社員しかこの問題を知らなかった。ところが、93年に神崎社長やA氏に恨みを持った元役員（A氏の前任で、90年に退任していた）による情報漏洩事件が発生し、社員の多くは自社の不良債権問題をマスコミの報道で知ることになる。当時の本社スタッフなどは、「最終的に民事訴訟で勝訴したが、信用不安を生じさせる格好の材料となってしまった」「最初に知ったのは週刊誌だった。社内では為替差損のほうが言われていた。92年にA氏の降格人事があり、何かあったという感じはしたが、その時には何があったのかは出てこなかった」などと語っている。

⑥不良債権の公表

1993年6月に大手生保8社は、92年度末の不良債権額（破綻先債権と6ヵ月延滞債権）を初めて公表した。積極経営で知られていた住友生命でも367億円だったのに対し、千代田生命の不良債権は2,316億円と突出していた。直ちに大口契約の流出にはつながらなかったが、社内に与えた影響は大きかった。「それまでは、週刊誌が『5,000億円の焦げ付き』と書き、広報は『ケタが違う（＝小さい）』と答えていた。しかし、実際には週刊誌のほうが近く、ショックだった。これからは会社が『大丈夫』と言っても信じてもらえなくなると思った」（本社スタッフ）。「拡大戦略できて、大手並み配当も達成したと思ったら、いきなり数千億円の穴があいているというのだから、飲まずにはいられないという感じだった」（別の本社スタッフ）。これ以降、「不良債権問題に苦しむ千代田生命」というイメージが固まっていく。

もっとも、実際の不良債権の額は4,000億円台と、公表データの約2倍もあった。金利減免債権が公表されていなかったためと見られる（なお、破綻後の報道では5,500億円とあるが、関係者の証言や95年の検査報告書から判断すると、4,000億円台が正しいようだ）。

その後も財務内容は悪化していった。94年度決算では411億円の経常赤字となり、不動産処分益などにより当期剰余を確保したものの、責任

図表4-19　三利源損益の推移

単位：億円

	1988/3	89/3	90/3	91/3	92/3	93/3	94/3
費差益	111	153	214	216	199	236	309
死差益	415	495	622	655	672	779	767
利差益	315	345	523	524	229	−62	−881
合計	840	993	1,359	1,395	1,099	952	195

（出所）検査報告書より作成

準備金積み立て方式の変更に追い込まれている。ほぼ同時期（95年2月）に実施された大蔵省検査では、広義の正味自己資本（自己資本に有価証券含み損益、分類債権のうちⅢ分類の50％、Ⅳ分類の全額を合計したもの）は2,360億円のマイナスとなっていた。

それにもかかわらず、経営の対応は鈍かった。本社管理部門を縮小し、浮いた人員を営業部門に回すリストラや経費削減などは行っていたものの、当時の本社スタッフによると、「過去の膿を一気に出すようなことはしなかった」「（不良債権を）公表するだけしておいて、経営はロードマップを何も示さなかった」という。

千代田生命は他の破綻生保に比べて費差益、死差益が厚く、三利源損益がマイナスにはならなかった。96年4月には団体年金の予定利率が4.5％から2.5％に下がったため、96年度の業務純益（独自の経営指標で、三利源損益の合計に近い）は前年度の229億円から724億円に拡大した。当時の本社スタッフなどは、「三利源損益がプラスだったので、時間をかければ何とかなると考えていた」「94年度決算で経常赤字となったが、その時点でもフローで何とかなると考えていた。日産生命が破綻しても、その時は千代田生命とは別の問題と考えた」と言う。

ビジネスモデルを変えようという動きもなかった。当時の本社スタッフは、「96年ころまでは業績がそれほど悪くなく、社内では『また元に戻った』くらいの雰囲気だった」「区分経理やソルベンシー・マージンの導入など、保険業法の改正を控え、含み益依存の経営ができなくなるのはわかっていた。しかし、企画部門の若手を中心に議論し報告しても、経営は何も動かなかった。相変わらずイケイケドンドンのままだった」と語る。

⑦政策株式の売却

神崎社長になってからは営業に協力できる財務が求められ、政策保有株式が一段と増えた。「財務部門は営業からの要請を受けて何でも購入

するのではなく、銘柄ごとに審査を行っていたが、銀行株が増えるなどポートフォリオが歪んでしまった」（企画部門スタッフ）

1990年代半ばには、政策株式の売却が議論となった。しかし、営業部門の反対の声が強く、1,000億円ほどしか売れなかった。その後も政策保有株式の売却が何回か経営で議論となったが、「総論賛成、各論反対」という状態が続いたようである。

財務部門スタッフによると、97年の日産生命破綻後に解約が増え、危機感を抱いた財務部門から「株式の大半を売却して国債を購入し、売却益を使って不良債権処理を加速するとともに、解約に備えて資産の流動性を高める」といった提案があった。当時の総資産は6兆円だったが、負債サイドを4兆円以上の団体年金や一時払い養老保険など資金流出が懸念される契約が占める一方、資産サイドには流動性の低い貸付金や不動産が3兆円弱もあり、しかも穴があいていた。株式にはまだ2,000億円以上の含み益があったため、企業営業をあきらめることになるが、会社は生き残ることができるという判断だった。

この提案に対し、「米山社長は賛成したが、他の役員からは『ふざけるな』とボロクソに言われた。神崎会長が反対し、他の役員も同調したため提案は却下された。保有株式にはさつき会関係、慶應義塾関係、三井系、旧大倉グループ（門野家）などがあり、役員からは『会社が壊れてしまう』『千代田生命ではなくなってしまう』『○○社の株を売るくらいなら、潰れたほうがいい』という声が上がった。経営陣の意識としては、まだそこまで追いつめられていなかった」（財務部門スタッフ）ということである。

⑧信用不安と保有契約の流出

1995年度は株価が戻り、株式含み益は2,000億円まで回復したが、経営不安が表面化したことで団体年金の流出が始まった。96年1月には米系格付け会社S&Pが大手8社の格付けを公表し、千代田生命は最も低

い「シングルB」だった。

97年4月に日産生命が破綻してからは、「次に危ない生保」としてマスコミのターゲットとなった。さらに、金融不安の高まりから、解約が一段と増えた。本社スタッフによると、「テレビでホテルニュージャパンの焼け跡が危ない生保の象徴として取り上げられ、そのたびに契約が流出した。大手による風評営業も盛んになった。情報漏洩事件により、マスコミにネタがあったことも大きかった」という。

しかし、それでも経営からは明確な方針は出なかったという。96年に神崎氏が会長に退き、米山氏が社長に就任していた。当時の企画部門スタッフによると、「米山社長はトップになって初めて経営内容の全貌を把握し、『ここまでひどいのか』と発言していた」という。ただ、事業を絞り込もうというプランはまだ示されず、「リストラは単純に『すべての部門で1割減らせ』という話だった。米山社長による経営からのメッセージは『がんばろう』とあるだけで、手の施しようがなかった」（別の

図表4-20　総資産の推移

単位：億円、％

	千代田生命		全社合計	
		前年比		前年比
1990年度	51,544	14.1%	1,316,188	12.2%
91年度	56,214	9.1%	1,432,341	8.8%
92年度	59,829	6.4%	1,560,111	8.9%
93年度	63,166	5.6%	1,691,221	8.4%
94年度	63,963	1.3%	1,779,655	5.2%
95年度	64,425	0.7%	1,874,925	5.4%
96年度	58,163	−9.7%	1,886,590	0.6%
97年度	50,282	−13.5%	1,901,110	0.8%
98年度	43,599	−13.3%	1,917,684	0.9%
99年度	35,019	−19.7%	1,900,329	−0.9%

（出所）「インシュアランス生命保険統計号」

本社スタッフ)。

　それでも「米山社長は、とにかく責任準備金は純保険料式水準を積む、不良債権はきっちり手当てをするという方針で臨み、問題を有価証券の含み損だけに絞ろうとした」(企画部門スタッフ)。97年度決算では株式の評価方法を低価法から原価法に変更し、約1,000億円の含み損を抱える一方、東海銀行をはじめとする親密金融機関などから基金500億円、劣後ローン775億円を調達し、94年度決算で取り崩した責任準備金を純保険料式に戻し、1,389億円の不良債権処理を行った。98年度決算でも劣後特約付債務596億円を調達し、不良債権927億円の償却を実施した。

　もっとも、「含み益を有する手持ち株式のクロス取引による売却益、仕組債券を利用した利益の前倒し、関連会社に対する不動産(含み益を有する)の売却益等により最終利益の計上及び契約者への配当を維持していた」(更生計画案より引用)という厳しい状態で、解約失効率は10%台半ばで高止まり、団体年金の保有契約高はピーク時の3兆円から98年度末には1.2兆円まで縮小した。「記事が出るたびに契約者が並んだ」「さつき会メンバーをはじめ、超親密企業の年金が流れていった」(複数の本社スタッフ)という状況だった。

⑨外部との提携交渉

　当時の関係者によると、「金融システム不安が台頭した1997年末ころから、『このままではどうしようもない』という判断で、打開策として外部との資本提携を模索し始めた」とのことだが、本格的に提携交渉に入ったのは98年以降だった。「信用不安を解消する打開策が必要と決断したのは、98年11月に長銀が破綻した際だ。年末から直ちに外資との交渉を開始したが、最終的に先方から断ってきた。会社価値の算定結果に数千億円の開きがあり、うまくいかなかった」「その後も複数の相手と交渉を行ったが、企業価値の計算でどうしても開きが埋められず、交

渉が思うように進まなかった」（企画部門スタッフなど）

　外部との提携交渉が足踏みとなるなかで、千代田生命は99年9月に抜本的な事業再構築を中心とする「経営革新計画」を1年かけて策定し、分社化やアウトソーシングを活用したコアビジネスである個人向け保障・医療商品への集中、人員削減による大幅な事業費の削減を実行に移した。この計画策定には親密金融機関も関わっていたそうだ。99年1月には、社長退任後も代表権を持っていた神崎会長が相談役に退いた。

　加えて、99年の金融監督庁検査を受けて多額の貸倒引当金を積み増し、基金も増強した。ただし、ニューマネーではなく、劣後ローンからの振り替えだった。当時の関係者は、「日産生命破綻以降の坂を下る流れから踏みとどまる施策を打てた、唯一明るい方向へのターニングポイントだった」「ここまでやれば何とか生き残れると思った」と語る。ただ、その一方で、「すでに厳しい状況が何年も続いていたため、職員は『苦労がどこまで続くかわからず、みんな疲弊していた』『前向きな仕事がほとんどなく、職員の消耗が続いていた』という状況だった」（本社スタッフによる）

　99年度下期には再び保有株式が大幅に下落し、外資との交渉を再び本格化した。外部環境は非常に厳しく、「データを更新するたびに結果が悪く」（企画部門スタッフ）なった。しかし、最終的に親密金融機関からの追加支援を得られなかったこともあり、外資との提携は実現せず、千代田生命は2000年10月9日に東京地方裁判所に会社更生手続き開始の申立てを行った。「外資との提携交渉は、最終的に親密金融機関もセットになっていたため、金融再編で計画が狂ってしまった」（本社スタッフ）という背景もあった。

⑩当時の経営者

　1982年から96年まで社長を務めた神崎氏は営業経験が長く、社長になってからも営業のことしか口に出さなかったという。当時の本社ス

タッフなどによると、「本人は自ら指示したり、提案したりするタイプではなかった」「ワンマン社長の暴走というよりも、社長の取り巻きの行動を誰もコントロールできなかったというのが正しい」「問題となった投融資を神崎社長が指示したわけではない。ただ、財務の経験が全くない人物に財務担当役員を任せ、リスクの大きい投融資の実行を放任したのが最大の問題だった。この人事を間違えたことが大きかった」といった証言があった。

神崎氏は「長期にわたり人事権を握り、とりわけ営業の人事については支社長レベルにも関わった」「面倒見のいい人だったが、それが派閥のようなものになっていった」「経営の資質はなかった。以前の社長は『反論しない人はいらない』と言っていたが、神崎氏に反論する人は誰もいなかった。人事権を握り、人事は気に入ったかどうかの世界だった。長期政権の弊害だ」「(96年の辞任は)内外の圧力で辞めさせられたのではなく、あくまでも本人の判断によるものだ。次期社長に米山氏を指名したのは神崎社長だ」(いずれも当時の本社スタッフ)

後任の米山社長は何とか会社の立て直しを図ろうとしたが、すでにリスクが顕在化しているなかで、顧客やマスコミ対応、ソルベンシー・マージン対策など後ろ向きの対応に追われた。企画部門スタッフは、「(米山社長は)正義感が強く、熱血漢でもあった」「打てる手は打っていた。でも、マスコミが次の破綻生保を探すような状況で、どうしようもなかった」という。

⑪アクチュアリー

神崎社長の時代には、内部の経営チェック機能はほとんど機能していなかった。保険数理の専門家であるアクチュアリーも例外ではない。

アクチュアリーは、当時、社内で重視されていなかった。社内で数理部門が重んじられていなかった一つの証拠として、他社のように数理部門が独立しておらず、企画部門内にあったことが挙げられる。「経営陣

からは『単なる計算屋』と言われていた。保険計理人は『保険業法にあるから仕方なく置いている』『当局が見るからそれで十分』といった感じだった」（企画部門スタッフ）。「便利だが、頼りにならない存在と言われていた」（本社スタッフ）ような扱いだったようだ。1970年代の経営不振時に、保険計理人が大蔵省にうまく対応できなかったことに起因するとの話で、「80年代の千代田生命は規模のわりにアクチュアリーの数が少なく、とくに営業部門に対しては力がなかった」（企画部門スタッフ）という証言が多かった。

⑫ ALM、リスク管理態勢

千代田生命では1983年に機構改革を実施し、財務調査課を「財務課」と「財務審査課」に分離し、財務部の機能を強化していた。しかし、前述のとおり、A氏が審査業務を兼任するようになり、牽制機能がなくなった。決裁規程にもさまざまな抜け道ができた。

80年代にリスク管理という発想はなかったが、「それぞれの部門としては損失発生リスクを意識していた。そこへ（権限のある）素人がやってきてかき回してしまった」「仕組みが『性善説』だった。人の問題が大きい」（いずれも本社スタッフ）

もっとも、当時の経営陣が、経営内容をどこまで理解していたのかは疑問が残る。「経営に毎月損益を報告していたが、ある時、神崎社長が『こんな数字はようわからん』と一言。これを受けて、担当役員が『説明しろ』と走ってきた。これを見て、損益報告をやめることにした」（本社スタッフ）というエピソードもあった。

また、社内で資産急拡大を懸念する声がなかったわけではない。「80年代半ばにある商社が10億円強の余資を持ってきた時、経理部門では引き受けに反対したが、営業部門に押し切られた」「88年ごろにも企画部門でアクチュアリーなどを中心に貯蓄性商品にブレーキをかけようとしたことがあったが、この時も営業部門が耳を貸さず、売り止めにでき

なかった」「企画部門とアクチュアリーで『この付加保険料はフロック
だから、留保しておこう』と話し、経費節減を進めたことはあったが、
売り止めとまではしなかった」（いずれも当時の本社スタッフによる）

　財務部門ではバブル期に理系出身者を採用し、ALM（資産・負債の総
合管理）を研究していたが、「会社全体としては最後まで実質的に ALM
をやっていなかった」「千代田生命に限った話ではないが、高い保証利
回りの契約を長期間抱えるリスクに備えて、内部留保を厚くしようとい
う発想が誰にもなかった」（本社スタッフ）。しかも、昭和 50 年答申以
降、株式売却益で配当を出すことが常態化していた。

⑬外部規律が果たした役割

　千代田生命は相互会社形態を取っていた。関係者からは、相互会社に
は外部からのチェック機能がなさすぎるという声が多かった。「総代も
評議員も会社が選ぶ。ないよりはましだが、誰が就任するかがすべて。
実際、総代会で神崎氏への忠告などは一度もなかった」「総代会は重要
顧客とのイベントという感じで、交通費や車代を支給し、総代会のあと
にはホテルで懇親会を開き、手土産を用意した」（複数の本社スタッフ
による）。もっとも、「日産生命が破綻してからは、総代から『千代田生
命は大丈夫か』という質問が出るようになった」という。

　労働組合については、かつては活動的で、生保労連（各単組の上部組
織）の委員長を出したこともあった。だが、「その彼が後に取締役に就
任してから、組合幹部は出世コースになった」（本社スタッフ）

　親密金融機関も、1997 年まではほとんど経営に口を出さなかったよう
だ。ただし、経営が厳しくなってからは基金や劣後ローンの拠出ばかり
でなく、経営計画の策定、さらには外資との提携交渉まで全面的に関わ
るようになった（最後は支援を断念している）。

⑭大蔵省

千代田生命の破綻事例では監督官庁の影は薄い。

1990年11月の検査では、大口案件に対する特段の指摘はなかった。検査報告書の付属資料を見ても、貸付金のうち当局査定で分類債権とされたものは282億円、貸付金の1.5％にすぎなかった。

千代田生命は92年の時点で、大蔵省に不良債権問題を説明していたという。「92年ころには大蔵省も千代田生命の不良債権問題を認識し、業務改善計画を作るよう指示があった。その後は検査以外でも何かあると大蔵省に説明に行っていた」「職員には『行政がこれだけ口を出していたのだから、何とかしてくれるだろう』という気持ちもあった」（複数の企画部門スタッフによる）ということである。

95年、99年の検査は非常に厳しかったようだが、東邦生命のように、経営陣が当局から辞任を迫られることはなかった。本社スタッフによると、「経営面で監督当局が特段積極的な役割を果たしたことはなかった」「当局の関心も単年度の決算と資産内容、各部門の業務確認に集中していた」という。「99年の検査では資産査定に加え、責任準備金の検査を行った。行政当局が責任準備金のチェックをしたのはこの時が初めてだった」（企画部門スタッフ）

6.「経営の空白」が破綻を招く──協栄生命保険

①破綻に至った直接の要因

協栄生命の経営破綻は2000年10月である。逆ざや負担が大きく、1990年代後半には資産売却益に依存した収益構造となっていた。99年ころから米プルデンシャルとの資本提携に向けて交渉を行っていたが、

2000年10月9日の千代田生命の破綻を引き金に解約が増え、同月20日に会社更生手続きの申立てに踏み切った。

協栄生命の場合、バブル期にハイリスクの不動産関連投融資にのめりこんだり、経営者やその取り巻きが暴走したりといったことはなかった。ただ、80年代後半から90年代にかけて販売した一時払い養老保険で毎期多額の逆ざやが発生し、これが致命傷になった。独自路線を展開していた協栄生命が、他社に追随して一時払い養老保険の積極販売に踏み切り、他社が売り止めにしてからも、さらに90年代半ばまで売り続けたことが大きかった。資産運用の失敗も傷口を広げた。90年代後半には三利源損益の悪化に対応するため、ハイリスクな有価証券投資に走り、毎期多額の損失を出した。

経営の実質的な空白も指摘できよう。創業者で優秀なアクチュアリーでもある川井三郎氏の存在があまりに大きく、すべてを川井氏に依存する体制が続いていた。川井氏が実質的に引退してからは経営の求心力がなくなり、経営陣が一丸となって会社の危機に立ち向かうことができなかった。協栄生命の更生計画案にも「昭和30年代から40年代に入社した人たちが（中略）長い間恵まれた状況にあったために、思い切った経営改善策を取ることが遅れたと言ってよい」という指摘がある。

経営陣に、会社の正確な経営内容が共有されていなかったことも挙げられる。90年代半ばになっても、経営内容の深刻さを把握していたのは、ごく一握りのメンバーだった。このため、経営陣の認識に相当の温度差が生じてしまい、破綻時まで経営の方向性を打ち出せなかった。

②特色ある経営戦略

戦前は再保険専門会社として設立され、戦後は元受事業も行う通常の生命保険会社として再出発したが、特定の企業グループに属していなかったため、マーケットがなかった。そこで、他社が手掛けておらず、保障が不足していたニッチマーケットに注力した。教職員団体（日本教

育公務員弘済会。集団定期と養老保険を組み合わせた「教弘保険」を販売）や防衛庁共済組合（団体定期保険を「自衛隊保険」として販売）、各種の同業組合など全国的な組織を持つ団体と提携し、その団体の共済制度として構成員に独自商品を提供することで事業基盤を拡大した。

当時の生保市場では養老保険が主流だったが、協栄生命では安い保険料で保障を得られる集団定期保険が中心だった。「商品をマーケットと一体になって開発するという考え方を取った」（本社スタッフ）。その後、1960年代には集団定期保険の補完として定期付養老保険（業界初）を営業職員が販売するというスタイルが確立した。「他社とは違い、誰にでも販売できるように会社が顧客基盤を与え、イニシャル（営業職員の親戚や友人への販売）に頼る必要がなかった」「むしろ『知り合いには売るな』と教育した。したがって、他社経験者は採らなかった」（本社スタッフ）

高齢化社会を先取りする戦略にも定評があった。63年にはいち早く個人年金保険を発売し、65年には個人年金の一時払いを活用した「協栄年金ホーム」を開設した。71年には業界で初めて成人病保険を発売している。男女別死亡率の採用や高額割引の実施なども、他社に先駆けて実施した。

これらの独自戦略が功を奏し、個人保険の保有契約高は70年代半ばには業界10位、80年代半ばには大手7社に次ぐ8位を占めるまでになった。

③一時払い養老保険の発売

協栄生命は提携団体を通じて保障性商品を販売する独自のビジネスモデルで成長し、予定利率も3.75％と他社より低い水準だった。「すきまを狙っていこうと常に考えていた会社だった」「他社から『協栄生命の保険はわからない』と言われていた」（いずれも本社スタッフ）

ところが1980年代半ばになると、「営業現場から『（他社のように）一

図表4-21　協栄生命の主な沿革

1935	協栄生命再保険株式会社設立（民間生命保険会社が出資）
45	生命保険中央会に吸収される
47	協栄生命保険株式会社設立（社長は空席）
48	川井三郎が社長に就任
51	警察予備隊（現在の自衛隊）の団体保険を引受け／このころ静岡県で教職員の共済制度を受託
52	保有契約高で元受が再保を上回る
61	協栄計算センター（現・株式会社アイネス）設立
65	個人年金保険を活用した「協栄年金ホーム」を開設
67	東南アジア生命保険振興センター設立
69	ブラジル協栄保険設立
71	亀徳正之（大蔵省出身）が社長に就任
72	沖縄生命の契約を包括移転
86	田山嘉郎が社長に就任
92	川井三郎が取締役を退任
94	大塚昭一が社長に就任
95	94年度決算が経常赤字、株式評価損が1,041億円に
99	第一火災海上保険と業務・資本提携
2000	第一火災に業務停止命令／更生特例法の適用を申請　　　（敬称略）

（出所）筆者作成

時払い養老保険を売らせろ』という声が強まっていった。川井氏は一時払い養老の販売に消極的だったようだが、87年にこれまでの方針を転換。遅ればせながら一時払い養老を積極的に販売するようになり、予定利率も一気に他社並みの5.5％に引き上げた」（数理部門スタッフ）。この時の予定利率引き上げに関しては、「低い予定利率でスタートしたが、さまざまな圧力で他社並みに上げさせられた」「当時のアクチュアリーが予定利率引き上げを推進した。他社のアクチュアリーを連れてくるまでして川井氏を説得した」という相反する証言があった。

　しかも、「川井氏は5年後に資産が減るのを嫌い、ボリュームを狙うために10年満期だけを販売した」（本社スタッフ）。協栄生命は保有契約ランキングでは上位に位置していたが、保障性商品を中心に展開してい

たため、資産規模では下位だった。「生保業界の規模拡大競争が激しくなるなかで、川井氏は『大会社になるには資産が必要』と判断したようだ」(同)。大手生保を目指すという意識はなかったようだが、すでに高齢で「判断能力がなかった」という声や、「川井氏はすでに引退したつもりでいた」という声もある。

いずれにしても、この時の貯蓄性商品への販売傾斜が後に経営の負担となった。「ターニングポイントは87年である。従来は高料高配の独自路線だったのが、いきなり予定利率を他社並みに引き上げた年だ。川井氏発案の年金ホームが審議会答申に取り上げられ、喜んでいたのもこの年のこと。以後は独自性を発揮できる状況ではなくなった」「協栄生命はユニーク経営で職員に新しいことをやらせる雰囲気があった。しかし、川井氏の影響が薄れるとともに経営の独自性がなくなり、他社の真似になった」(数理部門スタッフ)ということである。

④売り止めの遅れ

逆ざや問題が深刻になったのには、一時払い養老保険が10年満期だったというだけではなく、売り止めが遅れた影響も大きかった。この結果、1990年以降、中堅他社をはじめ業界の総資産の伸びが1けた成長になってからも、協栄生命の総資産は93年度まで2けた成長を続け、90年代後半になっても平均予定利率がほとんど下がらないという事態を招いた。数理部門スタッフによると、他社が販売を抑えるようになってからも、協栄生命は奨励金を出し、売り続けたという。

他社に比べて売り止めが数年遅れたのは、一時払い養老保険が新たな顧客層ではなく、中核顧客基盤である提携団体に対する商品だったことが挙げられる。教職員の退職金の受け皿商品として位置付けられ、定例化していたため、提携団体からも強い販売要請があった。加えて、営業部門からの抵抗が強かった背景には、貯蓄性商品に傾斜した影響で営業現場の販売力が衰退していたという事情もある。「協栄生命の契約は大

図表4-22　総資産の推移

単位：億円、%

	協栄生命		全社合計	
		前年比		前年比
1985年度	12,124	20.5%	538,706	17.8%
86年度	15,037	24.0%	653,172	21.2%
87年度	18,996	26.3%	792,684	21.4%
88年度	24,601	29.5%	970,828	22.5%
89年度	30,009	22.0%	1,173,439	20.9%
90年度	35,034	16.7%	1,316,188	12.2%
91年度	39,343	12.3%	1,432,341	8.8%
92年度	44,803	13.9%	1,560,111	8.9%
93年度	50,641	13.0%	1,691,221	8.4%
94年度	54,357	7.3%	1,779,655	5.2%

（出所）「インシュアランス生命保険統計号」

半が教職員など特定市場からのもので、一時払い養老は教職員の退職金の利殖にいいという声が強かった。予定利率を引き下げる議論をしても、顧客との関係があり、なかなか実施できなかった。提携団体からの要請もあり、断れなかった」「営業職員が保障性商品を売る力が落ちており、1万人体制を達成するために一時払い養老に走った」「他社が売り止めにしているなかでの一時払い養老の営業は、非常に楽だった」「営業担当役員の声が大きく、ブレーキをかけさせなかった」（いずれも本社スタッフ）という声が多い。

　数理部門スタッフによると、「川井氏の指示で90年前後から数理部門では将来収支分析を行い、『惨憺たる結果』が明らかになっていた。しかし、『10年あれば外部環境も変わるだろう』という判断から、売り止めなど抜本的な対応をなかなか取らなかった。川井氏自身もこの件については嫌な顔をするだけだった。10年満期と長いので、その間に持ち直すはずという意識があった」ということのようだ。

「92年ころになると、さすがに営業からも『このまま売っていていいのか』という声が出るようになった。だが、営業担当役員（やはり川井氏の側近の一人）が反対し、ブレーキをかけられなかった」（数理部門スタッフ）。もっともその営業担当役員は、会社の正確な経営内容を把握していなかったと見られる。後述するが、当時の協栄生命では秘密主義が徹底しており、ごく一部の経営陣にしか実態が見えないように統制されていた。ある数理部門スタッフによると、93年ころの協栄生命は貯蓄性商品の抑制どころか、予定利率の高い団体生存保険を大量に販売したという。

最終的に一時払い養老保険を売り止めにできたのは、経常赤字決算となった94年であり、「もう手遅れだった」（本社スタッフ）

⑤外部環境が悪化してからの対応

1992年度から逆ざやが顕在化し、94年度決算では株価下落により有価証券評価損が1,000億円を超え、責任準備金の積み立て水準の引き下げと不動産売却益の計上で対応した。さらに、95年度ごろからは利差損を費差益と死差益でカバーできない状況に陥り、株式など資産売却益に一段と依存した収益構造となった。「94年度の株価下落・円高で経常赤字決算となったため、資産運用リスクを落とそうとした。株価下落で大きな損失を出したとは言え、実質純資産はまだ1,500億円のプラスだった。だが、金利水準が低く、高い予定利息を賄えなくなり、穴を埋めるために再びリスクを取るようになるという悪循環に陥った」（本社スタッフ）

10年満期が災いし、予定利率がいつまで経っても下がらないことが大きかった。「転換戦略を開始したのも遅かった。利差損がネックになっているのだから、乗り換えや解約促進運動を提案したが、当初は（経営から）『バカヤロー』と言われただけ。実現に2年かかった」（数理部門スタッフ）。無理な不動産の益出しも実施していた。「95年と99年、（関

連会社の）三栄ビルディングに融資して、所有不動産を買い取らせ、売却益を特別利益に計上。融資総額は昨年3月末で約704億円に達した」（「読売新聞」2000年12月25日付）。「アクチュアリーが『今年はいくら出してほしい』と財務に言い、財務は何をやってもかまわなかった。そして年度末に帳尻が合わなくなると、含み資産の益出しに頼った」（本社スタッフ）

　事業環境が一段と悪化するなかで、運用面では「いよいよ苦しくなって、バクチの世界に入っていった」（財務部門スタッフ）。「当初、株式は低価法だったので、負けても我慢できる（＝含み損で持つことのできる）外債で勝負した。日本団体生命が外債投資で成功するのを見て、本部長が旗を振った。うまくいったこともあったが、99年などはレンジフォワード取引で大失敗した。優良な貸付金を売却する益出しも実施した」「破綻前の数年間は、利差損が1,000億円、死差益が650億円、費差益が200億円で150億円足りないというイメージ。この穴を埋めるため、外債や株などバクチに走った」（本社スタッフ）という状況だったようだ。

　結果として、97年度以降は高水準の有価証券売却損の計上が続いた。90年代後半の有価証券売却損（一般勘定）の推移を見ると、96年度には185億円だったものが、97年度には477億円（うち外国証券が318億円）、98年度が523億円（同403億円）、99年度が908億円（同725億円）となっている。「逆ざやだけなら、まだ生き残る方法もあった。これほど何年も続けて多額の売却損を出さなければ、危機に陥らなくてすんだ」（数理部門スタッフ）

　経営改革の取り組みがなかったわけではない。例えば、96年にはコスト削減や収益性の高い商品へのシフトなどを実施したが、「中途半端に終わった」「経営改革が進まず、旗を振っていた役員が退任した」（いずれも数理部門スタッフ）。98年3月には約250億円の増資を行い、関連会社の三栄ビルディングやアイネスのほか、戸田建設などに引き受けて

もらっている。

⑥外部との提携交渉

1997年の日産生命の破綻や、大手金融機関の相次ぐ経営破綻なども
あり、事業環境は一段と悪化した。個人保険の解約失効率は前年度の
10％から14％に跳ね上がった。

取締役のうちA氏など数名は、単独では生き残れないと判断し、本格
的な提携交渉を開始した。もっとも経営陣の大勢に危機感はなく、「A
氏は『万一のために進めましょう』と言って提携交渉を提案したもの
の、他の役員からの風当たりが強く、開始するのに苦労していた」「経営
陣は自力再建派が中心だったが、外部の力を借りる必要があるかもしれ
ないと考え、A氏を中心に折衝を開始した」「最初に話をしに行ったのが
米系大手生保で、新旧分離方式を提示され、話が進まなかった。その
後、カナダ系や米系、スイス系、日本の大手生保などとも話をした」（本
社スタッフなど）という。

本格的な外部交渉は98年に長銀が破綻してからである。長銀系ノンバ
ンクなどへの投融資が回収不能となり、打撃を受けたためだ。協栄生命
は資本提携のしやすい株式会社形態で、かつ、特定の顧客基盤があった
ものの、会社価値の差が埋まらず交渉は難航した。

しかも、「多くの取締役や顧問には依然として経営危機という認識が
なく、経営陣が提携推進派と自力再建派（＝多数派）に割れ、最後まで
一丸になれなかった。自力再建派には具体的な策はなく、『株価が2万
円を超える』『国家にとって教育と軍隊は最も重要なのだから、国と関
係の深い当社を行政が潰すわけがない』という声が最後まで強かった」
（本社スタッフ）。「したくなかったとしか言いようがない」（別の本社ス
タッフ）という声もある。

このため、99年には、推進派が米プルデンシャルとの提携を進めてい
る矢先に、自力再建派が経営難に陥っていた第一火災海上保険との資本

提携を持ち込み、実行してしまうといった、普通では考えられないようなことも起きた。「第一火災との提携を推進したのは外資との提携を進めていたグループではない。外資との提携を進めていた側からすればとんでもない話だったが、『お金が入ってくる』と経営陣の期待は大きかった」（数理部門スタッフ）

2000年3月にはクレアモントキャピタルホールディングから出資の話があり、自力再建派が乗ろうとしたこともあったという。クレアモント社の古倉義彦社長は大正生命に出資して経営権を握る一方、大正生命から多額の資金を詐取し、2000年8月に東京地検に逮捕されている。「クレアモントからの『1,000億円出す』という誘いに多くの経営陣が飛び付こうとした。投資銀行から『彼は要注意』というアドバイスがあり、何とか実現せずにすんだが、プルデンシャルとの話が進んでいなければ確実に乗っていた」（数理部門スタッフ）という状況であった。

しかし、2000年5月に業務・資本提携を行っていた第一火災が破綻し、前年に拠出した基金300億円が損失となった。為替取引の失敗で多額の損失を計上したことも、経営体力の悪化に拍車をかけた。その一方で、米プルデンシャルとの資本提携に向けて交渉を行い、2000年6月には基本合意を発表するところまで進んだ。「基本合意を公表したのは、監査法人が『提携がなければ決算を認めない』と主張したためである。同時に複数の日本の会社とも提携交渉を行っていた」（同）

その後も提携交渉は続いていたが、「株価が2万円でなければワークしない仕組みだった」（同）。「9月末にプルデンシャルから資産査定の結果報告を受けて当初の再建計画が可能かどうか検討したが、株式相場の急落などにより困難となった。10月になってから実際にどうすべきか検討に入った」（破綻直後の大塚社長の記者会見より）。10月9日に千代田生命が破綻したのを引き金に解約が増え、20日に会社更生手続きの申立てに踏み切らざるを得なかった。

⑦創業者の存在

　協栄生命を後発ながら契約規模で大手に匹敵する会社に育てたのも、経営危機から脱却できなかったのも、創業者である川井氏によるところが大きい。「超ワンマンな経営者とともに会社が育ち、破綻した」（本社スタッフ）ということである。

　川井氏はアクチュアリーで、日本アクチュアリー会会長にも就任。協栄生命の経営だけにとどまらず、厚生省国民年金委員として国民年金制度の原案作りを行ったり、東南アジア生命保険振興センターを設立し、東南アジア諸国の生保産業を育成したりと、幅広く活動した。1995年には、日本人で初めて国際保険学会「ジョン・S・ビックリー創設者ゴールドメダル賞」を受賞した。もっとも、川井氏に近かった数理部門スタッフは次のように語っている。「有能な人だったが、ほとんどのアイデアが育たなかった。教弘保険は川井氏がずっと関与したため育ったが、あとは中途半端に終わっている。途中から人に任せると、事業として成長しなかった」

　関係者の話を総合すると、98年に亡くなる直前まで、重要な経営判断は川井氏だけが行っていたようだ。71年に社長が川井氏から、大蔵省出身の亀徳正之氏に交代したが、亀徳氏は「会社を大きくするのが私の仕事で、判断は川井氏に委ねたい」というスタンスだったという。

　3代目の田山嘉郎社長（1986〜94年在任）、4代目の大塚社長（1994〜2000年在任）は川井氏の側近で、やはり判断は川井氏に委ねていた。川井氏が望んでそうなったのかどうかは不明だが、社長を辞めてからも頼る体制が続き、社長も役員も川井氏が決めていたそうだ。「協栄生命は川井氏だけが経営者で、あとは歯車だった。71年に社長を辞めてからも影響は大きかった」（当時の関係者）。「川井氏と役員らは親子のような関係で、メンバーは仲良しクラブのようだった。川井氏は結果的に後継者を育てず、挑戦心を徹底的に削いだため、メンバーは言われたことだ

けに忠実なイエスマンになってしまった」（本社スタッフ）。「川井氏は田山社長や大塚社長などの『子ども世代』には非常に厳しく、しばしば怒鳴っていた。彼らには『言われたことをやらなければ首になる』という強迫観念があった」（別の本社スタッフ）ということである。

⑧経営の空白

　ある本社スタッフによると、「1980年代後半には川井氏が高齢となり、かつての元気さがなくなっていた。92年には取締役を退任した。ところが、その後も経営陣は川井氏に相談しないと何も決められなかった。川井氏は経営判断ができるような状態ではなかったはずだが、経営陣が連携して会社の重要課題に取り組むといった当たり前のことができなかった。亡くなる直前になっても、経営陣は決裁を求めに川井氏が入院している病院まで行った」という。

　別の本社スタッフは、「90年代半ばになって、さすがに世代交代が必要という話になり、96年に役員の若返りを図ったが、旧経営陣が顧問として残ったので状況はほとんど変わらなかった」「90年代後半からは取締役会が頻繁に開かれたものの、結局は決定が玉虫色になることが多かった」と語っている。

　数理部門スタッフも、「川井氏本人は92年以降、引退していたつもりだったようで、聞かれても感想を述べていたにすぎなかった。しかし、協栄生命の経営陣はそれを自分の都合のいいように解釈していた」「川井氏はこう思っているのだろうという『だろう経営』だった。だから、取った瞬間に逆ざやとなる契約を大量に獲得するような信じられないミスをする。川井氏本人は、まさかこんなことになっているとは知らなかったはずだ」と、当時の経営について語っている。

⑨アクチュアリー

　創業者川井氏はアクチュアリーで、何事も数字を見て判断し、細かい

ところまで詰めるタイプだった。その数字を作成していたのが側近のアクチュアリーB氏で、川井氏は非常に可愛がっていた。関係者の話を総合すると、1980年代前半から「川井氏の両腕的存在」「川井氏の電卓」などと言われ、数理面だけではなく、人事や庶務まで幅広く担当した。彼と財務担当（やはり川井氏のお気に入り）の3名が実質的に会社を動かしていたという。

ただし、経営が厳しくなってからは、B氏が保険計理人としての役割を果たしていたかは疑問である。90年代半ば以降、将来収支分析を実施すれば、どう考えても非常に厳しい結果になったはずだ。しかし、関係者の話を総合すると、経営陣に実態を正しく伝えていなかったと見られる。「B氏は秘密主義に徹していた。一部の経営陣にしか実態が見えないように統制していた。真実を開示することによる影響を恐れていた」「B氏は『素人にはミスリーディングになるから』と言って実態を隠していた」（いずれも数理部門スタッフ）。「出てきたものからは実態がわからなかった。説明もなかった。98年ころに実態を知り、ショックを受けた」（本社スタッフ）

「B氏は早くから経営の実態を把握し、危機感は持っていたはず。しかし、（外部提携については）力になってもらえなかった」（別の数理部門スタッフ）という。

⑩リスク管理態勢

関係者によると、協栄生命には1998年ころまで基本的に企画部門が存在せず、経営課題について議論する場がなかったという。本社スタッフによると、属人的な事情から短期間だけ企画部門ができたことは何回かあったが、それも、いわゆる企画部門ではなかった。もっとも、大半の役職員はそのような文化に慣れ親しんでいたため、誰も疑問には思わなかったそうだ。

川井氏と側近のアクチュアリーなどで物事を決め、他のメンバーはそ

れに従う体制で、90年代半ばまでの取締役会は単なるセレモニーだった。ある営業担当の役員は、本社スタッフが財務面の状況を説明しようとしたら、「俺は知らなくてもいい」と断ったという。経営がわからなくても、営業で旗を振っていればいいという意識だった。「大丈夫だという幻想を植え付けられていたと言うこともできる」（数理部門スタッフ）

数理部門スタッフによると、「90年代半ばには5パターンのシナリオで実質純資産、ソルベンシー・マージン比率、将来収支分析などを計算していた。このうち大蔵省には最悪シナリオではないものを複数提出し、取締役会には楽観的なもののみを提示していた」。

運用資産が急速に膨らんでも、財務部門が危機感を持つこともなかったようだ。財務部門は「来たお金を運用するところ」（財務部門スタッフ）であり、他の部門について干渉することはなかったという。

ALMという発想はなく、銀行系ノンバンク向け融資や第3セクター、外債（ソブリン中心）など、少しでも直利がよいものを求めた。いわゆるバブル型の投融資はほとんどなかったが、1件当たりの貸付金額が大きくなった。

⑪外部規律の果たした役割

協栄生命は株式会社形態だったが、非上場であり、そもそも大株主は身内だった。「株主総会になかなか出席してもらえず、総会で発言するのはOB株主だけだった」（本社スタッフ）。教弘など、提携団体からも特段何もなかった。本社スタッフによると、経営が厳しくなってからは、提携団体からはむしろ出資協力の申し出があったという。

ガバナンス面で、最もまともだったのは労働組合だった。「1996年以降は顧問に対して辞任を迫ったりもした」（本社スタッフ）。労組は99年には協栄生命の株主にもなり、経営へのチェック機能を果たそうとした。「（労組は）もともとは大蔵省に言われて仕方なく作った。組合幹部が出世するようなことはなかったが、会社は組合に対しほとんどまとも

な対応をしていなかった」「（組合からは）『とにかく潰れないでくれ』と言われていた」（数理部門スタッフ）

　大蔵省からも経営チェック・指導のようなものはほとんどなく、「95年の検査でも、逆ざや問題は一段と深刻化していたが、分類債権比率が4％にとどまっていたためか、厳しい指摘を受けなかった」（本社スタッフ）という。外部提携に関しては、「できれば国内資本と」という姿勢だった。

　破綻前年まで大蔵省出身の役員が在籍し、外部との提携には協力的だったが、社内ではあまり力を持たなかった。最後まで「お客様扱い」「蚊帳の外」（同）だった。

7.「風評リスクで破綻」は本当か —— 東京生命保険

①破綻に至った直接の要因

　東京生命が更生手続きの申立てを行ったのは2001年3月である。2000年10月に千代田生命、協栄生命が相次いで破綻し、解約が急増した。これに対し、外資との提携を視野に入れた株式会社化を進め、親密先である大和銀行も支援する方針を打ち出していたが、株価下落による財務内容の悪化等が足かせとなり、最終的に大和銀行の支援を得られず、提携交渉は失敗に終わった。

　中村健一社長は破綻後の記者会見で、「（千代田生命、協栄生命と）生保の相次ぐ破綻で、信用不安、誹謗中傷などがあり、解約が増えた」（「読売新聞」2001年3月24日付）と、経営破綻の理由として風評リスクの影響を挙げている。

　しかし、各種資料や関係者からの証言を総合すると、風評による解約増がなかったとしても、すでに2000年に外部との提携を模索した時点

で、経営内容が著しく悪化していたと見られる。当時の関係者からは、「破綻を早めたのは確かだが、どちらにしても銀行などとの提携がなければダメだった」「構造的な問題が大きく、千代田・協栄の連続破綻がなくてもいずれ破綻していた」といった見方が多かった。

東京生命の場合、何か特定の大きな問題により経営危機に陥ったのではない。低収益構造や資産規模の急拡大、不適切な運用といったさまざまな問題が、1990年代に入って一気に顕在化したことと、経営内容が悪化してからも経営陣の危機認識が甘く、対応が遅れたことの2つが大きかった。「これをやったから破綻という特定のものはないが、自然体できて、気がついたらにっちもさっちもいかなくなっていた」（本社スタッフ）

野村グループの会社だったとは言え、規模が小さく、「大手との配当格差などが原因で職域市場が徐々に縮小していった結果、営業職員が地縁・血縁に頼った販売に走らざるを得なくなった。営業職員の定着率は悪化し、大量採用・大量脱落の弊害が目立つようになって、費差損を抱え続ける低収益構造が定着した」（本社スタッフ）。

加えて、「かつては業界順位が高かったため、会社の規模に比べて契約消滅時に支払う特別配当の負担が大きかった。株式含み益を原資に配当を支払うため、株式含み益に依存した収益構造が定着してしまった」（同）という。

当時の関係者によると、80年代後半の資産拡大期に、いわゆるバブル型の運用に走ることはなかったようだ。しかし、急激に増えた高コスト資金を賄うため、「株式投資、外貨建債券、仕組債券等のリスクの高い収益追求型の資産運用に傾斜」（更生計画から引用）した面は否めない。

②業界シェアの低下

戦前の東京生命（野村生命）は、当時の5大会社（日本、第一、明治、帝国、千代田）に次ぐ4財閥会社（住友、三井、安田、野村）と呼

ばれる有力生保だった。1960年ごろから業界動向に追随する形で個人月掛け保険に進出し、営業職員組織を確立していった。しかし、保障の大型化が進まず、業界シェアは下がっていった。

63年度の保有契約シェア（団体保険を含む）は1.7％で、富国生命や大同生命と同水準だったが、77年度にはそれが0.9％に下がり、富国生命の半分、中小企業団体との提携戦略が成功した大同生命の3分の1のサイズとなってしまった。総資産シェアも60年代半ばの1.5％程度から、70年代半ばには1.0％に下がった。

70年代半ばまでは、親密先である旧野村グループの職域市場のウエートが全体の30％程度を占めていた。だが、「費差損構造から脱却できず大手との配当格差が付いたため、徐々に職域・団体契約が取れなくなり、親密企業グループ関連の市場でもシェアが徐々に下がっていった」（本社スタッフ）という。

このため、営業職員のターゲットを地域市場に向けざるを得なくなり、地縁・血縁等をベースにした全国の「蔦の会」という後援者組織を中心に販売するようになった。支社ごとに「蔦の会」組織があり、契約者や代理店が会員になっており、東京生命に顧客や営業職員の紹介などを行っていた。保障性商品の販売に力を入れ、新契約の平均保険金は徐々に高まっていったものの、「営業職員が親類や友人などイニシャルに走るようになって、ターンオーバー（職員の入れ換わり）が激しくなった」（本社スタッフ）。解約失効率は業界平均を上回り、事業効率が悪化した。業界シェアの低下傾向も続き、80年代半ばの個人保険保有契約シェアは0.6％、総資産シェアは0.7％まで下がった。

③貯蓄性商品への傾斜

1986年に就任した容貝昌一社長は「営業力の強化」「資産運用の積極化・弾力化」「事務効率の向上」を掲げ、87年度には「創業100周年に向けて・改革と創造による拡大・純増3カ年計画」を策定し、経営の主

図表4−23　東京生命の主な沿革

1895	京都で真宗信徒生命保険株式会社として創業
1934	野村生命保険株式会社に（野村財閥）
47	東京生命保険相互会社として再出発
77	柴山敏夫が社長に就任
86	容貝昌一が社長に就任／芝ビル竣工
88	提携ローンによる個人年金の販売を開始
89	新本社ビル竣工／総資産1兆円を達成
94	中村健一が社長に就任／大手町野村ビル竣工
95	創業100周年／CI制定／94年度決算が経常赤字に
96	「新経営3カ年計画」スタート／朝日火災海上保険と業務提携
97	基金を150億円へ増額
98	米RGAと商品開発提携
2000	大和銀行に支援を要請／実質資産負債差額が5億円に縮少
01	更生特例法の適用を申請 （敬称略）

（出所）筆者作成

眼が業容拡大に置かれた。

　積極的な営業政策の一環として、88年1月から金融機関を通じた個人年金保険「保険料ローン」の販売を開始した。契約者が金融機関から融資を受け、個人年金の保険料を一括して支払うもので、すでに日産生命が86年ごろから保険料ローンによる個人年金の拡販に成功していた。販売に踏み切った背景には、「（日産生命が）資産規模で東京生命を抜くという『事件』が起き、経営陣はショックを受けていた」（本社スタッフ）ことがあった。

　そこで日産生命に追随し、法人部門に専門部署を作り、親密銀行や多くの地域金融機関と提携し、積極的な販売を展開した。この結果、88年度からの4年間は総資産の伸びが業界を大きく上回り、87年度末の5,300億円から89年度末には1兆円を突破するなど、わずか3年間でほぼ倍増した。ただ、予定利率が5.5〜6.25％、前納利率が6％と高く、「総資産は急増した反面、更生会社は長期にわたる負債コストの重荷を

図表4－24　総資産の推移

単位：億円、％

	東京生命		全社合計	
		前年比		前年比
1985年度	4,049	12.1%	538,706	17.8%
86年度	4,593	13.4%	653,172	21.2%
87年度	5,334	16.1%	792,684	21.4%
88年度	7,782	45.9%	970,828	22.5%
89年度	10,091	29.7%	1,173,439	20.9%
90年度	11,416	13.1%	1,316,188	12.2%
91年度	12,512	9.6%	1,432,341	8.8%
92年度	13,508	8.0%	1,560,111	8.9%
93年度	14,629	8.3%	1,691,221	8.4%
94年度	15,116	3.3%	1,779,655	5.2%

（出所）「インシュアランス生命保険統計号」

負うこととなった」（更生計画から引用）。

　その後、90年度以降にローン金利が上昇すると、保険料ローン契約は激減した。そこで東京生命は、保険料収入の落ち込みを補うため、高利回り保証商品で大量の資金を獲得できる団体年金保険の受託に注力した。団体年金の保有契約高は89年度の2,300億円から、93年度には5,000億円に膨らんだ。

　もともと、親密金融機関の大和銀行（大和銀行は都市銀行のなかで例外的に信託銀行業務が認められていた）が、自社では引き受けにくい小規模の団体を東京生命に紹介していたため、団体年金のウエートは高かった。だが、「この時期に受託した団体年金は必ずしも親密企業のものではなく、いわゆる財テク資金で、官公庁や労組などの大口契約が中心だった」（本社スタッフ）こともあり、すでに金利水準が下がっていくなかで保証利回りが負担となって、株式含み益の実現化で対応し、経営体力を損なうことになった。

図表4-25　責任準備金の内訳

| | 〈1986年度〉 | | 〈1989年度〉 | |
	東京	全社合計	東京	全社合計
個人保険	66.8%	74.8%	44.6%	67.0%
個人年金	3.9%	2.9%	30.1%	6.8%
団体保険	0.8%	1.2%	0.4%	1.1%
団体年金	28.1%	20.2%	24.6%	24.2%

（出所）「インシュアランス生命保険統計号」

④不適切な資産運用

　前述のように、東京生命は「（急増した高コスト資金を賄うため）株式投資、外貨建債券、仕組債券等のリスクの高い収益追求型の資産運用に傾斜していった」（更生計画から引用）。バブル型のハイリスク投融資に走ることはなかったものの、利息配当金収入を稼ぐため、外国証券のウエートが高まり、仕組債も購入した。「投融資には大和銀行からの紹介案件が多かった。仕組債は野村系の証券会社からが多かった」「それまで資産が急速に伸びる経験をしたことがなく、従来の延長線上で運用を行い、負債特性を意識したものとはならなかった」「6％の利回りを保証している資金で、株式や不動産を購入するのは間違いだった」「増加資金を従来と同じ資産構成で配分してしまったため、資金が流出すると株式、不動産など売りにくい資産が残ってしまった」（いずれも本社スタッフ）

　加えて、「1980年代後半は特別配当の負担などから、毎期200億円レベルの株式売却益を計上した。売り切りではなくクロス取引（いったん売却した株式を同時に買い戻し、含み益を実現する取引）だったので、取得価額が上がってしまった」「かつては相対的に規模が大きかったので、特別配当の負担は重かった」（同）という事情があった。

多額の不動産投資も目立った。東京生命は不動産のウエートがやや高く、優良な大型物件を複数保有していた。80年代前半に老朽化した本社ビルの建て直しと事務センターの新設計画を打ち出し、事務センター（芝ビル）は86年に竣工。本社ビルは89年に竣工した。「本社の下にホテルというのも変な話だが、柴山社長はかなり前から本社を建て替えると発言し、その際には（親密先の）第一ホテルを入れることになっていた」（本社スタッフ）。さらに、旧丸の内野村ビルを建て替え、大和銀行と共同で大手町野村ビルを建設した。最上部には高級フィットネスクラブが設けられ、関連会社の東生スポーツ倶楽部が運営に当たった。

こうした面に対しては、更生計画案でも「収入保険料急増・総資産拡大を背景に、長期にわたる負債性の認識が薄れ、大型ビルの建設計画、多額のシステム投資計画（89年からのアイビー21システム計画＝植村注）など業容拡大見通しに基づく事業計画の立案が行われ、更生会社の経営の堅実性が徐々に失われていった」と指摘している。

⑤ 1990年代前半の経営

1990年代に入ってから金利水準が下がり、92年度決算では初めて逆ざやが顕在化した。「経営陣はこれを一過性のものと考えて特段対応手段を取らず、株式売却益への依存度が一段と高まった」（更生計画による）。また、費差損状態からの脱却もできなかった。89年度には一時払い商品の販売で一時的に費差益となったものの、不動産・システム投資の償却負担が重く、翌年度からは再び費差損が続いた。

他方で、この時期には経営内部のトラブルが表面化したり、トップによる問題行動が行われたりしている。1993年6月27日付の「朝日新聞」によると、93年4月に専務で容貝社長のライバルと言われていたA氏が、社内で起きたセクシュアル・ハラスメントを告発する文書に関係したなどとして、降格処分を受けている。A氏の自宅に盗聴器が付けられていたことも発覚した。

巻末付録　事例検証　どこで道を誤ったのか　251

図表4−26　三利源損益の推移

単位：億円

	1988/3	89/3	90/3	91/3	92/3	93/3	94/3	95/3	96/3
費差益	−29	−25	12	−15	−34	−30	−22	−36	−24
死差益	123	143	156	153	157	139	164	168	186
利差益	70	60	119	95	66	−18	−141	−216	−275
合計	165	178	287	233	189	91	2	−85	−113

（出所）検査報告書より作成

　柴山敏夫会長（86年まで社長だった）が独断で高額な役員報酬を支出したり、資金繰りが悪化していた食品会社に融資したりといった、破綻後に管財人が損害賠償を求めた事件も発生している。東京生命では90年7月の総代会で、取締役の報酬の総枠を引き上げ、その際に、個々の役員の報酬額については、取締役会で協議すると定めていたにもかかわらず、柴山会長は取締役や監査役に相談することなしに、独断で支給額を決定し、東京生命の経営が悪化しつつある91年7月から約3年間に、合計2億2,000万円の役員報酬を支出したという。

⑥経常赤字とその後の対応

　その後も金利水準は下がり続け、1994年度からは、逆ざやを他の差益では賄えない状況に陥った。しかも、過去の益出しに加え、為替差損の穴埋めや株価の大幅な下落によって株式含み益は底をつき、94年度は経常赤字決算を避けられなかった。東京生命は責任準備金の積み立て水準を実質純保険料式から10年チルメル式に引き下げ、さらに84条評価益（株式評価益）を133億円計上して対応した。

　この経常赤字決算を受けて、東京生命は事業費削減、不採算拠点の閉鎖、株式ウエートの圧縮などを柱とする収支改善計画を策定した。「100周年ということで、事業拡大を目指す計画だった。それでも最初のリストラ計画で、当時の経営陣としては踏み込んだものという意識だった」

（本社スタッフ）という。しかし、「保有契約は拡大することを前提にしたシナリオで、危機管理に対する意識が欠如していた」（更生計画より引用）。不採算拠点の閉鎖と言っても、「新契約が上がっていれば、効率が悪くても拠点を残したので、ほとんど何も変わらなかった」（本社スタッフ）状態だった。

　保有株式の圧縮も進まなかった。「株価下落の影響を軽くしたくても、保有株式の多くは大和銀行グループ関連などが多く、簡単に売ることはできなかった。20％から15％に引き下げる原案だったが、経営には業務拡大への悪影響を懸念する声が強く、結局18％という計画になってしまった」（同）

　90年代後半には、経営内容がさらに悪化した。株式含み益は底をつき、95年度からは不動産の含み益を実現化するようになった。96年度は団体年金の予定利率引き下げが収支にプラスとなったものの、株価下落で多額の評価損を計上し、売却益等により何とか決算を乗り切った。貸付金の劣化も進んだ。貸付金に占める分類債権は、91年の3％から96年には10％近くまで高まった。

⑦資産構成の歪み

　1997年に起きた日産生命の破綻を契機に解約が増加し、保有契約高や総資産が減少した。売りにくい資産が残ったため、資産構成が歪み、もともと高かった株式などハイリスク資産のウエートがさらに高まった。98年度末の一般勘定資産に占める株式、外国証券、その他証券、不動産合計の割合は48.6％に達している。「資金が流出するなかで、売りやすいものから売ったため、株式、外国証券、不動産が残ってしまった。それまでも財務や主計は『株式を売るべき』と言っていたが、『相手がいるから』と営業が反対し、経営もストップをかけ、ほとんど減らなかった」「外国証券ではバクチに走った。当時の経営者がある中堅生保社長と仲がよく、彼が外国為替で成功するのを見て、同じような取り組

巻末付録　事例検証　どこで道を誤ったのか　253

図表4－27　東京生命の資産構成（1996年度末）

単位：億円、％

	東京		全社合計	
総資産	14,685	100.0%	1,858,323	100.0%
現預金	1,033	7.0%	65,695	3.5%
金銭信託	357	2.4%	45,534	2.5%
公社債	1,680	11.4%	425,712	22.9%
株式	2,864	19.5%	317,749	17.1%
外国証券	2,081	14.2%	168,551	9.1%
その他証券	233	1.6%	19,669	1.1%
貸付金	4,908	33.4%	650,929	35.0%
不動産及び動産	1,036	7.1%	98,325	5.3%

（出所）「インシュアランス生命保険統計号」

みをして失敗した」「98年度決算ではソルベンシー・マージンに反映されない公社債含み益も実現した」（いずれも本社スタッフによる）などの声がある。

　96年度からは保有株式の評価方法を原価法とすることが認められるようになり、決算対策は楽になったが、多額の有価証券含み損を抱えるようになった。親密金融機関からの基金や劣後ローンの取り入れ効果もあって、ソルベンシー・マージン比率は400％台を確保していたが、格付けがBBゾーン（格付投資情報センター）と低かったこともあって信用不安は収まらず、高水準の解約が続いた。団体年金の保有契約高はピーク時（95年度末）の5,500億円から99年度末には2,300億円に減少し、総資産もピーク時の1.5兆円から1兆円まで減った。

　更生計画でも「解約が激増したことに伴う資金化対策のため、含み損のある外国証券・国内株式を売却せざるを得なくなり、運用収支の悪化を招いた」と影響の大きさを指摘している。

⑧対応の遅れ

　破綻に至る経緯を見ると、東京生命の経営陣は、必ずしも状況を適切に認識せず、第三者から見れば理解に苦しむような経営行動をしばしば取っていることがわかる。

　例えば、前述のように1990年以降に「保険料ローン」契約が激減するなかで、高い予定利率を保証した団体年金に注力し、93年度まで急ピッチでの契約拡大を続けている。当時の経営陣は、「『保険料ローン契約が下火になった穴埋めができた』と単純に喜んでいた」（本社スタッフ）そうである。だが、すでに91年には金利水準の低下傾向が明らかとなっており、東京生命でも92年度には逆ざやが顕在化していた。この時期の団体年金への傾斜は、保証利回りを確保するため、株式売却益への依存度を一段と高めることになった。

　91年に建設が始まった大手町野村ビルについても、「経営環境が厳しくなってからも、計画が見直されることはなかった」（本社スタッフ）という。大手町野村ビルの竣工は94年。第2期工事の完成は97年である。「あの時期に、なんであんなものを作ったのかわからない。普通は事業環境や経営状況が変われば、計画を縮小したり止めたりするはず。しかし、東京生命は走り出すと途中でブレーキがかからない文化だった」（同）

　90年代半ば以降、経営内容の悪化が進んでいたにもかかわらず、経営陣の危機意識が薄かったのは、「背後に野村證券・大和銀行グループがいるという安心感と、多額の不動産含み益の存在があった」（本社スタッフ）からだという。実際、他の破綻した中堅生保とは違い、基金や劣後ローンの調達先に苦労することはなかったし、ソルベンシー・マージン比率が400％台で推移したのも外部調達と土地含み益が大きかったおかげだ。経営の拡大路線を見直したのも99年度である。しかし、この時点では単独での生き残りは難しい状況だった。「あまりに大和銀行

べったりの経営になりすぎていた」（本社スタッフ）という。

⑨経営改革と外部提携交渉

東京生命は1999年度からA常務をリーダーとする「経営戦略会議」を設置し、部長クラスを中心に早期退職制度や拠点の統廃合を中心としたリストラ策を実施した。米再保険会社のRGAと商品開発で提携し、フルライン戦略から死亡・医療保障分野へ経営資源を集中的に投入することにした。「ようやく『従来どおりの拡大路線でいいのか』という話になった」「それまでは単なるコスト削減策だけで、抜本的な改革はなかった。経営戦略会議では1、2年後のあるべき姿を議論した。ただ、後半は『いかに会社を小さくして生き残るか』という議論ばかりしていた」（本社スタッフ）

99年の金融監督庁による一斉検査では、貸付金の157億円の追加償却を求められた。逆ざやは一向に改善せず、「基礎的な収益力は依然見劣りし、資産売却益に依存した構造」（1999年9月9日のR&Iニュースリリースより）となっていたこともあり、「99年度決算を踏まえた将来収支分析では、保険計理人から、何らかの対応策がなければ5年後の責任準備金が不足するという意見書が出されるに至った」（本社スタッフ）

しかし、2000年5月に第百生命が破綻し、10月に千代田生命、協栄生命が破綻すると、東京生命に対する信用不安が一気に高まった。11月に発表した「今後の経営戦略」で内勤職員の20％削減や資産運用業務の外部委託、本社ビルの売却などを打ち出したが、もはや自力再建は困難な状況だった。金融商品の時価評価の実施も迫っていた。そこで、「『経営戦略会議』では大和銀行のスタッフも交えて再建策を練り、中村社長は外部との提携に反対していたA常務を戦略会議メンバーから外し、外部との提携を模索した」（本社スタッフ）

大和銀行はさらなる基金拠出を含めた支援方針を打ち出し、東京生命を株式会社化したうえで、外資の傘下で生き残りを果たすスキームを考

えた。中村社長はインタビューのなかで、「4 社から支援についての提案があったが、少なくとも 2 社からのものは十分検討に値する内容だった」（「日経ビジネス」2001 年 4 月 2 日号）と語っている。

だが、株価が下落し、大和銀行自身の経営体力の問題もあったため、最終的には大和銀行が支援を断念し、提携スキームは実現しなかった。大和銀行による支援打ち切りについて、中村社長は破綻後の会見で「青天の霹靂」とコメントしている。当時の本社スタッフは、「大和銀行自体に力があればこのスキームは成功したかもしれないが、基金増額が（大和銀行の）取締役会で否決され、破綻に至った」と語る。

⑩当時の経営者

東京生命では、「経営」は、イコール「営業」だった。長期にわたり社内で力を持った柴山氏は、営業に強い関心を持ち、柴山氏が社長を退いてからも営業出身の社長が続けて就任した。社内では営業部門が力を持っていた。「経営陣には数字に疎い人が多かった。偉くなるのは営業出身と決まっていた」（本社スタッフ）

1977 年に社長に就任した柴山氏は、戦前の野村財閥の関係者で、すでに 57 年から取締役となり、69 年からは代表権を持っていた。当時の関係者によると、「柴山氏はかなり独裁的だった」「柴山社長はワンマンだった。営業に関してはかなり強引な発言もあり、『○○に拠点を作れ』といった指示まで出していた」という。しかし、長期低迷傾向に歯止めをかけることができなかった。2001 年 7 月 20 日の「読売新聞」には「地方の支社を回って激励するのが好きで、外務員には人気があったが、経営者としての理念ははっきりしなかった」（元幹部）、「後継者を育てることを怠り、会社を沈滞させてしまった責任は大きい」（破綻後の責任調査委員会メンバー）というコメントが載っている。

86 年に、容貝氏が社長に就任（柴山氏は代表取締役会長に）した。容貝氏は 54 年に営業職として入社し、途中から内勤職に変わった「非常

に珍しいケース」（本社スタッフ）で、一貫して営業部門に携わってきた。ただ、社長就任後も実質的な権限は依然として柴山氏が持っていたようで、前述のように、独断で高額な役員報酬を支出したり、資金繰りが悪化していた食品会社に融資したりもしている。

94年に社長に就任した中村氏も「55年に入社して以来約40年間、営業畑一筋でやってきた」人物であり、新聞のインタビューによると「厳しい時代を勝ち抜くには、難しいことをいろいろ考えるよりも、まず営業力」「管理職も含め全員が現場で走り回る一線の営業マンだ、という気持ちを持ってほしい。運用など営業部門以外にいても、どうしたら営業実績の向上に結び付けられるかをつねに頭に入れて仕事に取り組んでほしい」と述べている（「朝日新聞」1994年8月3日付）。

⑪内部の経営チェック機能

1987年に日産生命に総資産で抜かれ、ショックを受けた経営陣が日産生命に追随しようとした際、「何でそのような（利益にならない）ものをやるのか」「将来、予定利息の負担で圧迫される」と、当時の計理部門は反対したという。しかし、経営を動かすまでには至らず、法人営業部門が専門部署を作って銀行の開拓に走り、経営もそれを認めた。

株式の売却も進まなかった。「90年代半ばには財務部門も主計部門も政策株式の売却を主張したが、営業部門が反対し、経営もストップをかけた。契約の拡大を意識した役員層の意識では、大和銀行グループ関連の株式圧縮を銀行側に強く言うことができなかった」（本社スタッフ）ようだ。

ある本社スタッフによると、東京生命では経営の現状に危機意識を持つ人がしばしば出てきて、それを全社で議論するのだが、結局のところ部分的な対応で終わってしまう体質があったという。例えば、73年ごろ、「純保険料式（の責任準備金）を目指さなければ、経営がおかしくなる」と強く主張する声があり、総合計画専門委員会を立ち上げたことが

あった。議論の結果、「営業の効率化」「死差益の出る商品への移行」などが出てきたが、実際には現状を何も変えられなかった。別の機会にも、営業面の効率化や死差益の拡大などがテーマとなったが、やはり現状を全く変えられなかった。「局面ごとに経営に危機意識を持つ人は必ず現れて、それを受けて全社的な議論になるが、部分的な対応でお茶を濁し、最終的に元のままということが何度もあった」という状態だったようだ。

同じ本社スタッフによると、中期経営計画も「できなくても OK という感じ」で、何よりも毎期の新契約に目が向いていたという。

リスク管理に対する意識も希薄だった。「96 年に全社横断的に総合的なリスクマネジメントを行う場として『ALM 戦略会議』が設置されたものの、実際にはリスク管理は貸付金の査定が中心で、資産の価格変動リスクや逆ざや発生リスクへの意識は乏しかった」（本社スタッフ）という。90 年代後半に、他社がリスクの高い資産を抑制しているなかで、東京生命はその流れに逆行する形でリスクを取っていた。中期経営計画は作っていたが、簡単なシミュレーションのレベルであり、単年度の三利源損益しか見ていなかった。

経営イコール営業で、アクチュアリーとは総じて対立していたという。「最後の中村社長はアクチュアリーの意見を聞いたが、大和銀行との関係に支障をきたさないことが大前提だった」（本社スタッフ）とのことである。

⑫外部規律が果たした役割

相互会社形態ということもあり、外部からの経営チェックはほとんどなかった。総代会は破綻直前までスムーズだった。ただ、関係者によると「提携スキームを検討する際には相互会社の制約を感じた」という。

大蔵省は 1995 年の「収支改善計画」や 96 年の大蔵省検査あたりから東京生命の経営悪化を知るようになり、その後も情報はつかんでいたよ

うである。ただ、他の破綻事例と比べて影が薄く、強力な指導などは見られなかった。

　他方、大和銀行の存在は大きかった。旧野村グループのなかでも、大和銀行とは非常に親密な関係で、「大和銀行なしには東京生命の存在は考えられない」「大和銀行依存型経営だった」（複数の本社スタッフによる）と言われるほどだった。野村證券は東京生命とやや距離を置いていたが、大和銀行は職域・団体市場、企業年金顧客の紹介など、営業面での結び付きは強く、資産運用面でも大和銀行からの紹介案件は多かった。

　東京生命の経営が悪化に向かうなかで、「（94年に）中村氏が社長になってからは両社の関係が一段と強まった。社内では『大和銀行あっての東京生命』という雰囲気だった」（本社スタッフ）ようだ。97年、2000年と大和銀行から基金や劣後ローンを取り入れ、破綻時には320億円に達した。その一方で、東京生命は大和銀行の大株主であり、劣後ローンも供出していた。いわゆる持ち合いが強化されていた。

　さらに、「大和銀行は99年度決算で東京生命の危機を認識してから、一段と踏み込んだ支援を行うようになった。営業面での顧客紹介を広げるだけではなく、再建計画や外部との提携に対しても大和銀行のスタッフが東京生命『経営戦略会議』メンバーに加わり、再建の道を模索した」（本社スタッフ）。

　報道も両社の親密さを伝えている。「大和銀は昨年（2000年）春から、同生命（東京生命）に対して約1,000社の取引先を紹介、東京生命は約200社との保険契約にこぎつけた。大和銀にしてみれば、東京生命を見限って、紹介した顧客に迷惑をかけるわけにはいかない。『同じ旧野村財閥の金融機関が支えあうのは当然だ』という空気も強かった」（「日本経済新聞」2001年3月24日付）という。

8. 内的要因が破綻生保の経営に果たした役割

　破綻した中堅生保6社の事例を見てきたが、破綻に至った直接の要因はさまざまであるものの、破綻リスクを高めるような内的要因に関しては共通点が多いことがわかる。

　まず、1980年代後半に拡大路線が取られたのは、単に外部の経営環境がよかったから、財テクブームだったからというだけではなく、それまでに築かれてきたビジネスモデルや過去の経緯が強く影響している。日産生命では親密企業グループへの依存度が高く、業績が長期的に伸び悩んでいた。東邦生命では費差損解消と大手並み配当の達成が悲願だった。千代田生命は大手から凋落する歴史だったため、「大手復帰」「規模拡大」への渇望が経営陣にも管理職にも非常に強かった。

　そして何より、経営陣の判断や行動が、破綻に強く関係していることが浮き彫りになった。パターンはさまざまである。東邦生命や千代田生命のように、経営トップやその周辺の人物が不適切な経営を行ったケースもあれば、第百生命のように経営陣のリーダーシップが弱かったケースや、協栄生命のようにトップが実質的に引退してから「経営の空白」と言うべき状況に陥ったケースもある。

　このような経営陣の問題は、経営内容が悪化してから一段と明らかになった。例えば、「経営が厳しくなっても、従来の拡大路線をなかなか改められなかった」「政策保有株式の売却を決めたのに、なかなか実行できなかった」「逆ざやを一過性のものと見て、特段の対策を取らなかった」などの経営行動が見られた。経営陣はその場しのぎの対応に向かってしまい、その後の会社の経営内容を一段と悪化させた。決算を乗り切るためにバクチ的な運用に走り、一発逆転を狙う動きも頻発している。

　内外からの経営チェック機能やリスク管理態勢も、ほとんど機能して

いなかった。社内では総じて営業部門の発言力が強く、経営も営業に近かったため、アクチュアリーや財務部門が警鐘を鳴らしたとしても、ほとんど経営を動かすことはなかった。一定の体制整備が行われていても、トップの威光を背景にリスク管理が骨抜きにされてしまったケースも見られる。また、相互会社でも株式会社でも、外部規律はほとんど働かなかった。

　生保経営は数理面を掌握するアクチュアリーの存在なしでは成り立たないため、調査ではアクチュアリーの行動に注目した。アクチュアリーの発言力は会社によりさまざまで、千代田生命のように重んじられなかった会社もあれば、第百生命のようにアクチュアリーが経営に重視されていた、あるいは、協栄生命のようにアクチュアリーが重要な役割を担っていたケースもある。ただ、第百生命では結局のところ経営を動かすまでは至らず、協栄生命では情報を経営陣と共有化せず、失敗した。

　経営チェック機能として、当時の大蔵省の力は非常に大きく、各社の経営陣に「最後は大蔵省が何とかしてくれる」という幻想を持たせた。実際には経営内容の悪化した生保に介入したケースは少なく、結果的に破綻を回避させるほどの指導力を持たなかったということである。

参考文献

植村信保［2008］『経営なき破綻 平成生保危機の真実』日本経済新聞出版

―――［2015］「大型 M&A がゴールではない　海外展開で問われる ERM 経営」『週刊東洋経済臨時増刊 生保・損保特集 2015 年版』

―――［2018］「近年の日本の保険行政における健全性規制の動向とその考察」『保険学雑誌』第 643 号，日本保険学会

―――［2019］「生命保険業界における経済価値ベース評価の活用状況に関する考察」『生命保険論集』第 207 号，生命保険文化センター

―――［2021］『利用者と提供者の視点で学ぶ 保険の教科書』中央経済社

―――［2022a］「保険会社の情報開示とメディアの役割」『保険学雑誌』第 657 号，日本保険学会

―――［2022b］「新たなソルベンシー規制における第 3 の柱について」『保険研究』第 74 集，慶應義塾保険学会

―――［2023a］「生命保険会社のコーポレートガバナンス―――健全性規制との関係を探る」『生命保険論集』第 225 号，生命保険文化センター

―――［2023b］「新資本規制で迫られる保険会社の経営の変革」『週刊東洋経済臨時増刊 生保・損保特集 2023 年版』

―――［2023c］「保険会社は新型コロナ感染症リスクにどう対応したか―――台湾と日本の事例から」日本共済協会，2023 年度第 2 回共済理論研究会

―――［2023d］「曲がり角の損保経営　収入・シェア偏重体質改めよ」（経済教室）『日本経済新聞』2023 年 11 月 23 日

小川英治監修［2000］『生命保険会社の金融リスク管理戦略』

キャピタスコンサルティング［2024］「ESR 規制と生命保険会社の運用に関する研究会報告書」（令和 4-5 年度 一般財団法人簡易保険加入者協会委託調査研究）

金融庁［2007］「ソルベンシー・マージン比率の算出基準等について」

―――［2020］「経済価値ベースのソルベンシー規制等に関する有識者会議報告書」および有識者会議資料

―――［2022］「経済価値ベースのソルベンシー規制等に関する基本的な内容の暫定決定につ

いて」

── [2023]「経済価値ベースのソルベンシー規制等に関する基準の最終化に向けた検討状況について」

── [2024a]「経済価値ベースのソルベンシー規制等に関する残論点の方向性」

── [2024b]「損害保険業の構造的課題と競争のあり方に関する有識者会議報告書」

──「保険モニタリングレポート」（各年版）

柴田秀並［2024］『損保の闇　生保の裏　ドキュメント保険業界』朝日新書

生命保険協会［2022］「生命保険会社のディスクロージャー〜虎の巻 2022 年版」

── [2023]「生命保険の動向（2023 年版）」

総務省情報通信政策研究所［2024］「情報通信メディアの利用時間と情報行動に関する調査：報告書」

出口治明［1990］「運用差益配当の考え方について」『アクチュアリージャーナル』1990 年 11 月号，日本アクチュアリー会

中村亮一［2023］『ソルベンシー規制の国際動向［改訂版］──保険会社の資本規制を中心に』保険毎日新聞社

羽根佳祐［2021］『保険契約の会計──利益測定に関する基礎概念の解明』中央経済社

古瀬政敏［1994］「量から質への転換が急がれる生保経営」『週刊エコノミスト』1994 年 12 月 6 日号

米国生命保険協会（ACLI）ファクトブック（各年版）

保険研究所「インシュアランス生命保険統計号」（各年版）

御厨貴［2002］『オーラル・ヒストリー』中公新書

宮内惇至［2015］『金融危機とバーゼル規制の経済学──リスク管理から見る金融システム』勁草書房

森本祐司編著［2011］『【全体最適】の保険 ALM』金融財政事情研究会

森本祐司・松平直之・植村信保［2017］『経済価値ベースの保険 ERM の本質』金融財政事情研究会

── [2021]『経済価値ベースの保険 ERM の本質【第 2 版】』金融財政事情研究会

柳瀬典由編著［2024］『企業のリスクマネジメントと保険──日本企業を取り巻く環境変化と ERM・保険戦略』慶應義塾保険学会叢書

ライフネット生命保険［2022-2023］「IFRS 勉強会資料（第 1 回〜第 3 回）」

ソルベンシー規制関連年表

年	月	ソルベンシー規制関連	その他関連動向
1996	4	改正保険業法施行	
	12		日米保険協議決着
1997	4	日産生命に業務停止命令（戦後初の生保破綻）	
	11		三洋証券、北海道拓殖銀行、山一證券が破綻
1998	3		大手銀行に公的資金投入
	6	ソルベンシー・マージン比率の公表	金融監督庁発足
	10		長銀の特別公的管理決定
	12		金融再生委員会発足／日債銀の特別公的管理決定
1999	3		大手15行に公的資金投入
	4	早期是正措置の導入	
	6	東邦生命に業務停止命令	
2000	1	ソルベンシー・マージン基準の見直しなどを実施	
	5	第百生命に業務停止命令	第一火災に業務停止命令
	7		金融庁発足
	8	大正生命に業務停止命令	
	10	千代田生命、協栄生命が更生特例法の適用を申請	
2001	1		金融再生委員会廃止
	3	東京生命が更生特例法の適用を申請／ソルベンシー・マージン基準の見直し	
	11		大成火災が更生特例法の適用を申請

2002	1		朝日生命が東京海上などとの経営統合を見直し（同社への経営不安が高まる）
	12		預金取扱金融機関を対象に早期警戒制度を導入
2003	5		りそな銀行を実質国有化
	7	保険業法改正（破綻前の契約条件変更）	
	8	早期警戒制度の導入	
2004	4		T&Dホールディングス設立／三井生命が株式会社化
	6		バーゼルIIの最終文書公表
	12	「金融改革プログラム」に「ソルベンシー・マージン比率見直し」が盛り込まれる	
2005	2		保険金不払いについて明治安田生命に業務停止命令
	7	「第三分野の責任準備金積立ルール・事後検証等について」を公表	
	8	「保険会社向けの総合的な監督指針」の策定	
	10		保険金不払いについて明治安田生命に対し改めて業務停止命令
	11		自動車保険の特約等の支払漏れで損保26社に行政処分
2006	11	「ソルベンシー・マージン比率の算出基準等に関する検討チーム」が発足	
2007	3		第三分野の不適切不払いで損保10社に行政処分
	4	検討チーム報告書「ソルベンシー・マージン比率の算出基準等について」を公表	
	6	金融庁金融研究センターが「欧州の先進的な保険リスク管理システムに関する研究会」を開催	

2008	7		支払漏れが発生した生保10社に行政処分
	9		リーマン・ブラザーズ破綻、AIG経営危機
	10	大和生命が更生特例法の適用を申請	
2009	4		金融安定理事会（FSB）設立
	12		バーゼルIIIの検討開始
2010	4	ソルベンシー・マージン基準の見直し（2012年3月期から適用）	第一生命が株式会社化・上場
	6	経済価値ベースのソルベンシー規制の導入に係るフィールドテストの実施を公表	
2011	3	「ERMヒアリング」を実施	東日本大震災発生
	6		日本政府がIFRSの強制適用を延期
	10	IAIS、ORSA実施を含むICPを採択	
2013	4		日本銀行による大規模な金融緩和政策開始
	6		「日本再興戦略」を閣議決定（コーポレートガバナンス改革の開始）
	10	IAIS、国際資本基準（ICS）の開発に着手	
	11		FSBが「実効的なリスクアペタイト・フレームワーク（RAF）の諸原則」を公表
2014	2	保険会社向けの総合的な監督指針にORSAの内容を規定（2015年からORSAレポートの作成・提出を義務化）	
	6		第一生命が米プロテクティブの買収を発表
2015	7		明治安田生命が米スタンコープの買収を発表
	8		住友生命が米シメトラの買収を発表

年	月		
2016	1	EU、ソルベンシーIIの適用開始	日本銀行によるマイナス金利政策の導入
	6	「ERM評価目線の概要」を公表	
2017	12		バーゼルIIIの最終化
2019	2		国税庁による法人税基本通達改正の周知
2019	5	「経済価値ベースのソルベンシー規制等に関する有識者会議」を設置	
	11	IAISがICS version 2.0を策定	
	12		不適正な保険募集等で日本郵政グループに行政処分
2020	6	「経済価値ベースのソルベンシー規制等に関する有識者会議」報告書を公表	
2022	6	経済価値ベースのソルベンシー規制等に関する基本的な内容の暫定決定を公表	
2023	1		IFRS第17号（保険契約）の適用開始
	12		保険料調整問題で大手損保4社に行政処分
2024	1		保険金不正請求事案で損保ジャパン、SOMPOホールディングスに行政処分
	3		日本銀行がマイナス金利政策を解除
	5	経済価値ベースのソルベンシー規制等に関する残論点の方向性を公表	
	6		「損害保険業の構造的課題と競争のあり方に関する有識者会議」報告書を公表
2026	3	新規制の適用開始（予定）	

［著者略歴］

植村信保（うえむら・のぶやす）

福岡大学商学部教授

1967年生まれ。90年東京大学文学部西洋史学科卒、安田火災海上保険（現在、損害保険ジャパン）、日本公社債研究所（現在、格付投資情報センター）、金融庁、キャピタスコンサルティングを経て、2020年より現職。博士（学術、早稲田大学）。専門は保険会社の経営管理・リスク管理、健全性規制のあり方など。主な著書に『生保の未来』『経営なき破綻 平成生保危機の真実』『利用者と提供者の視点で学ぶ 保険の教科書』などがある。

経済価値ベースのソルベンシー規制
生保経営大転換を読む

2024年10月25日　　1版1刷

著　者	**植村　信保**
	©Nobuyasu Uemura, 2024
発行者	**中川　ヒロミ**
発　行	**株式会社日経BP**
	日本経済新聞出版
発　売	**株式会社日経BPマーケティング**
	〒105-8308　東京都港区虎ノ門4-3-12

印刷・製本　シナノ印刷	本文DTP　マーリンクレイン

ISBN978-4-296-12043-7　　Printed in Japan

本書の無断複写・複製（コピー等）は著作権法上の例外を除き、禁じられています。
購入者以外の第三者による電子データ化および電子書籍化は、
私的使用を含め一切認められておりません。
本書に関するお問い合わせ、ご連絡は下記にて承ります。
https://nkbp.jp/booksQA